权威·前沿·原创

皮书系列为
“十二五”“十三五”国家重点图书出版规划项目

BLUE BOOK

智库成果出版与传播平台

网络视听蓝皮书
BLUE BOOK OF NETCASTING

中国互联网视听行业发展报告（2020）

ANNUAL REPORT ON THE DEVELOPMENT OF NETCASTING INDUSTRY IN CHINA (2020)

主　　编／陈　鹏
执行主编／司　若　陈　锐

社会科学文献出版社
SOCIAL SCIENCES ACADEMIC PRESS (CHINA)

图书在版编目(CIP)数据

中国互联网视听行业发展报告. 2020/陈鹏主编
. --北京：社会科学文献出版社，2020. 11
（网络视听蓝皮书）
ISBN 978-7-5201-7441-1

Ⅰ. ①中… Ⅱ. ①陈… Ⅲ. ①互联网络-视听传播-产业发展-研究报告-中国-2020 Ⅳ. ①G206. 2

中国版本图书馆 CIP 数据核字（2020）第 198519 号

网络视听蓝皮书
中国互联网视听行业发展报告（2020）

主　　编 / 陈　鹏
执行主编 / 司　若　陈　锐

出 版 人 / 王利民
责任编辑 / 范　迎
文稿编辑 / 李惠惠　李　璐　李吉环

出　　版 / 社会科学文献出版社 · 人文分社（010）59367215
地址：北京市北三环中路甲 29 号院华龙大厦　邮编：100029
网址：www. ssap. com. cn
发　　行 / 市场营销中心（010）59367081　59367083
印　　装 / 天津千鹤文化传播有限公司

规　　格 / 开 本：787mm × 1092mm　1/16
印 张：19　字 数：281 千字
版　　次 / 2020 年 11 月第 1 版　2020 年 11 月第 1 次印刷
书　　号 / ISBN 978-7-5201-7441-1
定　　价 / 148.00 元

出品方

中国网络视听节目服务协会

清华大学中国文艺评论基地

CC-Smart 新传智库

联合出品方

阿里文娱优酷

中国传媒大学中国网络视频研究中心

中国高等院校影视学会影视产业与管理专业委员会

南开大学新闻与传播学院

专家委员会

务处处长，中国网络视频研究中心副主任

王　宇　中国传媒大学教授、博士研究生导师

杨伟光　阿里文娱优酷副总编辑

杨向华　爱奇艺高级副总裁

杨　玥　影视与互联网络电影数据专家，数托邦创始人

尹　鸿　中国电影家协会副主席，中国文艺评论家协会副主席，北京电影家协会副主席，清华大学新闻与传播学院教授，博士研究生导师

余　力　中国网络视听节目服务协会对外合作部主任

俞　虹　北京大学教授、博士研究生导师，电视研究中心主任，新闻与传播学院副院长

俞剑红　北京电影学院副校长，青年电影制片厂厂长

张国涛　中国传媒大学研究员、博士生导师，传媒艺术与文化研究中心执行主任

张洪忠　北京师范大学教授、博士研究生导师，新闻传播学院副院长

张辉锋　中国人民大学教授、博士研究生导师，新闻学院副院长

张丽娜　阿里文娱优酷总编辑

张　威　阿里文娱优酷副总编辑

周　结　中国网络视听节目服务协会副秘书长

朱春阳　教育部长江学者特聘教授（青年），复旦大学教授，博士研究生导师，媒介管理研究所所长，《新闻大学》常务副主编

朱　天　四川大学教授、博士研究生导师，研究生院副院长、传媒研究中心主任

课　题　组

组　长　陈　鹏

副组长　司　若　陈　锐　余　力　赵　蓓

成　员　（按姓氏拼音排序）

代舒涵　刁基诺　窦黎黎　付　怡　何紫薇
黄　莺　李　宜　李自琴　刘彦辰　陆芳草
邱旭滢　任治俐　宋欣欣　王法严　吴　飞
夏　柯　徐　娜　许庆霞　许　睿　许　莹
张冰君　章之遥　赵　红　赵　璐　周才庶
周晓宇

主编简介

陈　鹏　博士，南开大学新闻与传播学院副院长，硕士研究生导师。兼任中国高校影视产业与管理研究会副秘书长、北京市文化发展中心智库专家、法制网舆情监测中心特约研究员、DCCI 互联网数据中心网络视频研究高级顾问，中国网络影响力课题组副组长、CC-Smart 新传智库研究顾问等。曾任韩国首尔国立大学客座研究员，曾受教育部委派，担任日本电通集团的高级广告研修员。参与多项国家级、省部级课题研究，发表研究报告、论文数十篇，参与编著、翻译多部著作，曾获多项省级教学科研成果奖。

司　若　博士，清华大学新闻与传播学院影视传播研究中心研究员、博士研究生导师，澳门科技大学电影学院客座教授、博士研究生导师，紫金文创研究院特约研究员，北京电影学院未来影像高精尖创新中心特聘研究员。先后在山东大学、清华大学、香港浸会大学获学士、硕士、博士学位，清华大学与山东省新闻出版广电局联合培养博士后。中国高校影视学会影视产业与管理专业委员会秘书长，中国电影家协会理论评论委员会理事，北京市电视艺术家协会理事，CC-Smart 新传智库高级研究顾问。代表作《影视工业化体系研究》、《中国电影大片路——中国高概念电影的制作与营销模式研究》、影视风控蓝皮书《中国影视舆情与风控报告》、影视蓝皮书《中国影视产业发展报告》、网络视听蓝皮书《中国互联网视听行业发展报告》、文旅蓝皮书《中国文旅产业发展报告》、《短视频产业研究》、《影视制片管理基础》（第 2 版）等。

陈　锐　博士，中国传媒大学新闻学院副教授，硕士研究生导师，中国传媒大学传播心理研究所研究员。中国社会心理学会传播心理专业委员会副秘书长，主要研究领域为受众心理、舆论引导、调查统计、数据挖掘。

摘　要

《中国互联网视听行业发展报告（2020）》是全面系统梳理我国网络视听行业发展现状、分析产业问题、探索未来趋势的第三本年度研究报告。本书由中国网络视听节目服务协会、清华大学中国文艺评论基地、CC-Smart新传智库作为出品方，中国传媒大学中国网络视频研究中心、阿里文娱优酷、中国高等院校影视学会影视产业与管理专业委员会、南开大学新闻传播学院、北京电影学院未来影像高精尖创新中心等机构作为联合出品方。本书依托国家级行业协会、学会和学界、业界研究机构，由罗建辉会长和尹鸿教授担任专家委员会主席，汇聚了众多学界权威专家和业界领军人才的智慧，形成了对行业的深刻洞察。

本书通过数据、案例及调研、访谈等方法对网络视听行业市场、产业、政策、趋势等进行分析，全面汇总2019年度网络剧、网络综艺、网络电影、网络直播、短视频、网络音频等分支产业的发展特征，并对2020年网络视听行业发展趋势和需要面对的问题进行探讨。

2019年是网络视听行业健康快速发展的一年，网络视频用户比2018年增长了约1亿人，占网民整体的比例达到94%，超过8亿人的网络视频用户、接近5亿人的网络音频用户使全网的网络视听化特征更为明显，中国成为世界第一的网络视听市场。

网络视听行业发展早期以文艺内容为主，目前多元化内容与平台服务（网络直播等）相结合的特征越发突出，同时以网络视听为特征的“互联网+”升级到2.0时代，“网络直播+电商”“网络短视频+文旅”“网络视音频+教育”等形态已经让网络视听突破了原有界限，开始进一步发挥网络视听行业的正外部性价值。

网络视听行业在2019年继续“减量提质”，精品化、专业化趋势继续延伸。在这一年度，网络剧、网络综艺、网络电影等内容新产品数量整体出现下滑，但质量获得提升，《长安十二时辰》《庆余年》《陈情令》等网络剧，《这！就是街舞第二季》《中国新说唱2019》《创造营2019》等网络综艺，《鬼吹灯之巫峡棺山》《陈翔六点半之重楼别》《大地震》等网络电影都获得了较高市场价值，有些形成了现象级的影响。国家有关部门和行业协会出台一系列文件，推动网络视听行业高质量发展，对内容质量提出了更高要求，对平台管理和内容审核提出了明确的标准。在对网络直播平台及主播规范管理的同时，2020年进一步规范涉及“直播带货”的网络直播营销行为。系列政策的组合拳对网络视听的内容质量优化形成了强大压力和动力，为其高质量发展创造了更好的条件。

关键词： 网络视听　互联网　网络视频　产业升级

目 录

Ⅰ 总报告

Ⅱ 分报告

Ⅲ 年度热点

Ⅳ 案例分析

皮书数据库阅读**使用指南**

总　报　告

General Report

B.1

网络视听行业发展现状、热点与趋势

陈鹏　赵蓓*

摘　要： 2019年网络视听行业用户规模进一步扩大，几乎全部网民进入网络视听时代。本文主要从行业概况与现状、政策热点扫描与分析、行业问题透视与对策、行业趋势与展望四个层面对整个网络视听行业进行分析。通过分析发现，2019年网络视听新增内容有所下降，行业总体发展趋于理性；头部效应依然显著，各平台之间差异化竞争激烈；长视频内容口碑有所提升，但仍需进一步加强；网络视听付费意愿逐渐成熟，视频平台盈利方式更加多元。与此同时，国家政策对网络视听内容保驾护航，行业内部积极响应。新趋势主要包括平台之间加强合作，新技术赋能网络视听行业，网络剧超前点播成为平台盈利新趋势，系

* 陈鹏，南开大学新闻传播学院副院长，硕士研究生导师，研究方向为传媒经济制度研究、媒介营销等；赵蓓，北京师范大学新闻传播学院博士研究生，研究方向为网络传播。

列化、IP 改编仍然是网络电影重要发展方向，微综艺崛起引发关注，直播带货、短视频购物成为电商运营新趋势。

关键词： 网络视听　内容质量　政策监管　短视频　直播带货

一　行业概况与现状

党的十九大以来，以习近平同志为核心的党中央高度重视互联网建设管理工作，发表了一系列重要论述，为网络视听行业的发展指明了方向。随着人工智能技术和5G 技术的发展，网络视听行业面临新一轮的产业升级，行业内部呈现出崭新局面。截至 2020 年 3 月，我国网络视频用户①规模达 8.50 亿人，较 2018 年底增长 1.26 亿人，占网民整体的 94.1%②，几乎全部网民进入网络视听时代。庞大的用户基础为网络视听行业的发展提供了丰厚的土壤，在细分领域，短视频持续发展，成为满足人们日常视听需求的新形态，用户规模达 7.73 亿人，占网民整体的 85.6%。③ 为了满足人民群众对美好视听生活的新期待，相关从业者坚守正道，创新视听内容，进一步推动行业向前、向好发展。

（一）网络视听新增内容有所下降，行业总体发展趋于理性

1. 网络剧上新数量减少，正片有效播放量持续提升

2018 年 12 月，国家广播电视总局办公厅发布《关于网络视听节目信息

① 网络视频用户指长视频和短视频用户的并集，长视频用户指过去半年在网上看过电视剧、综艺节目和电影的用户，短视频用户指过去半年在网上看过短视频的用户。

② 中国互联网络信息中心：《第 45 次〈中国互联网络发展状况统计报告〉（全文）》，中共中央网络安全和信息化委员会办公室、中华人民共和国国家互联网信息办公室，2020 年 4 月 28 日，http://www.cac.gov.cn/2020-04/27/c_1589535470378587.htm。

③ 中国互联网络信息中心：《第 45 次〈中国互联网络发展状况统计报告〉（全文）》，中共中央网络安全和信息化委员会办公室、中华人民共和国国家互联网信息办公室，2020 年 4 月 28 日，http://www.cac.gov.cn/2020-04/27/c_1589535470378587.htm。

备案系统升级的通知》，投资总额超过 500 万元的网络剧被纳入国家广播电视总局重点网络影视剧管理范围。截至 2019 年 12 月底，在国家广播电视总局“重点网络影视剧信息备案系统”中登记并符合重点网络原创视听节目制作相关规定的网络剧共有 1056 部。2019 年上新网络剧数量减少，但正片有效播放量①呈现增长趋势。数据显示，2019 年网络剧上新 309 部，较 2018 年（333 部）减少 7.2%；正片有效播放量从 2018 年的 909 亿次增加至 1058 亿次，同比增长 16.39%。网络剧上新部数在整个连续剧市场中占比为 63.19%，网络剧正片有效播放量占比由 2018 年的 39% 提升至 44%②，网络剧在整个连续剧消费市场的比重正在逐年增加。图 1 显示了 2019 年网络剧上新部数和正片有效播放量，其中暑期档（6 月至 8 月）出现最高峰。

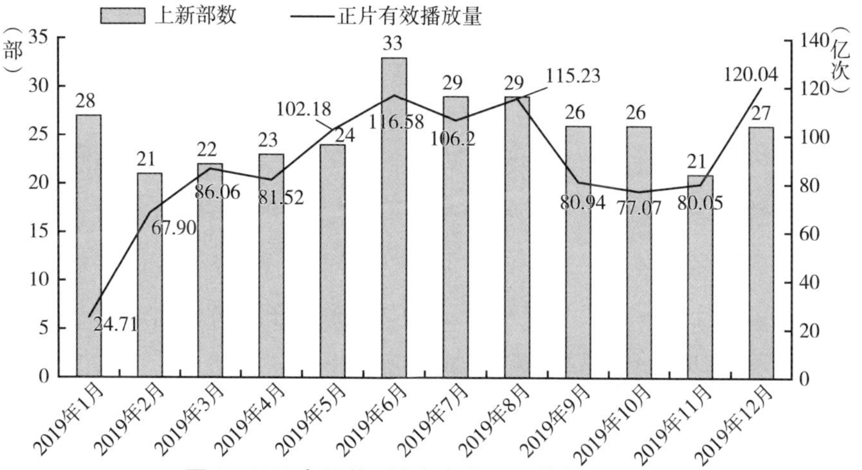

图 1　2019 年网络剧上新部数和正片有效播放量

资料来源：云合数据。

具体到剧集层面，《破冰行动》以 61.6 亿次的正片有效播放量位居榜首，《庆余年》和《陈情令》紧随其后分别排第二位和第三位，正片有效

① 正片有效播放量：综合有效点击与用户观看时长，在最大程度上去除异常点击量，并排除花絮、预告片、特辑等干扰，真实反映影视剧的市场表现及受欢迎程度。

② 云合数据：《2019 全年连续剧网播表现及用户分析》，云合数据微信公众号，2020 年 1 月 3 日，https：//mp. weixin. qq. com/s/49kzmuAVUu1xmFJFsHVeMw。

播放量为52.3亿次和45.9亿次。[①] 与2018年《延禧攻略》取得94亿次的播放成绩相比，2019年网络剧头部“爆款”缺失，但中部和尾部的网络剧播放量较高，出现了一批质量上佳之作。2019年9月骨朵传媒发布的《2019年暑期档优爱腾剧综影分析报告》显示，《长安十二时辰》在播出期间口碑登顶，网络热度居高不下。[②] 豆瓣电影开画分数达8.8分，截至2020年4月，已有超过36万人对该剧进行评分，分数仍在8.3分；同时该剧还以83.79分的成绩位居“骨朵平均热度”榜单第二。在热播期间，《长安十二时辰》的服化道、演员、角色频繁登上新浪微博热搜榜单，阿里北斗星数据显示热依扎热度飙升7.4倍，百度指数和骨朵热度均有明显提升。[③]

2. 网络电影供给大幅下滑，行业发展趋于冷静

网络电影在经历爆发性增长之后趋于冷静，2019年全年上新数量继续回落，同比下降49%，但播放表现仍有较大幅度提升，同比增长24%。爱奇艺发布的《2019年网络电影行业报告》显示，2019年，投资成本在300万元以上的影片数量占比为48%，同比增长28%；投资成本在1000万元以上的影片数量占比为2%，共计18部。网络电影上新数量虽有所减少，但部均投资成本逐步提升，为网络电影质量的提升打下了基础，直接促进了网络电影部均正片有效播放量的增加。2019年部均正片有效播放量达612万次，较2018年增加约140%。[④] 图2显示了2019年网络电影上新部数和正片有效播放量，可以看到与网络剧表现不同，网络电影元旦档（1月）上新数量最多，但播放效果并不理想。

在分账票房层面，爱奇艺的《鬼吹灯之巫峡棺山》位居榜首，分账票

① 云合数据：《2019全年连续剧网播表现及用户分析》，云合数据微信公众号，2020年1月3日，https://mp.weixin.qq.com/s/49kzmuAVUu1xmFJFsHVeMw。

② 骨朵传媒：《骨朵报告出炉：〈长安〉〈这街2〉领跑，优酷成暑期档赢家》，新浪财经，2019年9月3日，http://finance.sina.com.cn/roll/2019-09-03/doc-iicezzrq3225991.shtml。

③ 骨朵传媒：《骨朵报告出炉：〈长安〉〈这街2〉领跑，优酷成暑期档赢家》，新浪财经，2019年9月3日，http://finance.sina.com.cn/roll/2019-09-03/doc-iicezzrq3225991.shtml。

④ 《爱奇艺：2019网络电影行业报告》，中文互联网数据资讯网，2020年1月17日，http://www.199it.com/archives/998277.html。

房约3470万元，其次为优酷的《水怪》，分账票房约2600万元。与2018年相比，2019年网络电影并没有迎来更高的网络分账票房，但从整体上来看也取得了一定突破，全年共计约40部影片分账票房破千万元①。

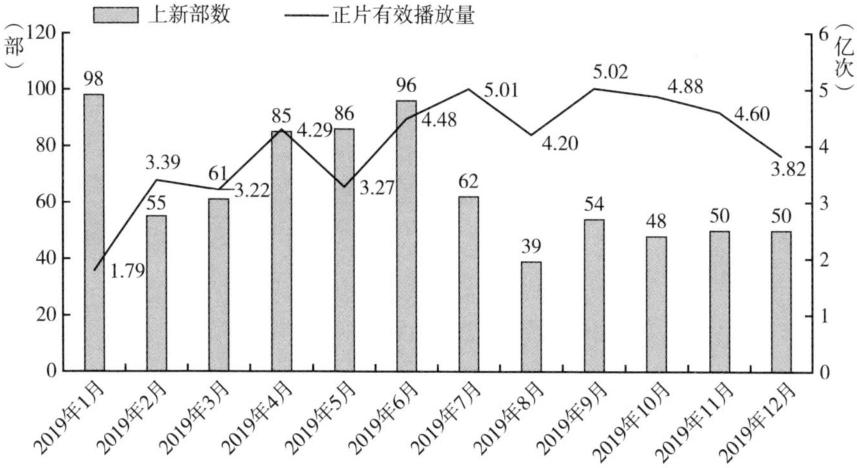

图2　2019年网络电影上新部数和正片有效播放量

资料来源：云合数据。

3. 网络综艺首次迎来产量下降

网络综艺在经历了2015年至2018年四年的快速发展后，2019年首次迎来产量下降，整个行业进入理性探索期。从数量上看（见图3），2019年共上新网络综艺139档，同比下降14.2%（2018年累计上新162档网络综艺节目）②，从全年上新数量上来看，平均每月上新11档，其中1月、10月和8月上新数量较多，值得注意的是，7月虽然上新数量不多，但播放量居于高位，可见，暑期档依然是受众消费视听内容的重要时间段。

① 爱奇艺电影中心《2019网络电影行业报告》显示，截至2019年11月30日，全网共计约40部网络电影票房分账破千万元。其中，爱奇艺24部，优酷10部，腾讯约6部（因腾讯视频未公布具体分账金额，以3000万次正片有效播放量进行估算）。

② 中国网络视听节目服务协会：《2019中国网络视听发展研究报告》，中文互联网数据资讯网，2019年6月3日，http://www.199it.com/archives/882433.html。

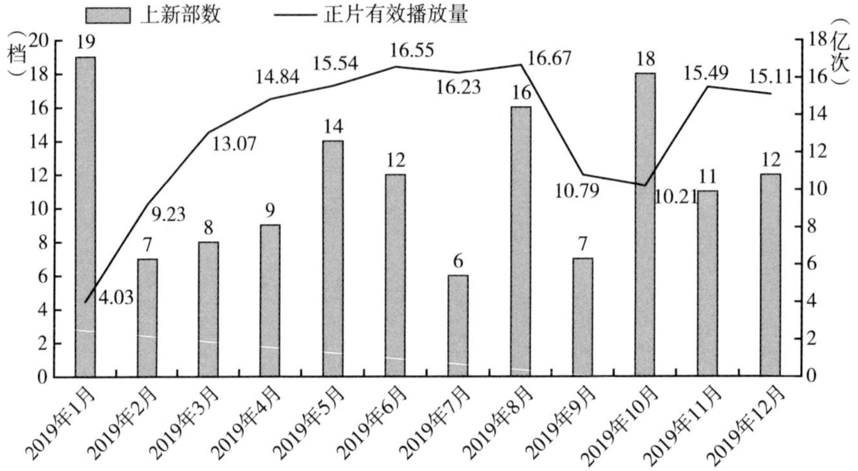

图 3　2019 年网络综艺上新数量和正片有效播放量

资料来源：云合数据。

虽然从数量上来看 2019 年网络综艺表现不如 2018 年亮眼，但依然有不少亮点，这显示了行业从业人员在网络综艺上的坚持。艺恩数据显示，《这！就是街舞》第二季最高季播映指数①为 70.3，排名第一。《这！就是街舞》第二季开播后口碑爆棚，上线 3 小时豆瓣开分 9.7，打破了“综 N 代”魔咒，成为 2019 年口碑最好及热度最高的网络综艺。② 排在第二位和第三位的分别是《创造营 2019》和《奇葩说》第六季，最高季播映指数分别为 66.9 和 65.0（见表 1）。

表 1　2019 年网络综艺最高季播映指数 TOP10

排名	网络综艺名称	最高季播映指数	网络播出平台	上线时间
1	这！就是街舞第二季	70.3	优酷	2019 年 5 月 18 日
2	创造营 2019	66.9	腾讯视频	2019 年 4 月 6 日
3	奇葩说第六季	65.0	爱奇艺	2019 年 10 月 31 日
4	乐队的夏天	64.4	爱奇艺	2019 年 5 月 25 日
5	明星大侦探第五季	63.9	芒果 TV	2019 年 11 月 1 日

① 最高季播映指数为 2019 年该综艺的季播映指数峰值。

② 《大麦网联合优酷打造〈这！就是街舞〉首个线下巡演原班人马火热 battle 点燃盛夏》，中国娱乐网，2019 年 7 月 31 日，http：//m.news.yule.com.cn/html/201907/302000.html。

续表

排名	网络综艺名称	最高季播映指数	网络播出平台	上线时间
6	我们是真正的朋友	63.3	腾讯视频	2019年5月9日
7	我是唱作人	63.1	爱奇艺	2019年4月12日
8	中国新说唱第二季	62.9	爱奇艺	2019年6月14日
9	青春有你	62.5	爱奇艺	2019年1月21日
10	吐槽大会第四季	62.4	腾讯视频	2019年11月30日

资料来源：艺恩数据。

4. 短视频、网络直播、网络音频渗透率持续升高

短视频作为移动互联网时代的一种创新表达方式，吸引了大量用户，他们不仅是视频的观看者，更有不少用户成为视频内容的创作者。2015年至2019年，短视频用户规模一直保持着较高的增长率（见图4）。2019年，短视频成为我国移动互联网流量增长最快的产品，通过信息、广告、用户打赏、付费、电商运营等方式已实现多维度变现，形成了独立的生态体系。[①]中国互联网络信息中心数据显示，截至2020年3月，短视频用户规模达7.73亿人，网民使用率为85.6%，短视频App成为除即时通信（99.2%）、网络视频（包含短视频，94.1%）以外网民使用率最高的应用。

就网络直播而言，2019年中国网络直播用户规模为5.6亿人，较2018年增加22.81%，用户规模增长率在经历三年回落之后，于2019年呈显著上升趋势（见图5）。2019年"直播带货"兴起，产生了像李佳琦、薇娅这种现象级的网红主播，为网络直播带来了新的突破口。2020年初新冠肺炎疫情在全世界暴发，在线直播成为各行业在家办公、学习、娱乐的重要渠道，必将迎来新一轮的爆发期。

在网络音频行业，用户规模持续增加的同时增长率有所放缓，行业发展回归理性，趋于饱和。艾媒咨询预测，2019年网络音频用户规模将达4.89亿人，较2018年增长15.06%，预计到2020年用户规模将达到5.42亿人，

① 齐雅文：《2019年短视频行业：打造内容新生态，多维变现成可能》，《中国新闻出版广电报》2019年12月24日。

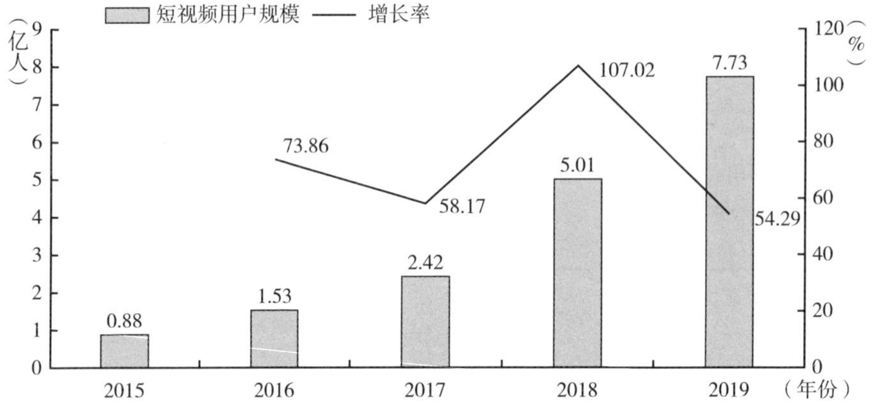

图 4　2015～2019 年短视频用户规模及增长率

资料来源：艾媒咨询、中国互联网络信息中心。

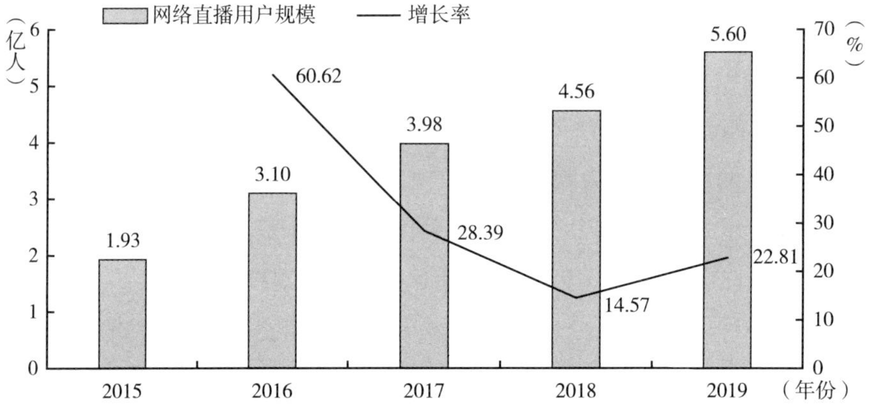

图 5　2015～2019 年网络直播用户规模及增长率

资料来源：艾媒咨询、中国互联网络信息中心。

增速逐年放缓（见图 6）。近两年，“耳朵经济”作为新兴网络音频产业，充分发挥移动技术优势，适应了用户独特的时空条件下的信息需求，已成为行业发展新的风口与一个显性传播现象。[①] 2020 年 1 月 17 日，国内 UGC 音频社区荔枝（原荔枝 FM）在纳斯达克成功上市，成为中国音频的“第一

① 陈昌凤：《“耳朵经济”：知识与资讯消费新形态》，《人民论坛》2020 年第 5 期。

股”。艾媒咨询的调查显示，从使用时段来看，网络音频用户的活跃时间主要集中在晚间和午间两个时段，其中晚间（18～23点）时段占40.8%。在使用场景方面，吃饭（含午饭、晚饭）和睡前成两大主要场景。在消费内容上，情感调频类内容最受网友青睐，付费占比最高，为22%。[①] 从总体上看，超过七成网民有过音频付费行为，网络音频市场未来可期。

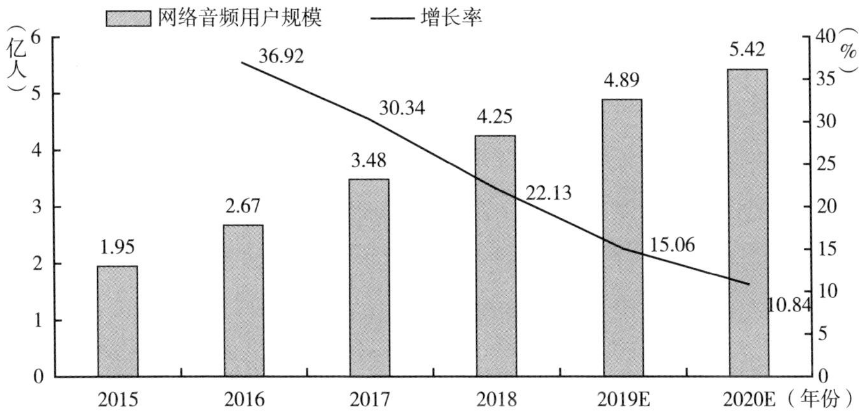

图6　2015～2020年网络音频市场用户规模及增长率

注：E代表预测值。

资料来源：艾媒数据中心。

相比2018年，2019年的纪录片发展可谓多方面遇冷，《中国纪录片发展研究报告2020》显示，2019年纪录片生产总值增幅持续降低，纪录片票房大跌，电视收视率和广告收入也大幅下滑。但是，纪录片在新媒体方面表现十分亮眼，作品的社会影响力和质量都有显著提升。[②] 2019年电视和新媒体纪录片总产值同比增长10%。[③] 网络纪录片实际上处于一个良性的上升阶

① 艾媒大文娱产业研究中心：《2019—2020年中国在线音频专题研究报告》，艾媒网，2019年12月13日，https：//www.iimedia.cn/c400/67192.html。

② 袁秀月：《2019年纪录电影票房大滑坡 纪录片出路在何方?》，中国新闻网，2020年4月26日，http：//www.chinanews.com/cul/2020/04－26/9168097.shtml。

③ 张同道、胡智锋：《中国纪录片发展研究报告2020》，2020年4月18日。

段。2019 年诞生了一批质量较好且具有话题性的网络纪录片，比如《早餐中国》、《人生一串》（第二季）、《历史那些事儿》（第二季）、《一百年很长吗》等。面对此次新冠肺炎疫情，纪录片从业者行动迅速，用镜头记录下了历史的瞬间，如《武汉日记 2020》《武汉：我的战“疫”日记》《疫战》等都成为珍贵的疫情记忆。

（二）头部效应依然显著，各平台之间差异化竞争激烈

2019 年，网络视听行业的头部效应依然显著，行业格局相对稳定。在网络剧领域，腾讯视频、爱奇艺、优酷依然是主力，资源相对集中。艺恩数据显示，播映指数排名前 30 的网络剧中，腾讯视频占据 17 席，爱奇艺占据 13 席，优酷占据 6 席（见图 7），腾讯视频在头部网络剧市场优势凸显。在所有热播网络剧中，《陈情令》《长安十二时辰》《破冰行动》居排行榜前三位，它们分别是腾讯视频、优酷、爱奇艺的独播剧，其中《长安十二时辰》的豆瓣评分最高，为 8.3 分，在国产剧中实属精品。而从参与人数来看，《陈情令》成为第一个豆瓣评分人数破 100 万的电视剧（见表 2），网络热度居高不下，实现了口碑和收视的双丰收。

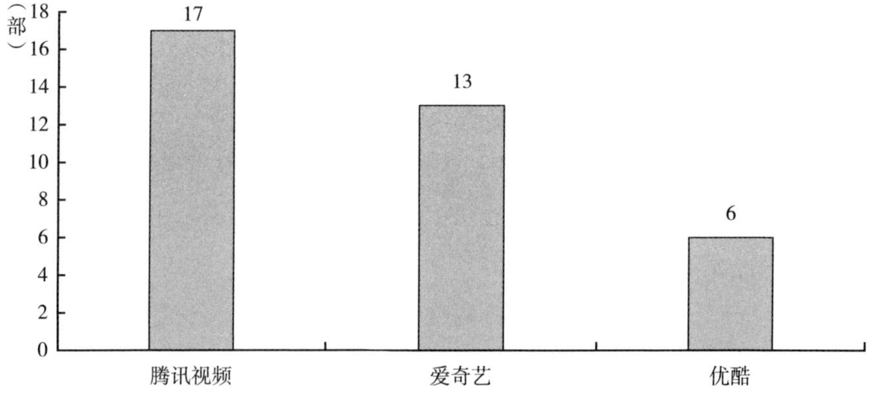

图 7　2019 年网络剧 TOP30 平台分布

注：部分网络剧属于两台/三台拼播，有重叠部分。
资料来源：艺恩数据。

从网络剧题材类型来看，各平台独播剧类型各异，平台差异化竞争明显。云合数据统计显示，腾讯视频武侠题材剧（《倚天屠龙记》《听雪楼》等）正片有效播放量占比最高，达23%，其次为青春热血（《全职高手》《致我们暖暖的小时光》等）、悬疑（《鬼吹灯》系列）、玄幻（《陈情令》等）等深耕IP内容题材，正片有效播放量占比均突破10%；爱奇艺悬疑题材（《破冰行动》《黄金瞳》）优势凸显，正片有效播放量占比达31%，此外，青春（《我的莫格利男孩》）、玄幻（《宸汐缘》）、传奇（《皓镧传》）、都市（《动物管理局》）等多元化题材内容同样广受欢迎；而优酷则是悬疑（《长安十二时辰》）、农村（《乡村爱情》11）、传奇（《东宫》）类内容更受欢迎；芒果TV主打青春系列，都市（《奈何BOSS要娶我》）、青春（《陪你到世界之巅》）题材占据绝对优势。①

表2　2019年网络剧播映指数TOP10

排序	剧名	播映指数	播出平台	豆瓣评分(分)	评分人数(万人)
1	陈情令	84.0	腾讯视频	7.70	139.67
2	长安十二时辰	82.3	优酷	8.30	36.24
3	破冰行动	81.7	爱奇艺	6.90	14.29
4	全职高手	80.1	腾讯视频	7.40	11.64
5	庆余年	79.5	腾讯视频/爱奇艺	8.00	74.17
6	东宫	79.5	优酷	7.70	12.94
7	白发	78.1	腾讯视频/爱奇艺/优酷	5.90	2.44
8	致我们暖暖的小时光	75.6	腾讯视频	7.90	10.28
9	鬼吹灯之怒晴湘西	75.2	腾讯视频	7.10	13.39
10	倚天屠龙记	74.7	腾讯视频	5.80	6.90

注：统计周期为2019年1月1日至12月5日，播映指数为首轮播出周期的播映指数；豆瓣评分统计时间截至2020年5月1日。

资料来源：艺恩数据、豆瓣评分。

在网络电影方面，爱奇艺、优酷、腾讯视频上新数量占比为94%，正片有效播放量占比达98%，几乎占据了整个网络电影市场。其中，爱奇艺

① 云合数据：《2019全年连续剧网播表现及用户分析》，云合数据微信公众号，2020年1月3日，https://mp.weixin.qq.com/s/49kzmuAVUu1xmFJFsHVeMw。

优势凸显，腾讯视频开始发力。图 8 显示，爱奇艺上新数量占比逐年下降，2019 年比 2017 年下降 17 个百分点；腾讯视频有较大幅度提升，2019 年比 2018 年增加 10 个百分点；优酷稳中有降，2019 年比 2018 年下降 3 个百分点。图 9 显示，从正片有效播放量占比来看，爱奇艺表现相对稳定；腾讯视频增长显著，2019 年与 2018 年相比提高了 7 个百分点；优酷在 2018 年实现增长之后，又出现一定幅度下降，2019 年比 2018 年降低 6 个百分点。可以

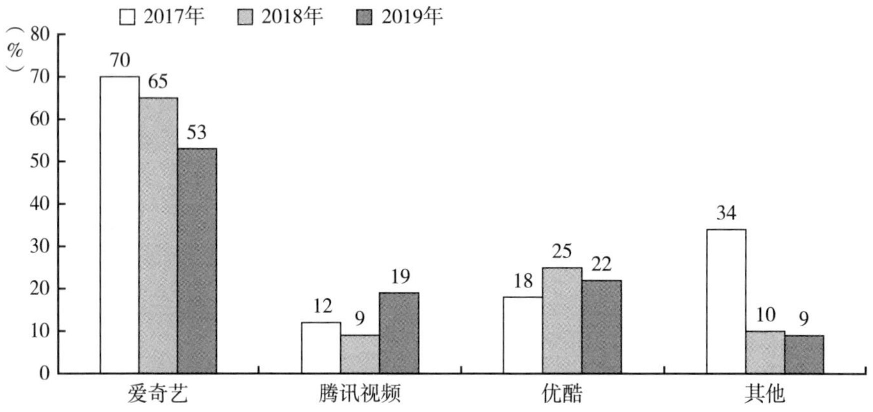

图 8　2017～2019 年各平台网络电影上新数量占比

资料来源：云合数据。

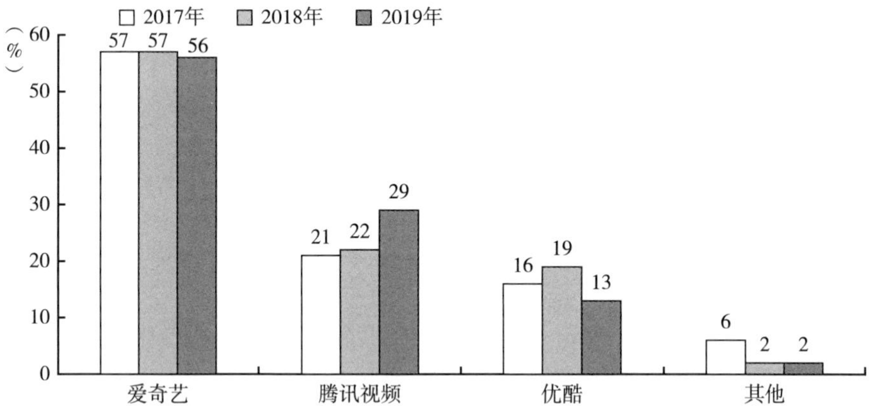

图 9　2017～2019 年各平台网络电影正片有效播放量占比

资料来源：云合数据。

看到，2017 年时其他平台上新数量占比还较高，为 34%，到 2019 年已降至 9%；而在正片有效播放量占比方面，其他平台占比甚微，爱奇艺、优酷、腾讯视频三大视频平台头部效应显著。

从分账票房来看，2019 年分账票房并没有突破 2018 年《大蛇》的高度，但从整体上看，爱奇艺网络电影票房突破千万元的共有 24 部，比 2018 年同期增加 33%；优酷分账票房过千万元的网络电影有 10 部；由于腾讯视频并不对外提供分账票房数据，仅从正片有效播放量来看，有 2 部影片表现亮眼，正片有效播放量突破 9000 万次（见表 3）。不过从口碑来看，三个平台 26 部（各平台前 10 部中共有 4 部暂无评分）影片的豆瓣评分平均值为 4.17 分（满分为 10 分），网络电影的质量还有待提升。

表 3　2019 年三大平台网络电影票房榜 TOP10

爱奇艺票房榜 TOP10				
排名	影片名称	类型	分账票房(万元)	豆瓣评分(分)
1	鬼吹灯之巫峡棺山	动作、惊悚	3470	3.4
2	陈翔六点半之重楼别	喜剧、爱情	2232	7.0
3	至尊先生	玄幻、喜剧	2089	4.8
4	三重威胁之跨国大营救	剧情、动作	2060	4.5
5	陈情令之生魂	剧情、玄幻	1969	4.4
6	横行霸道	喜剧、动作	1830	3.4
7	新封神姜子牙	剧情、玄幻	1796	2.8
8	齐天大圣之大闹龙宫	玄幻、喜剧	1795	3.5
9	新封神之哪吒闹海	喜剧、动作	1794	3.7
10	大地震	剧情、灾难	1664	6.1
优酷票房榜 TOP10				
排名	影片名称	类型	分账票房(万元)	豆瓣评分(分)
1	水怪	奇幻、冒险	2600	4.4
2	唐伯虎点秋香 2019	奇幻、喜剧	1723	2.8
3	大雪怪	冒险、动作	1537	3.5
4	巨鳄	冒险、动作	1537	3.3
5	兴风作浪	喜剧、爱情	1363	4.3
6	齐天大圣之火焰山	动作、喜剧	1329	3.7

续表

优酷票房榜 TOP10				
排名	影片名称	类型	分账票房(万元)	豆瓣评分(分)
7	大汉十三将之血战疏勒城	战争、历史	1271	6.0
8	盗浪淘沙	奇幻、冒险	1227	4.8
9	奉天往事	喜剧、动作	1154	3.4
10	四大名捕之食人梦界	武侠、奇幻	1004	5.6
腾讯视频正片有效播放量榜单 TOP10				
排名	影片名称	类型	正片有效播放(万元)	豆瓣评分(分)
1	天剑修仙传	武侠、玄幻	11305	暂无
2	李白之天火燎原	动作、奇幻	9714	3.7
3	鬼吹灯之怒晴湘西	动作、奇幻	4014	3.6
4	这个保安有点彪(上)	喜剧、动作	3764	3.6
5	四目先生	动作、喜剧	3251	2.8
6	七剑下天山之修罗眼	武侠、爱情	3231	3.3
7	七剑下天山之封神骨	武侠、爱情	2919	暂无
8	镇魔司:苍龙觉醒	动作、奇幻	2587	6.0
9	猎枭行动	动作、犯罪	2437	暂无
10	降龙觉醒	喜剧、动作	2299	暂无

注：由于腾讯视频未公布分账票房数据，无法进行横向比较，故分开排序。

资料来源：根据云合数据和豆瓣数据整理而成，豆瓣评分截至 2020 年 2 月。

在网络综艺方面，2019 年爱奇艺、腾讯视频、优酷、芒果 TV 的地位依然稳固，但四大平台的排位有所变化，芒果 TV 依靠湖南广电的综艺内容优势实现“弯道超车”，超过优酷进入前三。① 与此同时，西瓜视频、哔哩哔哩等也加入网络综艺的创作中来。

图 10 显示了四大平台网络综艺上新数量及占比，腾讯视频上新 58 部，占比为 44.27%，位居第一；爱奇艺上新 31 部，占比为 23.66%；芒果 TV 上新 22 部，占比为 16.79%；优酷上新 14 部，占比为 10.69%。四大平台上新数量占比达到 95%，几乎占据了整个网络综艺市场。表 1 显示，《这！就是街舞》第二季最高季播映指数最高，为 70.3，《创造营 2019》和《奇

① 王韵、安利利：《2019 年我国网络综艺节目的特征与趋势》，《当代电视》2020 年第 3 期。

葩说》第六季紧随其后，季播映指数分别为66.9和65.0，截至2020年5月，以上三档网络综艺节目豆瓣评分分别为8.9分、5.6分和7.6分，优酷推出的《这！就是街舞》系列在口碑和收视表现上均较为突出，实现了双赢。

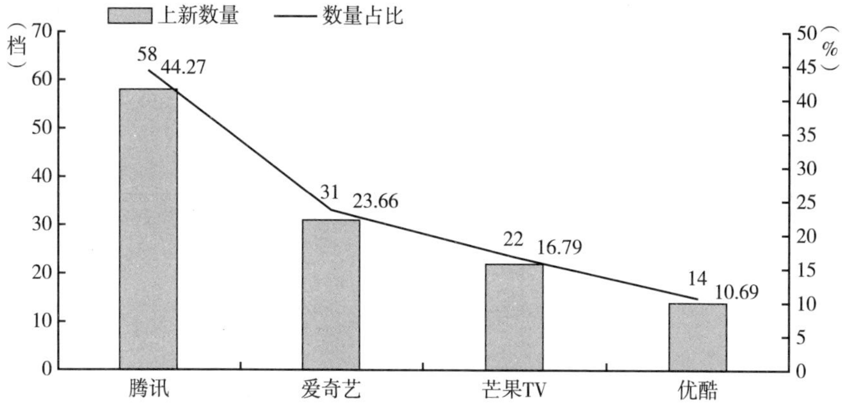

图10　2019年四大平台网络综艺上新数量及占比

资料来源：综合骨朵数据和艺恩数据整理而成。

在短视频方面，行业格局依然呈现“两超多强”的局面，字节跳动的三款短视频产品（抖音、西瓜、火山）独立用户数量接近5.9亿；快手用户数量达到3.41亿，位居第二；腾讯微视也跻身亿级俱乐部，达1.05亿；火锅视频表现平平；百度系的短视频产品同比有所增长，但依然处于劣势。另外从用户活跃率来看，抖音和快手的活跃率最高，分别为52.6%和49.9%（见图11）。另外，随着短视频对人们日常生活的渗透，用户对短视频产品的依赖不断增强，“短视频+购物”“短视频+社交”等新形式在不同程度上满足了用户的购物和社交需求。

在网络直播行业，2019年直播行业头部平台进行了几轮融资，与数年前直播行业风口期形成巨大反差，同时平台之间的合作也进一步加强，网络直播行业已逐步走向成熟期。[①] 从PC月均活跃人数来看，斗鱼直播以

① 艾媒咨询：《2019年上半年中国在线直播行业研究报告》，艾媒报告中心，2019年8月，https://report.iimedia.cn/repo1-0/38871.html。

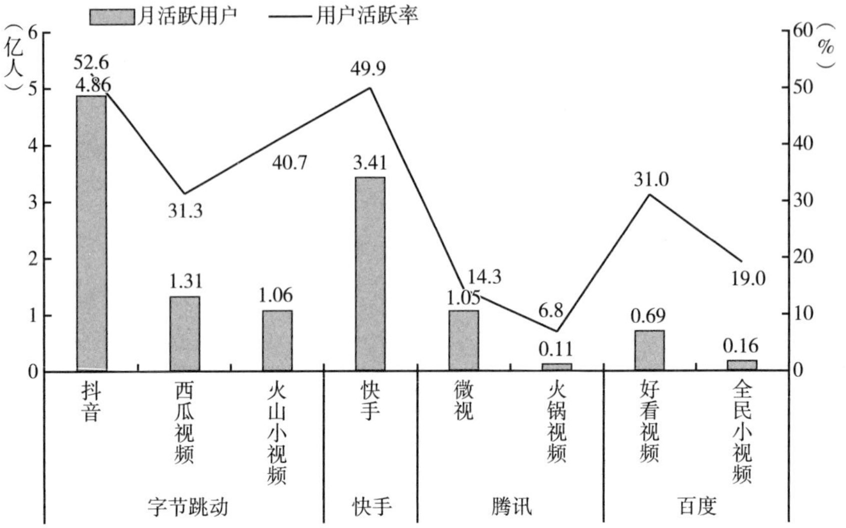

图 11　2019 年短视频行业典型 App 月活跃用户及用户活跃率

资料来源：QuestMobile TRUTH 中国移动互联网数据库，2019 年 6 月。

7642.5 万人的成绩居排行榜第一位，其后依次为 YY 直播、虎牙直播、六间房和企鹅电竞，前四名月均活跃人数差距较小，而企鹅电竞月均活跃人数为 1031.7 万人，与其他平台差距较大（见图 12）。从 App 用户人均使用时长来看，各平台之间差异不大，基本保持在 34～42 分钟，人均使用时长最高的依然是斗鱼直播，为 41.4 分钟；第二名为花椒直播，为 38.7 分钟（见图 13），由此可见，花椒直播活跃人数虽然不多，但其用户黏性很高。从直播内容看，游戏类直播不管是月均活跃人数还是人均使用时长均在整个行业中处于领先地位。在娱乐类直播中，除传统娱乐类直播平台外，短视频平台如抖音、快手和哔哩哔哩也加入了战局。此外，2019 年电商直播和企业直播崛起，为直播行业带来了新的发展契机，未来行业格局仍有重新洗牌的可能。网络直播行业主要平台见图 14。

在网络音频行业，2019 年 10 月，荔枝率先递交 IPO，2020 年 1 月，荔枝正式登陆纳斯达克，成为第一家在海外上市的在线音频公司，但从国内网络音频市场来看，荔枝、喜马拉雅、蜻蜓 FM 三强争霸的局势并没有改变，

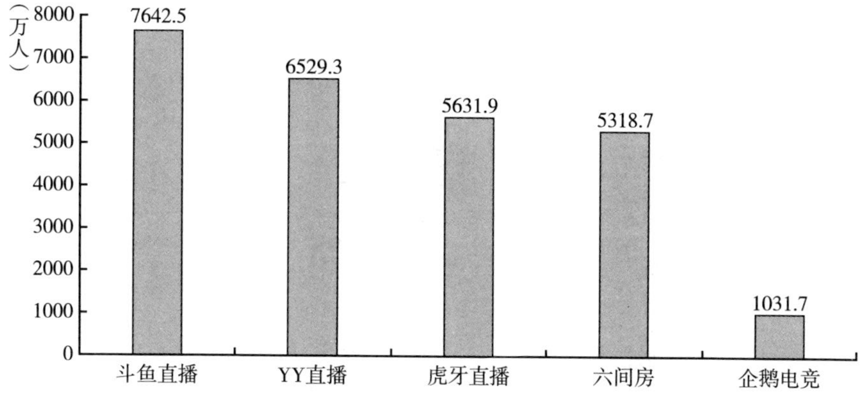

图 12　中国网络直播主流平台 PC 端月均活跃人数

资料来源：艾媒数据中心。

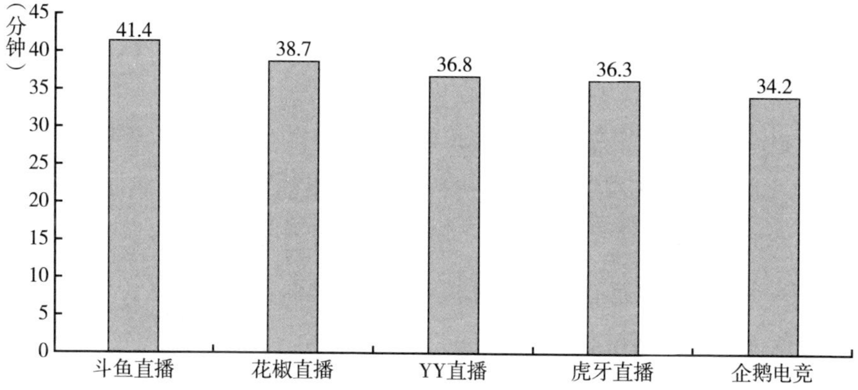

图 13　2019 年中国网络直播 App 用户人均使用时长

资料来源：艾媒数据中心，统计时间为 Q2。

未来行业头部竞争将进一步加剧。首先，从用户规模和活跃时长来看，喜马拉雅于 2019 年 10 月宣布其用户数超过 6 亿，活跃用户的人均日收听时间超过 170 分钟①，位居行业第一。其次，荔枝 2019 年 8 月官方数据显示，荔枝拥有超过 2 亿用户，其中包括 4000 多万月活跃用户、530 万月活跃主播，

① 顾立：《喜马拉雅用户破 6 亿 活跃用户日均收听时间超 170 分钟》，看点快报，2019 年 10 月 18 日，https：//kuaibao. qq. com/s/20191018A0GJBC00？refer = cp_ 1026。

图 14　网络直播行业主要平台

资料来源：《2019～2020 年中国在线直播行业研究报告》。

位居行业第二。最后，蜻蜓 FM 在 2019 年 11 月宣布蜻蜓 FM 全场景生态月活跃用户数达到 1.3 亿，全年增长近 30%，智能设备单日收听总时长达 2500 万小时①，位居第三。此外，一些小型平台也可在母婴或儿童等细分领域继续深耕，未来也将有很大的发展空间。总体而言，头部平台之间的竞争呈现特色化、差异化和细分化的特点。

（三）长视频内容口碑有所提升，但仍需进一步加强

由于 2018 年“天价片酬”和“阴阳合同”事件的整体波及，国家相关部门审核和管控趋严，整个网络视听市场投资规模逐渐缩减，精品化和专业化已经成为网络视听行业的共识。2019 年，长视频内容产量和供给继续下滑，但内容质量进一步提高。

就网络剧而言，2019 年上新网络剧豆瓣评分平均为 6.5 分，较 2018 年

① 雪梅：《蜻蜓 FM 发布生态数据：月活 1.3 亿 日收听 2500 万小时》，新浪科技，2019 年 11 月 27 日，https://tech.sina.com.cn/i/2019-11-27/doc-iihnzhfz2038419.shtml。

上升0.4分，网络剧整体得分要高于电视剧平均得分（5.6分）。其中，网络剧TOP10平均得分为7.27分，有7部网络剧的评分在7分以上，位居豆瓣评分榜第一的是《长安十二时辰》，得分为8.3分（见表2）。整体而言，网络剧口碑较好，赢得了观众的一致喜爱，但还有进一步提升的空间。2019年热播古装剧的类型更加丰富，高口碑网络剧中，双男主剧《陈情令》、大男主剧《庆余年》以及悬疑古装剧《长安十二时辰》上线即引发热议，口碑爆棚。另外，古装题材一直是考验影视公司制作水准和工业化水平的重要标准，《长安十二时辰》为了还原真实的大唐风貌，耗资5000万元在象山影视城建了一座唐城，还原小说中长安一百零八坊，在特效的使用上，全剧共有9000多个特效镜头①，让观众可以更真实地“穿越”到唐朝，体现了较高水平的工业化程度。

网络电影诞生之初，出现了一批质量低下的作品，对网络电影的口碑造成了负面影响。在“减量提质”的行业环境中，2019年，各大视频网站推出了一批质量和票房均比较高的网络电影，口碑有一定提升，但总体上来看还是不容乐观。从三大视频网站票房榜TOP10（见表3）的影片来看，30部影片中只有4部影片的豆瓣评分在6分及以上，整体平均得分为4.17分，相较于传统院线电影还有很大的提升空间。2019年网络电影在题材上还有一个突出的表现是现实主义题材崛起，“贴近现实”成为网络电影实现自身突围的一个重要方向。② 具体表现为，优酷、爱奇艺、腾讯视频三大视频平台纷纷推出现实题材作品，赢得了观众的喜爱。例如，《二龙湖爱情故事》《大地震》《毛驴上树》《士兵的荣耀》等现实题材作品均取得了较好的播放成绩。

在网络综艺这一细分领域，2019年网络综艺数量首次出现下滑，但口碑表现要优于上星综艺。从2019年豆瓣评分TOP10综艺来看，其中有6

① 李君娜：《从〈九州缥缈录〉到〈长安十二时辰〉，古装剧如何打开工业化大门?》，上观新闻，https://www.jfdaily.com/news/detail?id=168484。

② 传媒内参：《2019年网络电影行业调查报告》，腾讯网，2020年1月1日，https://new.qq.com/rain/a/20200102A003KD。

部是网络综艺，优酷独播的读书节目《一千零一夜》第四季获得最高得分，为9.6分，其次是《一本好书》第二季和《大事发生》第三季，这三档节目均为网络综艺；而在评分人数TOP10中，网络综艺占据7席（见表4）。另外，在头部网络综艺中，“综N代”表现突出，《这！就是街舞》第二季、《奇葩说》第六季、《吐槽大会》第四季等都获得了较高的关注度。

表4　2019年豆瓣评分和评分人数TOP10综艺

序号	2019年豆瓣评分TOP10综艺	类型	豆瓣评分（分）	2019年豆瓣评分人数TOP10综艺	类型	评分人数（万人）
1	一千零一夜第四季	网络综艺	9.6	乐队的夏天	网络综艺	9.4
2	一本好书第二季	网络综艺	9.3	这！就是街舞第二季	网络综艺	7.9
3	大事发生第三季	网络综艺	9.3	向往的生活第三季	上星综艺	5.3
4	忘不了餐厅	上星综艺	9.2	极限挑战第五季	上星综艺	5.1
5	大冰小将	上星综艺	9.1	明星大侦探第五季	网络综艺	4.3
6	舞蹈风暴	上星综艺	9.1	中餐厅第三季	上星综艺	4.1
7	梦想改造家第六季	上星综艺	9.1	奇葩说第六季	网络综艺	3.8
8	台风少年行	网络综艺	9.1	我们是真正的朋友	网络综艺	3.6
9	这！就是街舞第二季	网络综艺	8.9	演员请就位第一季	网络综艺	3.5
10	明星大侦探第五季	网络综艺	8.9	中国新说唱第二季	网络综艺	3.2

资料来源：云合数据《2019年综艺网播表现与垂类综艺分析》。

（四）网络视听付费意愿逐渐增强，视频平台盈利方式更加多元

第一，对于长视频平台而言，2018年芒果TV首次实现盈利，而优酷、爱奇艺、腾讯视频在高昂的版权支出费用与会员/广告收入之间难以平衡。2019年视频平台会员付费持续增加进入“亿级时代”，视频平台会员付费意愿逐渐增强。其中，爱奇艺会员总数达到1.07亿，比2018年增加22%，全年会员服务营收为144亿元，较2018年增长36%；腾讯视频积极拓展付费会员业务，开创超前点播付费形式，会员数增长至1.06亿，

2019 年四个季度增值业务营收接近 20 亿元。从营收情况看，阿里大文娱总收入也实现了稳步增长，2019 年第四季度收入达到 73.96 亿元，亏损进一步减少。①

第二，在短视频行业，商业化变现步伐加快，进一步提升用户价值成为关键。短视频行业目前已完成前期流量积累，抖音和快手作为头部平台，均在加快商业化变现进程，同时在信息流广告、电商带货、直播打赏、游戏等领域发力，平台营收方式更加多元。艾媒咨询数据显示，2019 年用户的付费意愿大幅增加，从 2017 年的 31.3% 增长至 54.8%，超过一半用户愿意为其喜爱的视频付费。②

第三，在直播行业，艾媒咨询数据显示，2019 年中国直播电商行业总规模达到 4338 亿元，同比增长 226%；2020 年初，受新冠肺炎疫情影响，直播电商行业生态更加丰富，入局主体更加多样化。艾媒咨询预计 2020 年中国直播电商行业将迎来新一轮爆发，市场规模将比 2019 年翻一番，接近万亿元大关。③ 目前短视频行业也在加速布局直播电商，卡思数据统计结果显示，从 2019 年 12 月到 2020 年 2 月，抖音直播带货进行了七次调整，内容涵盖鼓励内容创作者、重新分配与直播带货相关的中心流量等。④

第四，在网络音频行业，艾媒咨询的调查显示，用户行为以“听”为主，其次是“分享”和“评论”。为了得到更好的收听体验，接近六成的用户愿意为喜爱的内容买单，其中还有三成用户表示会视情况而定，只有 13% 的用户不愿意付费，总体而言，用户的付费意愿较强。而在行业商业化进程中，荔枝、喜马拉雅、蜻蜓 FM 通过造节狂欢、品牌营销等方式积极拓展付费市场，付费内容主要包括硬知识付费（包括有声书、精品课程等）

---

① 首都影视发展智库：《中国电视/网络剧产业报告（2020）》，2020 年 4 月。

② 艾媒大文娱产业研究中心：《2019 中国短视频创新趋势专题研究报告》，艾媒网，2019 年 9 月 11 日，https://www.iimedia.cn/c1020/73379.html。

③ 艾媒产业升级研究中心：《2020 中国直播电商入局行业及标杆品牌运行案例大数据监测报告》，艾媒网，2020 年 4 月 26 日，https://www.iimedia.cn/c400/71136.html。

④ 刘炜祺：《直播电商卡位战打响 短视频流量变现加速》，《时代周报》2020 年 5 月 5 日。

和泛娱乐付费（包括情感调频、趣味段子等），此外，会员业务、用户打赏、游戏联动等也在进一步拓展。

二　政策热点扫描与分析

2019 年，“减量提质”成为网络视听行业的关键词，网络剧、网络电影、网络综艺上新数量均出现不同程度的下滑，但视听内容的质量有了进一步提升，精品化和专业化成为行业发展趋势，行业发展趋于理性。而在短视频、网络直播、网络音频等领域，用户的渗透率进一步增加。2020 年初，受新冠肺炎疫情的影响，网络视听规模又有了进一步突破，未来随着人工智能技术和 5G 技术的发展普及，网络视听行业在生产、制作、分发、反馈等环节将会实现产业升级，网络视听行业未来发展可期。

网络视听行业的蓬勃发展，离不开国家政策和法规的监督和支持。2019 年，国家相关部门出台了一系列新政新规为网络视听行业的专业化和规范化发展保驾护航，行业内部也在加强自律、积极响应。

（一）创新评价机制，网络视听内容要具有导向意义和社会价值

播放量在很长一段时间内一直是衡量网络节目的唯一标准。播放量既是网络收视量，也是一种网络热度。随着网络视听行业的规范化发展，破除“唯流量”论，综合评价网络节目成为行业共识。2020 年 1 月，优酷在新浪微博发布声明：“为了营造更加良性的产业环境，破除流量喧嚣，回归内容本心，优酷宣布即日起全站关闭前台播放量显示。”其实早在 2018 年 9 月，爱奇艺就已关闭前台播放量显示，以综合用户讨论度、互动量、多维度播放类指标的内容热度逐渐取代播放量显示。至此，两大视频网站均取消了前台播放量显示，节目评价机制也更多元化。

在国家层面，2019 年 1 月 29 日，国家广播电视总局指导监督网络视听节目服务机构，以全面反映网络视听节目的导向意义、社会价值和影响力为

目标要求，规范节目综合评价工作，维护健康清朗的网络空间。① 2019 年 12 月 17 日，国家广播电视总局主导建设的“广播电视节目收视综合评价大数据系统”正式启动，有力整治了数据污染和数据造假现象。

在创作评价方面，2019 年 11 月 13 日，网络视听节目管理司发布的通知显示，国家广播电视总局已建立优秀网络视听节目创作评价机制。内容主要包括：一是密切关注网络视听节目播出情况，对立意好、质量高、反响佳的节目进行表扬；二是举办网络视听节目研讨会，对优秀案例总结经验并进行推广；三是组织重点网络视听机构和创作机构开展座谈会，要求创作关注重大主题、关注现实、关注人民、融入文化、融入价值观等；四是深入网络视听机构进行调研，要求平台担负起自己的责任，扩大正能量内容生产和传播，发挥新型主流媒体生力军作用。

国家广播电视总局的这两项工作，前者侧重对平台的监督，后者则强调对优秀创作内容的鼓励，二者各有侧重，共同起到了促进行业规范发展的作用。

（二）网络视听节目信息备案系统升级，国家监管进一步加强

2012 年，国家广播电视总局组织建设了“网络剧、微电影等网络视听节目信息备案系统”。为了适应网络视听节目建设管理新形势和新要求，2018 年 12 月国家广播电视总局发布《关于网络视听节目信息备案系统升级的通知》（以下简称《通知》），对该系统进行了升级。

《通知》提出，自 2019 年 2 月 15 日起新规正式实施，重点网络影视剧在开始制作前，应由制作机构登陆“重点网络影视剧信息备案系统”登记节目名称、题材类型、内容概要、制作预算等信息。该系统的升级标志着由视频平台代为备案的时代已经过去，今后将由制作机构自主备案，制作方提交的节目规划信息经广播电视行政部门审核后，将自动获得备案系统生成的

① 国家广播电视总局：《总局规范网络视听节目综合评价工作》，新浪网，2019 年 1 月 29 日，http：//news. sina. com. cn/o/2019 - 01 - 29/doc - ihrfqzka2117394. html。

规划备案号。在规划备案之后，节目才可以进行上线备案，审核成片。另外需要指出的是，必须实名登记投资和演员片酬等补充规划备案资料，这也可以起到遏制“天价片酬”的作用。新系统的上线在很大程度上改善了网络视听节目的管理、审核和备案程序，使监管力度大大增强。

（三）加大力度推动网络视听节目高质量发展

网络视听节目的质量一直是国家政策关注的重点，鼓励和支持高质量的精品节目是国家相关部门的重要工作之一。2019 年 8 月，国家广播电视总局印发《关于推动广播电视和网络视听产业高质量发展的意见》（以下简称《意见》），明确指出要生产作品质量更加精良、更符合时代需求的作品。

《意见》强调，网络视听内容必须牢牢把握正确的政治方向、舆论导向、价值取向，坚守主流文化责任担当，坚持把社会效益放在首位，实现社会效益与经济效益的统一，同时行业内部必须坚持改革创新，充分发挥市场作用，推动体制和机制改革、产品和服务创新、科技和管理创新。《意见》的出台为整个网络视听行业的高质量发展提供了政策支撑，对于整个行业而言，既是机遇，亦是挑战。

（四）规范短视频平台，审查短视频内容

在经历 2018 年的大力整治之后，短视频行业乱象有所改善。2019 年初，中国网络视听节目服务协会正式发布《网络短视频平台管理规范》（以下简称《规范》）和《网络短视频内容审核标准细则》（以下简称《细则》），分别对网络短视频平台以及网络短视频内容进行规范，加强审核。

《规范》明确要求网络短视频平台积极引入主流新闻媒体和党政军机关团体等机构开设账户，提高正面优质短视频内容供给。在审核人员的人数上，要求在本平台每天新增播出短视频条数的千分之一以上。对于上传违规内容的账户，要求平台将其身份信息、头像、账户名称等信息纳入“违法违规上传账户名单库”，并根据其上传违法节目行为的严重性进行账号封禁，分为一年、三年、永久三个档次。对于内容管理，网络短视频平台应当

履行版权保护责任，不得未经授权自行剪切、改编电影、电视剧、网络剧等各类广播电视视听作品以及片段等。此外，在技术管理规范上，应当设立未成年人家长监护系统，以防止未成年人沉迷刷短视频。

《细则》明确对网络播放的短视频节目内容及其标题、名称、评论、弹幕、表情包等进行了规定，同时规定了其语言、表演、字幕、背景中不得出现的 21 类 100 项内容，包括攻击我国政治制度、分裂国家、损坏国家形象、泄露国家机密、歪曲贬低民族优秀文化、宣扬封建迷信、美化反面和负面人物形象，以及宣传自杀游戏和“丧文化”“一夜情”“非主流婚恋观”等。

三　行业问题透视与对策

（一）影视寒冬：网络视听行业迎来结构调整期

在经过 15 年高速发展后，网络视听行业陷入增速放缓、作品过剩等发展窘境，这让行业处在不确定的焦虑中，无论是行业还是平台都迎来了内部结构调整期。所谓影视寒冬最直观的一个表现是影视投融资规模缩小。2019 年影视公司的投融资事件仅有数十起，相比 2018 年的 130 起降幅较大。另外，从头部影视公司的经营状况来看，形势也十分严峻。2019 年华谊兄弟、华策影视、新文化等公司亏损严重，年度净利润为负值，其他头部公司的整体营收也有较大幅度下降。对于网络视听内容的生产制作公司而言，其本身的体量比较小，抗压能力也不及老牌影视公司，生存更为艰难。特别是 2020 年，新冠肺炎疫情在全世界暴发，网络视听内容生产遭受新一轮冲击，有序复工复产，在内容质量上继续向前迈进，才是顺利渡过此次寒冬期的重要举措。

在上述背景之下，网络视听内容的生产者最主要的任务是坚持创新，生产出贴近人民生活、关心社会大事的高质量作品。对于视频平台而言，则应肩负起新型主流媒体平台的担当和责任，在内容导向上拒绝“三俗”，做好平台内容的创作与播出规划，坚持以人民为中心的创作导向，摒弃以明星为卖点的做法，鼓励有实力的导演、演员进行创作，努力打造实力作品。

（二）视听内容“过度娱乐化”，应坚持正确的价值取向

所谓“过度娱乐化”，指的是娱乐超过了限度，主要表现在三个方面：一是娱乐占用的时间过多；二是娱乐内容低俗化，片面追求享乐消遣；三是大众媒体泛娱乐化。近年来，一些视听内容出现了“过度娱乐化”倾向，这主要表现在网络综艺、网络直播和短视频领域。

2018 年，国家广播电视总局就网络视听节目发布《关于进一步加强广播电视和网络视听文艺节目管理的通知》（以下简称《通知》），要求对偶像养成类节目、社会广泛参与选拔的歌唱才艺竞秀类节目组织专家从主题立意、价值导向、思想内涵、环节设置等方面进行严格评估，确保节目导向正确、内容健康向上方可播出，坚决遏止节目过度娱乐化和宣扬拜金享乐、急功近利等错误倾向。进入 2019 年，网络综艺过度娱乐化倾向有所改善，但仍不能放松警惕，要时刻警惕“过度娱乐化”倾向复苏。

而在网络直播和短视频领域，随着技术的发展和智能手机的普及，用户进入门槛越来越低，导致整个 UGC 生产市场鱼龙混杂，其中不可避免地会出现一些低俗化、泛娱乐化的内容。对于平台而言，加强审核仍然是重中之重，可采用人机协同工作的策略，借助人工智能技术筛选不合格内容，同时进行人工审核。而在内容引导层面，可以引入一些官方新媒体账号或党政军机关账号，策划正能量的活动，传播正能量的内容，坚持正确的价值取向。

（三）网络视听商业模式亟待创新

2019 年，三大视频平台营收增加，亏损较 2018 年进一步减少，但仍然处于亏损状态。在商业模式上，仍然主要依靠“广告 + 会员”模式，亟待创新。造成亏损的主要原因是内容成本增加，视频平台要加快自制内容的供给和投放。2019 年，爱奇艺全年内容成本达 222 亿元，与 2018 年相比增加 6%，内容资产版权和自制版权达到 112 亿元，超过总成本的一半。同样，

近两年，腾讯视频内容成本也在连续增长，2019 年版权费用达 772.75 亿元，较 2018 年多出 125.98 亿元。高成本的内容投入与营收之间如何取得平衡，是行业相关从业者急需解决的问题。值得一提的是，2019 年视频平台开启了“超前点播”这一模式，虽然取得了一定成效，但该模式存在的争议较大，仍需进一步完善。

对于短视频、网络直播、网络音频平台而言，随着近几年的发展，其已集聚一定的流量，如何实现商业化的流量变现是行业继续向前健康发展的首要问题。2019 年，“直播 + 电商”和“短视频 + 电商”杀出重围，引起了广泛关注，造就了网红主播和虚拟的“逛街场景”，平台在实现自身流量变现的同时，也满足了用户多元化的购物需求。

（四）视听内容质量仍有待进一步提升

视听内容的质量仍然是决定行业兴衰的关键。就网络剧和网络综艺而言，近几年网络剧和网络综艺发展迅猛，头部节目已逐渐拥有超越传统电视剧和电视综艺的趋势。然而取得这样的成绩并不是偶然的，一些成熟的制作公司和行业从业人员入局网络视听市场是它们赢得观众的前提条件，加之视频平台对自制节目的重视，资本的投入为网络剧的发展提供了契机，当然更为重要的还是节目本身的质量获得了观众认可。但从整体而言，网络节目较电视节目还有一定差距，仍需进一步提升。在网络电影方面，这一差距则更大，与院线电影相比，网络电影还有很大的提升空间。网络电影的口碑之所以较低，跟电影本身的质量密切相关。网络电影创作者与视频平台应加强合作，积极推进网络电影健康有序发展。

在短视频方面，视频内容同质化现象愈演愈烈，加之算法推荐技术的普及，用户经常刷到重复的内容。要改变这一问题，第一，必须从平台入手，完善推荐机制，戳破“过滤气泡”，使用户可以接触到更多元化的内容；第二，平台应鼓励和引导用户进行内容创新，从源头解决或改善内容重复和同质化问题。

四　行业趋势与展望

2020 年是新冠肺炎疫情影响下的网络视听产业发展之年，这一年既有挑战，也有机遇。疫情对一些剧作和网络综艺的拍摄进程和拍摄计划造成了一定影响，因此从长远看，有可能对产量带来进一步影响。但是，疫情导致院线电影等线下娱乐方式难以正常开展，使网络视听成为人们进行内容消费的阵地。叠加“口红效应”等因素，网络视听将释放更大的生产力和市场价值，用户规模和使用程度都可能继续创下新高。网络视听行业要在疫情危机中进一步优化市场结构，提升内容产品质量和服务质量，真正做大网络视听的市场蛋糕，为满足受众对美好精神生活的需要服务，为主旋律弘扬和正能量传播服务。未来网络视听还将迎来平台竞合加剧、5G 等技术赋能、超前体验等盈利模式创新、IP 价值挖掘、微综艺崛起、直播和短视频带货升级为电商标配等新趋势，业界需要高度重视这些变化，不断适应市场发展的新趋势、新要求。

（一）平台之间加强合作，强势拼播

对于视频平台而言，购买版权的成本往往是其营收面临的主要压力，平台拼播不仅可以缓解版权压力，还可以利用多平台的影响力达到理想的播放效果。2019 年，相比全量上新剧集而言，头部内容拼播比例更大。进一步研究头部拼播内容发现，平台间拼播配比发生了明显变化。通过图 15 可以看出，2018 年正片有效播放量 TOP100 剧集拼播内容中，4 平台及以上拼播占据 49%，到 2019 年此比例明显降低至 30%，2019 年 2 平台拼播成为主流，由 2018 年的 29% 增加至 37%，3 平台拼播数量也有较大提高。另外，在 2 平台拼播的剧集明显集中在腾讯视频和爱奇艺，以《从前有座灵剑山》《庆余年》为例，2 平台都取得了不错的口碑和收视成绩，可谓双赢。

其实对于平台而言，独播并不是目的，实现盈利才是目的。2020 年受疫情影响，影视制作公司更加艰难，而对于网络视听行业而言，却是一次发

展机会，如果这种方式能够达到更好的效果，也可以推广至其他领域，强强联合，降低内容成本，共同制造精品。

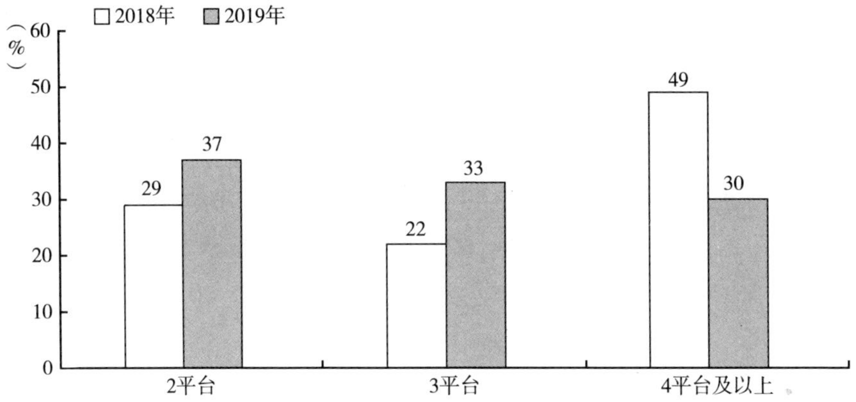

图 15 2019 年 TOP100 剧集中拼播平台数量分布

资料来源：云合数据。

（二）AI、5G、VR 技术赋能网络视听行业

随着 AI 技术的发展、5G 商用时代的开启、VR 拥有更加合适的技术土壤，网络视听行业迎来新的发展拐点。其主要表现在以下两个方面：一方面，AI 技术将为网络视听内容的策划、生产、分发、营销、反馈全流程提供技术支撑，节目制作方可根据用户更加精细化的需求进行个性化创作、智能化生产、精准化营销和多元化互动；另一方面，随着 5G 时代的来临，视频传输速度和解析水平大幅提升，视频将成为未来主要的表达方式，超高清视频、互动视频、VR 影视将迎来发展机遇。

2019 年行业内部在技术上也有新突破。首先，爱奇艺基于自主研发的人脸识别技术构建了全网最大的智能明星库，推出了“艺汇”智能选角系统。截至 2019 年 9 月，“艺汇”已拥有超过 2 万明星的视频大数据，通过自然语言处理和人脸识别技术，智能选角系统可将制片方与海量的艺人数据进行高效、精准的匹配，为制片方选角提供数据支持，减少制片方的选角时间，从而缩短影视项目的制作周期，提高网络电影的制作效率。①

其次，AI 技术使影视制作如剪辑和特效等有了新突破。AI 技术可以在很大程度上提高人对视觉特效和故事的掌控力。2019 年 10 月，优酷宣布上线全网首个“AI 观影情绪模拟产品”，为合作伙伴提供用户情绪模拟数据，帮助他们优化剪辑和制定个性化营销策略。

最后，5G 商用开启了新时代。2019 年 10 月三大运营商公布 5G 商用套餐，标志着中国正式进入 5G 商用时代。5G 时代的到来解决了视频传输速度的问题，满足了 4K 甚至是 8K 视频的传输需求，视频迎来超高清时代。对于观众而言，超高清画质带来了更逼真的视听体验。2019 年也是“互动视频”元年，用户可以自主选择剧情的发展方向，通过不同的选择触发不同的剧情，这种互动形式让用户参与到剧情之中，具有更强的体验感。头部视频平台纷纷推出自己的互动剧集。2019 年 1 月，腾讯视频推出首部互动剧《古董局中局之佛头起源》；2019 年 6 月，爱奇艺推出《他的微笑》，全剧共有 21 个选择节点，可以获得 17 种故事结局，满足了观众多元化的需求。此外，5G 技术的高传输、低时延特点解决了 VR“渲染能力不足、互动体验不强、终端移动性差和眩晕”等问题，VR 技术与影视的结合，比目前的“互动视频”更具沉浸感，是未来发展的重要方向。对于短视频、网络直播、网络音频行业而言，技术变革将为其带来新一轮的产业升级，既是新机遇，也是新挑战。

（三）网络剧超前点播成为平台盈利新趋势

2019 年暑期档网络剧《陈情令》大结局超前点播成绩斐然，12 月双平台联播网络剧《庆余年》中途即发布超前点播信息，备受争议。截至 2020 年 3 月 12 日，腾讯视频、爱奇艺两平台已经推出 13 部“超前点播”剧集。爱奇艺 CEO 龚宇表示“超前点播”将会成为一种新常态。表 5 显示，腾讯视频和爱奇艺已开启超前点播模式，题材以古装大 IP 剧为主，后逐渐拓展至古装和

① 《爱奇艺：打造一个 AI 娱乐生态》，《江苏商报》2019 年 9 月 6 日。

都市参半，类型趋向多元化，点播集数逐渐增多后趋于平稳，每集价格大部分为3元，观看模式以“直通结局”和“每周多看N集”为主。从用户画像来看，付费主要人群以“90后”和“95后”为主，平均年龄为25岁，女性占比较大，为60%。云合数据显示，截至2020年3月，微博、头条、抖音热搜榜单中“超前点播”共9个热搜话题，累计搜索量达535万次，均集中在2019年12月12~21日《庆余年》热播期间，如“#庆余年超前点播50元#”“#影视剧付费超前点播合理吗#”等，“超前点播”模式引发争议。

表5　2019~2020年超前点播剧集

剧集名称	播出平台	上线时间	点播集	点播集数	打包价格	逐集价格	观看模式
陈情令	腾讯视频	2019年6月27日	45~50	6	30元/6集	6元/集	直通结局
明月照我心	腾讯视频	2019年10月14日	31~36	6	12元/6集	3元/集	直通结局
没有秘密的你	腾讯视频	2019年10月17日	21~32	12	18元/12集	2元/集	每周多看N集
从前有座灵剑山	腾讯视频/爱奇艺	2019年11月12日	33~37	5	12元/5集	3元/集	直通结局
庆余年	腾讯视频/爱奇艺	2019年11月26日	22~46	25	限时点播50元/25集	3元/集	每周多看N集
爱情公寓5	爱奇艺	2020年1月12日	25~36	12	限时点播25元/12集	3元/集	直通结局
将夜2	腾讯视频	2020年1月13日	26~43	18	—	3元/集	每周多看N集
三生三世枕上书	腾讯视频	2020年1月22日	33~56	24	—	3元/集	每周多看N集
大主宰	爱奇艺	2020年1月30日	37~48	12	限时点播25元/12集	3元/集	直通结局
谁都渴望遇到你	爱奇艺	2020年2月16日	25~36	12	限时点播25元/12集	3元/集	直通结局
两世欢	爱奇艺	2020年2月21日	25~36	12	限时点播25元/12集	3元/集	直通结局
地球脸红了	爱奇艺	2020年2月26日	13~24	12	限时点播25元/12集	3元/集	直通结局
猎心者	爱奇艺	2020年3月9日	19~30	12	限时点播25元/12集	3元/集	直通结局

资料来源：云合数据。

（四）系列化、IP 改编仍然是网络电影重要发展方向

系列化和 IP 改编作品在整个影视行业一直具有非常大的优势，对于网络电影而言也是如此。从 2019 年网络电影分账票房排行榜可以看到，排名前十的影片中，《鬼吹灯之巫峡棺山》《陈翔六点半之重楼别》《三重威胁之跨国大营救》《陈情令之生魂》等都属于系列化或 IP 改编的影片。系列化其实是电影本身的一种品牌化运作，利用第一部作品的成功获得的较高知名度和较好市场反应，进行同一题材的系列化操作，逐渐在某一题材内形成口碑，进而将其打造成“系列化电影”品牌。[①] 另外，相较那些未经受市场检验的剧本而言，IP 剧本拥有一定的受众基础，这在很大程度上减少了结果的不确定性，从而增加了网络电影成功的概率与空间。[②] 可以预见，系列化和 IP 改编仍然是网络电影行业重要的发展方向之一。

（五）微综艺：新生力量崛起引发关注

微综艺是基于短视频形式的一种娱乐性的节目形式，节目时长在 15 分钟左右。2019 年，随着短视频进一步向垂直化方向发展，微综艺发展迅速。各大视频平台和一些短视频平台陆续推出《女人 30 +》《真话真说》《透明人》《爱思不 si》《别人家的公司》《少年，听你说》《了不起的村落 3》《幸福清单 2》等微综艺节目，微综艺以其“短轻快”的特点，逐渐从网络综艺衍生品走向定制化精品。

国内微综艺主要分为三大类。一是围绕参演者展开的微综艺，包括明星个人综艺或一人团体综艺，例如《黄小厨的春夏秋冬》《丹行线》。二是围绕垂直领域打造的微综艺，如《别人家的公司》，还包括一些衍生综艺，如《创造营 2019》的微综艺《大岛日记》，《这！就是街舞》的衍生微综艺《街舞 Callout》。三是对话/谈话节目，比如《女人 30 +》《透明人》《爱思

① 周韧：《“系列化电影”海报设计的品牌化思维》，《电影文学》2014 年第 20 期。

② 石力月：《影视作品的 IP 化及其基于交换价值的生产——以西游题材电影为例》，《上海师范大学学报》（哲学社会科学版）2018 年第 6 期。

不 si》等。从用户的角度来看，《2019 中国网络视听发展研究报告》显示，目前观众对微综艺的认知度已接近六成，“微型化”或将成为网络综艺的行业趋势。

（六）直播带货、短视频购物成为电商运营新趋势

2019 年，网络直播、短视频与电商深度结合，网红直播带货和短视频购物兴起，不仅催生了李佳琦、薇娅这两个当红带货主播，创下了惊人的销售额，还吸引了大量明星入驻淘宝直播，截至 2019 年上半年入驻淘宝直播的明星已超过 100 名。网红直播为电商直播注入了新的能量，直播已经成为电商在新时代的新产业，直播带货呈现出极强的爆发性，正在创造一个千亿级的新市场。① 2020 年新冠肺炎疫情期间，受影响的零售业在直播带货中寻求机遇，直播带货再度升温。另外，一些短视频平台纷纷加入直播战局，2019 年 2 月，当红主播李佳琦入驻抖音直播，主打口红直播；5 月，谢霆锋携手自己的“锋味”牌粽子入驻快手直播；6 月，柳岩首次在快手直播卖货，单款商品最高销售额破百万元。“短视频 + 电商”还有另外一种结合方式，即在短视频平台加入购物入口。这种边看视频边购物的形式与直播带货不同，它的目的性不强，只是在看视频的过程中推荐用户可能会感兴趣的商品，用户可以与视频中的人物拥有“同款”，对于短视频而言，也是一种实现流量变现的重要方式。

---

① 《直播带货：一阵“风”还是新“风口”》，《新华日报》2020 年 4 月 7 日。

分 报 告

Sub-reports

B.2
2019年网络剧行业发展报告

周才庶*

摘 要： 2019年我国网络剧行业稳步发展。国家广播电视总局出台多项举措，培育扶植网络视听行业重点项目，以促进网络剧的提质升级。网络剧数量稳中有降，播放热度持续上升。网络剧的边界向电视剧和短视频扩张。网络剧的产业运作方面，小说改编成为主流，工业化的生产模式、短剧化的播映趋势已经形成。网络剧的内容方面，古装剧阵容强大，悬疑片和青春片占主导优势，男频IP剧强势崛起。观众对于网络剧的热情不减，评分互动持续增加，粉丝经济方兴未艾，但也形成了充满区隔和壁垒的圈层文化。网络剧需要坚持精品化的发展道路，增强国际传播力，提高文化软实力。

* 周才庶，博士，南开大学文学院副教授，主要研究方向为新媒介文学理论与影视文化。

关键词： 网络剧　网络视频　受众反应

一　引言

2014 年起，网络剧作为网络视频的重要形式开始了一系列的探索。六年来，网络剧行业稳步发展，产业形态初步形成。2019 年中国网络剧行业更加成熟。国家广播电视总局出台更为详细的政策来指导规范影视行业。网络剧的生产制作更为规范，在数量上稳中有降，在质量上则有长足进步，出现了《长安十二时辰》《锦衣之下》《庆余年》《陈情令》等一批热度、口碑俱佳的作品。网络剧不断扩大其传播力和影响力。值得注意的是，2019 年网络剧出现了分化的倾向：一部分网络剧在生产规模和作品形制上接近传统电视剧，可以被视作“网络大剧”；一部分网络剧受到短视频的冲击和影响，每集不过几分钟，非常短小精悍，可被视作“网络短剧”；另有网络剧延续了近年来小规模和低成本的制作方式。网络大剧和网络短剧的风行是重要的行业动态，表明网络剧已经开始转型。本报告结合业界发布的多项统计数据，基于优酷、爱奇艺、腾讯视频、搜狐视频、芒果 TV、土豆网、哔哩哔哩等平台的网络剧播映情况进行实证分析，对 2019 年网络剧的行业政策、市场状况、产业运作、作品内容和受众反应进行总结。

二　网络剧行业政策

（一）坚定方向、深化改革

2019 年 5 月 29 日，中央全面深化改革委员会第八次会议审议通过了《关于深化影视业综合改革促进我国影视业健康发展的意见》，强调要深化影视行业的改革，“要从完善创作生产引导机制、规范影视企业经营行为、健全影视评价体系、发挥各类市场主体作用、加强行业管理执法、加强人才队伍建设等方面统筹推进改革”。[1] 该文件指出，在影视行业的改革进程中，要抓住群众普遍关心的具体问题，从影视行业标准、从业人员素质等方面形成长效机制。

（二）培育扶植、提质升级

国家广播电视总局于2019年8月11日发布《关于推动广播电视和网络视听产业高质量发展的意见》，推动影视内容产业走向健康繁荣。该文件指出，要优化网络视听产业的结构布局、培育产业竞争的新型优势；要实施电视剧、网络视听节目的重点创作规划，采取资金扶持、评析交流、宣传推介等多种措施推动产业良性循环和综合效益增长。

国家广播电视总局建立广播电视和网络视听产业发展项目库，培育和扶持具有高质量和创新性潜力的重点项目，支持具有高新技术开发、精品内容制作、衍生产品开发、海外传播能力的项目库，倡导创作思想精深、艺术精湛、制作精良的作品。

（三）多措并举、促进发展

2019年，国家广播电视总局等三部门联合发布《网络音视频信息服务管理规定》，国家广播电视总局发布《关于进一步做好广播电视和网络视听精准扶贫工作的通知》《关于推动国家广播电视和网络视听产业基地（园区）建设发展的通知》。国家广播电视总局开展2019年网络视听节目精品创作传播工程，发掘反映国家重大进展和历史成就的现实题材作品，评选出11部重点扶持的网络视听作品，其中包括《荣耀乒乓》《北斗》《特勤第八组》《云过天空你过心》《青春的田野》等网络剧。国家广播电视总局颁布《未成年人节目管理规定》，对以未成年人为主要参与者或者以未成年人为主要接收对象的广播电视节目和网络视听节目做出规定，明

---

① 《习近平：因势利导统筹谋划精准施策推动改革更好服务经济社会发展大局》，中国政府网，2019年5月29日，http：//www. gov. cn/xinwen/2019－05/29/content_ 5395854. htm。

确了节目规范、传播规范、监督管理机制、法律责任，防止未成年人节目出现商业化、成人化和过度娱乐化倾向。国家广播电视总局多项举措并行，促进网络剧行业有序发展。

三　网络剧数据解读

（一）总体数量稳中有降

根据中国互联网络信息中心（CNNIC）发布的第45次《中国互联网络发展状况统计报告》，截至2020年3月，我国网民规模达9.04亿人，互联网普及率达64.5%；网络视频（含短视频）用户规模达8.50亿人。其中，短视频用户规模为7.73亿人，占网民整体规模的85.6%。[①] 网络剧拥有广泛的观众基础，网络剧运营平台更加专业化，网络娱乐内容更加生态化。

2019年我国上线网络剧251部，比2018年的283部减少11%。在热度、口碑、有效播放量、市场占有率方面，网络剧都有不俗表现，如《庆余年》《陈情令》《长安十二时辰》《东宫》《白发》《倚天屠龙记》《皓镧传》《黄金瞳》《烈火军校》呈现了较好的播放反响。

2019年，爱奇艺和优酷平台都关闭了前台播放量而代之以热度指数，腾讯视频、搜狐视频、芒果TV、哔哩哔哩保持播放量的衡量方式。热度指数包括观看、互动、分享、评价等指标，它将连看、拖拽、收藏、弃剧等行为纳入指标衡量之中，综合了用户的多维度播放、讨论度和互动量。在爱奇艺平台，2019年网络剧《锦衣之下》的热度指数为4815，2018年网络剧播放量之首《延禧攻略》的热度指数为3937。总体来看，2019年网络剧代表作品的热度有所上升。

---

① 《第45次〈中国互联网络发展状况统计报告〉（全文）》，中华人民共和国国家互联网信息办公室网站，2020年4月27日，http://www.cac.gov.cn/2020-04/27/c_1589535470378587.htm。

（二）网络剧多元拓展

网络剧是指在网站播放的剧目，或者先在网站线上播放随后通过电视台播放的剧目。随着媒介融合程度的加深、网络剧制作水准的提升，网络剧和传统电视剧的边界有所消解。目前在网络剧的定位上出现了两种倾向，一则大制作的网络剧与电视剧的差别逐步减少，其差异最突出地体现在播放平台上；二则小制作的网络剧播映时间缩短，其形制接近短视频。

2019 年，爱奇艺、腾讯视频、优酷三大视频网站平台，以及芒果 TV、搜狐视频、乐视、哔哩哔哩、迅雷看看等平台都上线了不同规模的网络剧。爱奇艺平台上，“网剧”和古装、言情、武侠、偶像、家庭等类型共处于“电视剧”类别之中，2019 年上新网络剧 96 部。腾讯视频平台上，“网络剧”同样被放在“电视剧”类别中，2019 年上线网络剧 93 部，多数是每集约 1 分钟的短视频网络剧，仅有 4 部每集超过 20 分钟。优酷平台上，“网剧”类别下放置的是时长几分钟的短视频，“剧集”类别下放置的是电视剧，2019 年优酷上线剧集 133 部，其中仅在网络播出不在电视台播出的剧集约 48 部。可见，三大视频网站对于网络剧的界定已经打破了某种共识，但都体现出边界扩张的倾向。

（三）网络大剧热度可观

2019 年网络剧市场出现一拨古装大剧，《陈情令》《长安十二时辰》《庆余年》《锦衣之下》四部网络剧的官方微博粉丝数都突破百万人，其观看量和话题度都比较高。《陈情令》在腾讯视频显示播放量为 77.6 亿次，评分为 9.1 分；《倚天屠龙记》播放量为 65.9 亿次，评分为 7.8 分。《东宫》《天雷一部之春花秋月》《鹤唳华亭》《长安十二时辰》在优酷平台的热度指数分别为 6069、5509、4661 与 4167。《锦衣之下》与《庆余年》在爱奇艺平台的热度指数分别为 4815 与 4079。这些网络剧采取工业化的大制作模式，却选择了网络独播的方式。它们在生产方式、剧作品质、观众舆情等方面形成了良好和成熟的形态，为 2019 年网络剧带来新的风貌。

四　网络剧产业运作

（一）小说改编已成主导

2019 年网络剧改编自小说的比例相当之高。艺恩咨询发布的“2019 年网剧 TOP50”中有 30 部由小说改编，播映指数排名前十的《陈情令》《长安十二时辰》《庆余年》《全职高手》《东宫》《白发》《致我们暖暖的小时光》《鬼吹灯之怒晴湘西》《倚天屠龙记》《我只喜欢你》全部改编自小说，前 20 名中有 16 部改编自小说。优酷热度指数前 20 名的网络剧中有 9 部改编自小说，爱奇艺热度指数前 20 名的网络剧有 10 部改编自小说。

影视剧自诞生起就从小说中汲取营养，由小说改编影视剧已有悠久的传统。网络小说经过 20 年的发展，形成了庞大的规模，一批现象级作品受众庞大、反响热烈。2019 年网络剧大量地改编自网络小说，两者造就了颇为壮观的网络文艺景观。《陈情令》改编自晋江文学城居销量榜首的网络小说《无羁》，上线两天网络播放量过亿次。《庆余年》的同名原著小说出自网络作家猫腻，小说极具知名度。《鹤唳华亭》改编自晋江文学城常年占据热榜的网络小说。网络剧从知名网络小说改编而来，其生产和营销因此具备 IP 基础，这在网络剧制作中成为明显的趋势。

（二）工业化的生产模式

2019 年网络剧面临资本市场降温的问题。2019 年娱乐传媒行业投资总额约为 85.11 亿元，比 2018 年下降了 78.7%。[①] 天眼查数据显示，2019 年

① 《国产剧的 2019：市场惨淡，内容灿烂》，腾讯网，2020 年 1 月 21 日，https：//new.qq.com/omn/20200121/20200121A0421K00.html？pgv_ ref = aio2015。

全国有4346家影视公司和工作室关停，同比2018年的关停数增长了38%。[①] 在这个背景下，工业化的生产模式仍然在有效地形成。2019年工业化的网络剧制作取得了良好成效，它们实行规范化和标准化生产，在资金投入、剧组规模、制作方式、技术手段上有所突破。《长安十二时辰》《锦衣之下》《庆余年》《九州缥缈录》《全职高手》等剧组实现了工业化的影视生产。《长安十二时辰》被业界视为网络剧工业化制作的标杆，该片从筹备到杀青历时近两年。剧组耗费近5000万元搭建“唐城”，还原长安城的恢弘气象。全剧的特效镜头达9000多个，在服装、道具、古建筑等器物层面上都体现出网络剧制作的升级。《鬼吹灯之怒晴湘西》剧组搭建苗家古寨，实景拍摄宏大场景，特效镜头占据全片镜头总数一半以上。《九州缥缈录》制作规模庞大，“剧组服装上万套，剧组人数最多可超3000人”。[②]

在工业化的生产模式中，投资生产、拍摄制作、上线播映环环相扣，构成完整的产业链。新丽传媒、新湃传媒、留白影视、仨仁传媒等生产公司在2019年输出了优质的网络剧，显示出生产实力。大部分影视公司则依靠视频平台生存。爱奇艺、腾讯视频、优酷平台继续实行2016年以来的分账模式，爱奇艺是最早提出网剧分账模式的视频平台，并将其运用到网络剧上，其分账收入来自会员付费期分账金额与广告分账期分账金额。视频平台在网络剧生产中介入较深。2019年网络剧产业链生产加速，两极分化明显。

（三）短剧化的播映趋势

2019年网络剧行业出现了短剧化的播映趋势，腾讯视频中“网络剧”类别下多为每集几分钟的短剧，爱奇艺和优酷两家平台都出台了鼓励短视频

---

① 《国产剧的2019：市场惨淡，内容灿烂》，腾讯网，2020年1月21日，https：//new. qq. com/omn/20200121/20200121A0421K00. html？ pgv_ ref = aio2015。

② 《2019年剧集行业盘点：〈庆余年〉改变不了古装剧的冷》，腾讯网，2020年1月13日，https：//new. qq. com/omn/20200113/20200113A008Q200. html。

的政策，以游戏、直播、番剧为业务内容的哔哩哔哩推出的短剧更是不胜枚举。

2019 年网络剧的播映端在短剧化的趋势中进一步优化，加入互动功能、竖屏形式，产出了一些互动剧、竖短片。爱奇艺推出互动剧《他的微笑》，上线了竖短片《那就爱上你》《老爸老妈的婚事儿》《生活对我下手 2》《导演对我下手了》《小哥哥怕是有毒吧》等。《生活对我下手 2》具有互动功能，安排了分支剧情让观众自主选择。腾讯微视播映的《通灵妃》每集时长在 1 分钟左右，已有 3.9 亿次播放量。此外，抖音、快手等短视频平台积极进行竖屏剧的布局，快手上线"小剧场"板块，包括霸总、恋爱、逆袭、乡村等主题。短剧的制作成本相对较低，收益周期更短，比较适合作为分账网剧的探索形式，同时也适应观众的碎片化观看习惯，网络剧的短剧化倾向已经呈现出来。

五　网络剧内容分析

（一）古装类型蔚为大观

2019 年古装网络剧在播放量、热度、口碑、话题度等方面的综合表现突出。爱奇艺、优酷、腾讯视频显示最具热度的网络剧分别是《锦衣之下》《东宫》《陈情令》，其均为古装剧。优酷平台"剧集"中网络剧热度指数前九名为《东宫》《天雷一部之春花秋月》《我只喜欢你》《乡村爱情 11》《请赐我一双翅膀》《鹤唳华亭》《淑女飘飘拳》《白发》《长安十二时辰》，其中五部为古装剧。爱奇艺平台"网剧"热度指数前十名中六部为古装剧，分别是《锦衣之下》《庆余年》《剑王朝》《皓镧传》《从前有座灵剑山》《宸汐缘》。艺恩咨询发布"2019 年网剧 TOP50"，播映指数前十名的网剧中有六部为古装剧。

2019 年电视剧市场在题材内容、演员片酬、行业规范方面进行了一系列政策调控，特别是由于对于古装剧的政策收紧，古装剧的备案数有了明显下降，播映途径发生重要变化。原本计划在卫视播出的许多古装大剧转战网络平台，由此形成网络剧的古装奇观。

（二）悬疑、青春占据主流

视频网站对于网络剧的类型化定位愈加清晰，将其分为悬疑、武侠、青春、都市、玄幻、科幻、穿越、军旅、农村、传奇等多种类型。爱奇艺热度指数前十名的网络剧《锦衣之下》《庆余年》《我的莫格利男孩》《烈火军校》《请赐我一双翅膀》《剑王朝》《皓镧传》《从前有座灵剑山》《宸汐缘》《我在未来等你》都没有超出悬疑、青春两大类型。2019 年网络剧中古装悬疑剧最为火爆，播映指数、媒体热度、用户热度综合排名位于前列的《长安十二时辰》《锦衣之下》《庆余年》《陈情令》均属此列。爱奇艺平台的悬疑题材优势明显，有效播放比例达 31%。

2019 年悬疑古装网络剧在播映指数、观看热度、评价分数方面成绩突出，主人公在一定历史背景下进行惊险探案、揭开重重阴谋，情节跌宕起伏、具有较强吸引力。《锦衣之下》以明朝嘉靖末年为背景，锦衣卫陆绎与捕快袁今夏面临朝廷要案、家族仇怨、世俗枷锁的多重纠葛，历经苦难、秉持正义，最终收获真情。《剑王朝》讲述乱世之中市井酒铺少年丁宁在江湖之中历经磨难的成长故事，由 2019 年热门演员李现主演。此类古装悬疑剧演员阵容呈年轻化趋势，在故事情节上呈类型化趋势，在时空距离上呈间离化趋势，形成了特定的审美效果。

青春剧则是另一亮点类型，校园爱情类的《致我们暖暖的小时光》《我只喜欢你》《我的莫格利男孩》《淑女飘飘拳》《我在未来等你》《暗恋橘生淮南》，运动励志类的《全职高手》《追球》，都市偶像类的《我不能恋爱的女朋友》都具有较高热度。网络剧的受众多为年轻人，以 20 多岁青年为主，青春剧以曲折动人的爱情故事、纯真炽热的人生理想打动这批观众，契合他们的观赏偏好。

综合各大视频网站数据来看，2019 年综合指数高的网络剧集中在悬疑、青春两大类型中，悬疑剧出现诸多爆款。

（三）“大男主”IP剧强势崛起

2019年，“大女主”剧走向衰落，男频IP剧强势崛起，男频剧以男性为主要受众。2018年《延禧攻略》《如懿传》《芸汐传》《独孤天下》《烈火如歌》《萌妻食神》《宫心计2深宫计》等大女主剧盛行一时，《延禧攻略》更是暑期档网络剧的话题之王，它们复合了宫斗、恋爱、权谋等主题，女主角在复杂的生存环境中一路披荆斩棘，走向人生巅峰。2019年网络剧完全颠覆了大女主剧一枝独秀的局面，男频IP剧异军突起。《庆余年》《长安十二时辰》《陈情令》《九州缥缈录》《全职高手》《从前有座灵剑山》是其中代表。

《庆余年》以少年范闲的成长故事为主线，表现出庙堂之争、江湖之远与个体之痛。范闲长于边陲之地，成年后踏足京都官场，被卷入权力和财富的漩涡。此人聪慧洒脱、武艺不凡、医术精湛，总能过关斩将、突破重围，走出人生逆旅。男频IP剧与大女主剧一样承袭“爽文”套路，主角以自己的智慧和资本战胜敌人。大女主剧有主角的“玛丽苏”光环，男频IP剧则有主角的“杰克苏”光环，前者更多地通过爱情来实现，后者则通过谋略权术来实现，它们在本质上是趋同的，体现出对于性别古老而陈腐的认知。

影视剧的观众占比中，男性观众占30%左右。女频IP剧市场风险相对较小，受众面更广，一直以来颇为风行。近年来，网络小说中体量更大、历史更久的男频IP也被大量改编，如《斗破苍穹》《武动乾坤》《莽荒纪》《择天记》《青云志》。男频IP剧为了吸引更多女性观众，男主角一般由颜值、人气俱高的流量明星来扮演，如鹿晗、李易峰、易烊千玺、杨洋、吴磊、李现都担任过男频IP剧的主演，这就成为此类网络剧的亮点。但也有例外，《庆余年》不落窠臼，由一位演技颇佳的演员担任主角，并由多位“老戏骨”和“中青年骨干”支撑起了演员格局，如陈道明（饰演庆帝）、郑毓芝（饰演南庆太后）、吴刚（饰演陈萍萍），以及李小冉（饰演长公主）、袁泉（饰演叶教授）。《庆余年》胜在成功的IP改编，在故事情节、人物性格方面保留原作的优势，并丰富配角形象、加入喜剧元素。业界认为

2019 年的《庆余年》成了“男频 IP 剧的分水岭”，意味着“男频影视剧已经迈入了精品化阶段”。[①]

六 网络剧受众研究

（一）评分互动持续增加

2019 年网络剧的观众反应仍然是比较活跃的，但主要集中在热度高的网络大剧中，这形成了马太效应。《陈情令》《长安十二时辰》《庆余年》《全职高手》《东宫》《白发》《致我们暖暖的小时光》《鬼吹灯之怒晴湘西》《我只喜欢你》《宸汐缘》《鹤唳华亭》等网络剧的用户热度都相当之高，点赞人数、评分人数、评论人数、弹幕发送量都处在高位。网络剧带出演员演技、服装道具、主角命运、社会现实等一系列话题，在微博热搜形成舆论热潮。

2019 年网络剧在视频平台的点赞评论数、弹幕数量和豆瓣评分人数都有所增长，评分互动持续增加。2018 年网络剧《延禧攻略》的播放量达到 181.8 亿次，豆瓣评分人数为 29 万人。2019 年网络剧的豆瓣评分人数达到了新高度，《陈情令》评分人数超过 130 万人，《庆余年》评分人数达 70 万人，《长安十二时辰》评分人数达 35 万人，它们都超过了 2018 年网络剧播放量冠军《延禧攻略》。此外，《锦衣之下》的豆瓣评分人数为 19 万人，《宸汐缘》的豆瓣评分人数为 15 万人。

在微博上，播放指数靠前的网络剧其官方微博的粉丝数能达到几十万人。《陈情令》《长安十二时辰》《庆余年》《锦衣之下》官方微博的粉丝数更是突破百万大关，分别超过 499 万人、219 万人、156 万人和 120 万人。从观众评价和参与的数量来看，《陈情令》是最高的。2019 年部分热门网络剧的官方微博数据如表 1 所示。

---

① 《〈庆余年〉成爆款，男频 IP 剧终于找到出路》，东方资讯网站，2019 年 12 月 24 日，http://mini.eastday.com/a/191224172527337.html。

表 1　2019 年部分热门网络剧的官方微博数据

单位：人，条

序号	剧名	官方微博粉丝人数	发布微博数
1	陈情令	4997303	456
2	长安十二时辰	2195222	931
3	庆余年	1561527	1113
4	锦衣之下	1201726	699
5	黄金瞳	970253	706
6	全职高手	647160	1000
7	鹤唳华亭	570132	1304
8	剑王朝	461119	878
9	奈何 BOSS 要娶我第一季	419795	1321
10	从前有座灵剑山	418732	769
11	致我们暖暖的小时光	401863	622
12	烈火军校	282340	684
13	东宫	267446	846
14	独孤皇后	267124	659
15	我在未来等你	209933	952
16	追球	197690	1436
17	宸汐缘	188744	792
18	我只喜欢你	155291	393
19	破冰行动	125383	1220
20	我的莫格利男孩	117799	575
21	天雷一部之春花秋月	97077	689
22	世界欠我一个初恋	85975	448
23	无主之城	76647	503
24	淑女飘飘拳	65960	583
25	绝世千金第一季	55180	476
26	白发	52459	1004
27	请赐我一双翅膀	45965	443
28	动物管理局	44136	941
29	我知道你的秘密	38523	646
30	皓镧传	35803	671

注：数据统计时间截至 2020 年 3 月 24 日。

资料来源：根据微博官方主页展示内容统计得到。

2019 年网络剧观众参与程度继续加深，他们在视频网站的弹幕区和评论区交流互动，在微博、抖音、网络社区表达意见，形成多元反馈的格局。

从受众反应来看，制作精良的网络剧接受范围更广，市场影响更大，评论活跃度非常高；另外一些制作粗糙的网络剧没能进入工业化的生产体系，关注度极低，处在自娱自乐的层面上。

（二）观众群体不断细分

网络剧的受众细分日益明显，各种“二次元”的亚文化群体具有自身独特的价值观念和审美取向，形成各自的圈层文化。不同圈层之间有疏离、隔阂乃至对抗。观众主体意识不断加强，生产者亦不断迎合观众，他们根据特定的目标用户生产不同类型的网络剧。针对细分人群制作圈层化产品是网络剧生产中被普遍采用的策略，定制思维不断被强调。

2019 年网络剧观众的圈层文化进一步强化。网络剧中悬疑、电竞、刑侦、战争、宫廷、玄幻诸种类型体现出不同的圈层文化。《皓镧传》《独孤皇后》属于女性励志类的宫廷剧，《皓镧传》延续了《延禧攻略》的叙事模式和演员班底，凸显女性的能力和价值。《东宫》《白发》讲述乱世之中王子公主的家国情缘和悲欢离合。古装神话剧《宸汐缘》近似 2017 年电视剧《三生三世十里桃花》的文本气质。这类网络剧的受众群体往往具有较高重合度。

青春剧《奈何 BOSS 要娶我第一季》满足了少女的爱情想象，剧中虽然仍主要是车祸、失忆、绝症等陈旧桥段，但它加入密集的笑点，彰显甜蜜的宠爱，受到女孩子的追捧。这些观众自称“奈何女孩”，制造的话题多次直上热搜。《绝世千金第一季》将爱情和游戏相结合，创造了大型爱情沉浸式游戏，受到年轻女性观众的欢迎。悬疑探案片《鬼吹灯之怒晴湘西》营造出紧张恐怖的氛围，展示了悬疑爱好者的惊险刺激之旅。

观众依据某部或某类网络剧建构出特定的圈层文化。一方面，圈层文化的形成使网络类型剧的市场风险降低，生产者针对特定群体进行精准匹配，制作符合其认知层次和审美品位的作品，从而获得生产利润。“圈层剧”的概念被逐步接受，生产者分别在青春、悬疑、宫廷等原创内容上进行延伸，以此产生聚合效应。另一方面，圈层文化的形成导致网络剧越来越难产生广泛影响或得到普遍认同。不同圈层之间的思想壁垒和文化区隔不得不引起反思。

（三）粉丝经济方兴未艾

2019 年，网络剧观众的传播角色实现了有效转换，他们是作品的接受者，更是作品的创造者，并创造出新的接受样态。粉丝经济是其中比较突出的表现，在网络剧场域中它从三个方面呈现出来。其一，付费观看。爱奇艺、腾讯视频、优酷几大视频网站实行付费观看，付费用户快速增加，2019 年爱奇艺付费用户数量过亿人。网络剧付费超前观看的方式得到逐步推行，《陈情令》《庆余年》《从前有座灵剑山》的付费超前观看一度引发广泛的讨论。其二，线上转线下活动。网络剧的主创人员、流量明星、主题歌曲都是目标观众的关注点，与剧目相关的见面会、签售活动能够产生连锁的经济效应。《陈情令》从推出音乐专辑到举行线下见面会，实施了一系列 IP 产业操作，拓宽了粉丝经济的运营空间。其三，衍生产品。网络剧制作方根据剧作内容推出同款手游、大电影、工艺品等衍生产品，打造网络剧的多线条盈利模式，以此扩展网络剧的产业链，扩大经济效益和社会效益。

观众因共同的兴趣爱好而聚集在同一平台进行内容消费，在这种网络社群的聚集行为中，不同观众建构起自身的文化认同。网络剧播放平台的观众反馈功能日益完善，加之以社交平台的交流互动，观众较以往更能表达自己的意见。网络剧产业链的加速形成缩短了观众反馈的时间差，强化的用户思维增强了观众反馈的话语力量。作为粉丝的观众不再是被动的接受者，而是能够改变作品走势的主体。借助意义共享的社群行为，网络剧的粉丝经济效益已不容小觑。

七　网络剧行业面临的困境及未来展望

（一）效仿电视剧，应对短视频

2019 年网络大剧精彩纷呈，它们以内容质量为衡量标准，按照电视剧的标准来制作生产。部分电视剧由于监管力度的加强、播放政策的收紧，从电视台转移到网站播放，因而成为网络剧。从这个意义上说，网络剧和台播剧的边界已经被打破。部分业内人士指出，用网络剧和台播剧这种播出媒介来定义剧集的时代已经过去了，他们重新定义剧集，着力打造超级剧集。超级剧集意味着拥有电影级别的品质、明星班底和 IP 加持。优酷平台用“剧集”囊括了电视剧和网络剧，体现出电视剧和网络剧的家族相似性。五年前，网络剧处在影视圈的生态链底端，充斥粗制滥造、粗浅媚俗之作，饱受质疑。2019 年的网络剧爆款在热度、质量和口碑上取得不俗成绩，与电视剧佳作的差异不大。

同时，网络剧面临短视频的冲击。抖音、快手、梨视频等短视频平台开始上线剧情短片，这给网络剧带来了挑战。在生产方面，网络短剧的资金周期短、效益可控性强；在内容方面，网络短剧体量小、网感强，这带来了新的生机。网络剧出现了短剧化的倾向，优酷的“网剧”类别下都是短剧，腾讯视频的“网络剧”大部分是短剧，爱奇艺推出竖短剧。

可以预见，网络剧产生了两种趋势：一则网络大剧效仿电视剧，这部分网络剧的品质向传统电视剧靠拢，尤其在制作方面达到了传统电视剧的生产规模和水准，二则网络短剧应对短视频的挑战，这部分网络剧每集时长在 5 分钟左右，符合碎片化的网络阅读习惯。这两大趋势既是危机，又是机遇。它们可能解构网络剧既有的存在意义，也可能带来网络剧全新的行业面貌。

（二）避免同质化，走向精品化

网络剧的类型似乎丰富多样，悬疑、玄幻、科幻、校园、军旅、农村、传奇多种类型应有尽有，实际上，近年流行的网络剧主要是悬疑、宫廷、青春类。网络剧的类型体系仍是不完整且不平衡的。影视精品的产生不是偶然的，需要在大量的作品中披沙拣金。类型化是降低市场风险的有效途径，在类型化的前提下产出精品，需要更广泛的探索。对网络剧的不同类型还要进行垂直细分，处理好创新题材和叠加元素的关系，生产差异化的内容。

各大视频平台通过分账策略显示出对网络剧越来越强的生产介入能力。

通过算法主导的用户数据分析，它们发现对一些目标人群的经验具有可循环性，这正是网络剧类型化的用户基础。但是，类型化不等于同质化。2019年出现了《陈情令》《长安十二时辰》《庆余年》等优秀网络剧，它们为网络剧的创作生产确立了标杆。大部分网络剧的质量则有待提升。优秀的网络剧不仅具备跌宕起伏的故事情节、个性鲜明的人物形象，而且制造了华丽场景、优秀画面质感，为观众提供精神愉悦和视觉满足。网络剧的精品化道路应以产品内容为核心，注重创作和生产，这也是“内容为王”的具体途径。

（三）增强国际传播力，提高文化软实力

新媒体产业在未来会有更大的发展空间，其正在成为国家文化软实力的重要组成部分。2019 年部分网络剧销售国外版权，《陈情令》在网飞（Netflix）播出，《长安十二时辰》上线 Viki、亚马逊和 YouTube 等付费平台。网络剧在美国、欧洲、日本、新加坡、马来西亚、泰国等地上线，向国际传播迈出了重要一步。中国网络文艺已经进入海外传播阶段，网络小说在海外输出平台、翻译平台推送，网络剧上线国外网站，这为中国文化传播开启了新的阶段。

网络剧在海外市场表现有待观察，不同地区的市场开拓需要有针对性的合作策略。目前遴选的网络剧能否支撑起海外观众对于中国网络文艺的想象，能否代表中国的文化软实力，尚没有非常乐观的答案。中国网络剧走向国际市场初显趋势，未来将有更多网络剧上线国外视频网站。网络剧今后的发展目标是提高原创能力、夯实制作基础、提升精神内核，以此显示中国文艺的美学追求和中国文化的软实力。

B.3
2019年网络综艺行业发展报告

付　怡*

摘　要： 网络综艺经历了连续四年的快速发展后，2019 年产量下降、选秀式微、“爆款”缺位，逐渐进入理性探索期。各大平台主动转型升级，注重差异化布局和多维度创新。同时，在日趋严格的政策管理和行业有序发展下，网络综艺节目类型题材日益丰富，内容关注社会现实，制作水准稳步提升，并逐步探索商业回报新模式。未来，网络综艺将继续“放慢脚步”，探索差异化竞争新格局，从制作到营销全面升级，提升专业化水平，在圈层化的同时积极突破圈层，注重正向立意，寻求公共认同。

关键词： 网络综艺　平台战略　创作规律

网络综艺经历了 2015～2018 年四年的快速发展，2019 年产量首次下降，进入理性探索期，未来网络综艺还将逐渐“放慢脚步”，在经济社会环境和政策制度规范下逐步实现有序发展、平台转型升级、内容质量提升。本报告以爱奇艺、腾讯视频、优酷、芒果 TV、搜狐视频 2019 年 1 月 1 日至 12 月 31 日上线的网络综艺节目为监测对象，累计播放量统计截至 2020 年 2 月 29 日，分析了 2019 年网络综艺的整体表现、平台战略、创作规律以及发展趋势，以期为网络综艺的投资、制作、宣发等环节提供有益参考，推动网络综艺行业与市场健康有序发展。

---

* 付怡，天津外国语大学研究实习员，主要研究方向为新媒体、影视传播。

一　网络综艺整体表现

（一）数量与类型

从数量上看，2019 年共上线网络综艺节目 139 档，较 2018 年减少 14.2%，近年网络综艺节目上线数量年年快速增长的态势发生转变，数量开始下降，进入新的缓和发展期。从月上线数量来看，2019 年网络综艺节目平均每月上线 12 档，其中有三个阶段上线数量明显较多。一是第四季度，各月上线节目分别为 18 档、11 档和 12 档，各大网络平台为了避开春节档与央视及各大卫视的晚会盛典正面竞争选择春节前集中上线网络综艺节目；二是 1 月上线节目 19 档，达到全年的峰值，各大平台竞争激烈；三是暑期的 8 月上线节目 16 档，类型以真人秀为主，题材涉及运动、偶像养成、婚恋交友等，瞄准暑期的青年学生受众（见图 1）。整体上来看每个季度均有一个月网络综艺节目上线数量较多，节目排播与各大平台的战略布局密切相关。

从类型上看，真人秀仍是最受欢迎的综艺节目类型。2019 年网络综艺真人秀节目共上线 111 档，占节目总数的 79.86%，其中腾讯视频上线的《创造营 2019》、爱奇艺上线的《中国新说唱 2019》、优酷上线的《这！就是街舞第二季》、芒果 TV 上线的《明星大侦探第五季》四档真人秀节目成为 2019 年全网热度[①]最高的节目。2019 年真人秀节目的题材细分更加多样，涉及音乐、偶像养成、亲子互动、美食、生活体验、运动、旅行、游戏竞秀等 20 种题材（见图 2）。

其次是脱口秀节目，共上线 10 档，数量较 2018 年明显减少，占节目总数的 7.19%。其中《奇葩说第六季》和《吐槽大会第四季》在热度排行榜

① 全网热度资料来源于骨朵数据，依据正在播出作品的观众反馈、全网媒体曝光表现，以及全网受众关注、热议及互动情况综合评估得出，下同。

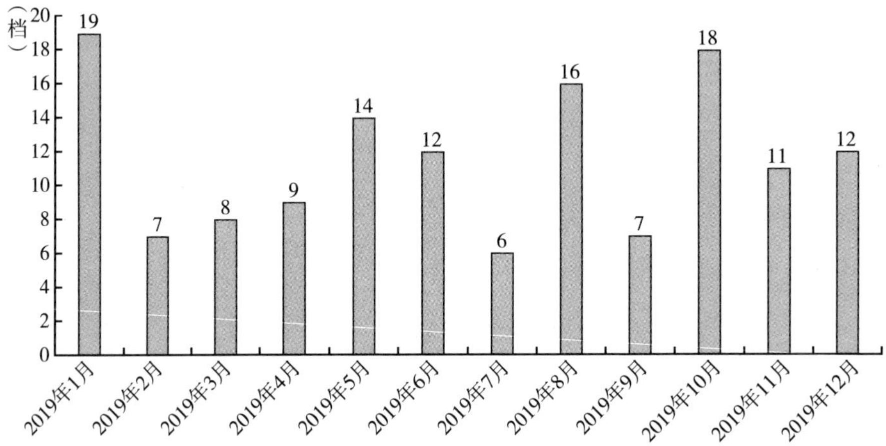

图 1　2019 年网络综艺节目上线数

资料来源：云合数据（内部提供）。

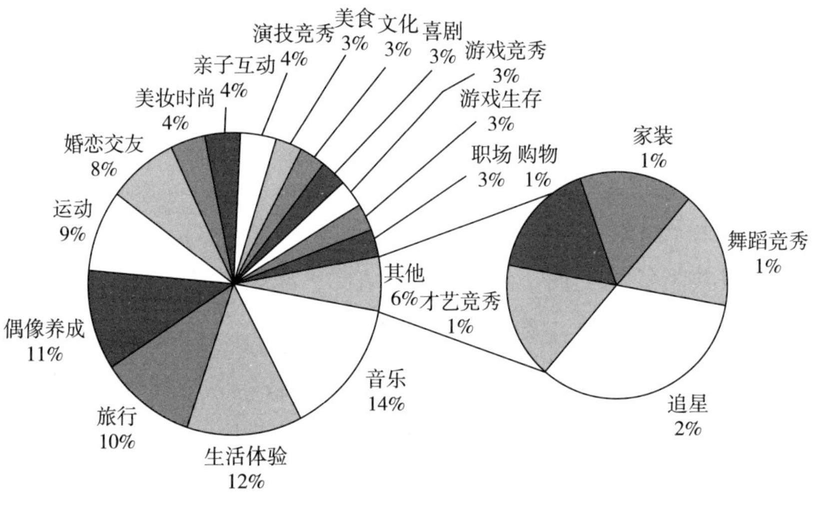

图 2　2019 年网络综艺真人秀节目题材分布

资料来源：根据云合数据、艺恩数据、骨朵数据所发布信息整理得到。

中仅排第 8 名和第 17 名，比起去年《吐槽大会第三季》以超 20 亿次的播放量占据播放量排行榜第五位，2019 年脱口秀节目的热度有所降低。2019 年纪实类节目数量有所增长，上线 9 档，较 2018 年增加 6 档，而访谈类和资讯类节目有所减少，分别上线 6 档和 3 档，三种类型占节目总数的 12.95%。

从题材上看，2019 年网络综艺节目的题材更注重垂直细分，涉及面更广、更加丰富多样。音乐作为广受各个圈层受众喜爱的题材，2019 年共上线 16 档节目，占节目总数的 11.51%，占比最高。音乐题材不仅进行类型细分，分为说唱、原创、美声等音乐类型，同时还将音乐与不同场景“嫁接”，演绎出不同的音乐风格和音乐形式：《知遇之城》将音乐创作与城市旅行融为一体，邀请八位音乐制作人前往八座具有不同人文特点与“情绪”的城市旅行并进行音乐创作；《合唱吧！300》以明星与歌迷互动合唱为主要形式，歌手作为合唱发起人，召集 300 名歌迷展开互动演唱；《篮球大唱片》则将音乐与篮球混搭，请嘉宾合作创作多首篮球主题曲。2019 年生活体验类节目上线 13 档，占节目总数的 9.35%，占比较 2018 年有所上涨，尤其是经营体验类节目更加丰富，除 2018 年已有的餐厅经营、花店经营外，增加了咖啡店、潮流店等新的经营类型。偶像养成类题材上线 12 档节目，其中《创造营 2019》累计播放量超 40 亿次，全网热度居首位，成为 2019 年度“爆款”，而《明日之子第五季》也保持了较高的热度，播放量达 27 亿次。但总体来看，偶像养成类节目热度渐渐褪去，不论是上线数量还是全网热度都有所下降。而旅行类节目热度较 2018 年有所上升，上线 11 档节目，不仅旅行地点不断丰富，旅行人群不断变化，旅行方式也不断丰富（见图 3）。

2019 年上线的 139 档网络综艺节目分为 5 大类型，涉及 22 种题材。除 2018 年原有的部分题材，2019 年还出现了游戏竞秀、职场、追星三种新题材，分别上线节目 3 档、3 档、2 档。《终极高手》瞄准电竞行业空白，立足手机游戏《王者荣耀》的庞大用户基数，由四位明星经理人筛选出最优秀的选手组成战队，通过两个月的科学训练和团队磨合，最终的获胜者将获得登上王者荣耀职业联赛舞台挑战巅峰的机会。《令人心动的 offer》聚焦国内律师职场，选择八名法学院学生，他们经历为期一个月的律所实习生活，并最终争夺律所两个转正“offer”。《甜蜜的任务》选择时下最热“爱豆”，

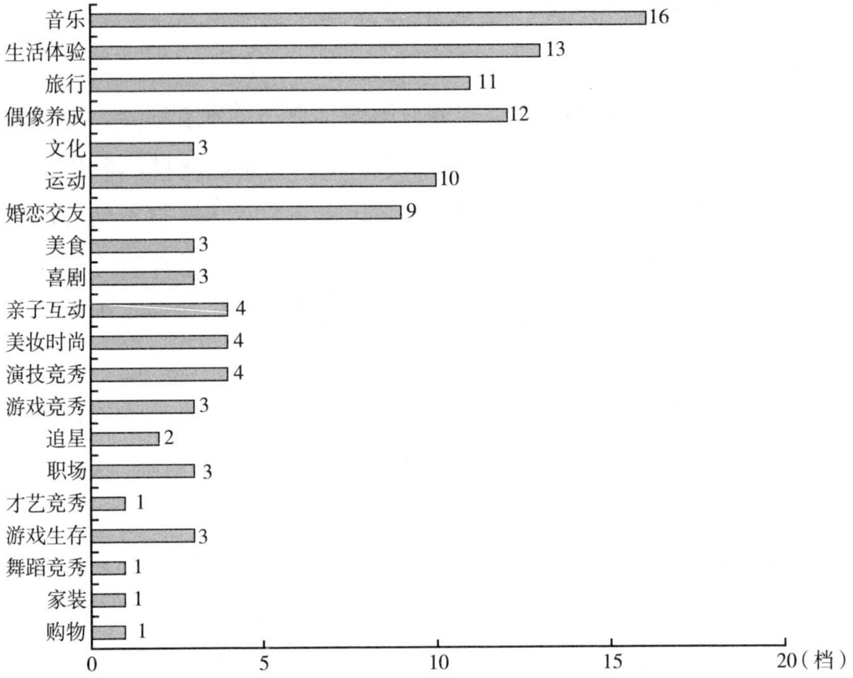

图 3　2019 年网络综艺节目部分题材分布

资料来源：根据云合数据、艺恩数据、骨朵数据所发布信息整理得到。

通过访谈、探班拍摄等形式满足“粉丝”与偶像接触和互动的愿望。

2019 年的网络综艺，在紧跟社会热点和青年风尚，不断丰富节目题材的同时，也更加注重对大众题材的垂直深挖。音乐领域关注乐队、原创音乐等小众题材；文化领域关注京剧题材；情感题材也不断扩展，除传统的亲子和交友外，开始关注女性职场、怀孕、二胎等问题。新的细分题材持续关注小众圈层受众需求，逐渐向现实主义靠拢，聚焦社会热点和公众话题，网络综艺理性化探索、差异化竞争的格局已然显现。

（二）头部网络综艺节目解读

2019 年头部网络综艺节目的整体表现不如 2018 年“亮眼”，爆款“缺位”、热度有限。2019 年全网热度最高的偶像养成真人秀节目《创造营

2019》播放量仅为43.8亿次，比起2018年《创作101》和《明日之子第二季》超50亿次的播放量，略显沉静，热度不足。为了更直观地展现头部网络综艺节目的整体情况，本报告对全网热度前20名的网络综艺节目进行了统计与分析（见表1）。从头部网络综艺节目的上线时间看，总体较为分散，除7月、9月外每月都有新上线节目，避免了扎堆上线带来的受众分散和激烈竞争。全网热度前三的网络综艺节目集中在2019年第二季度上线，扭转了第一季度网络综艺节目整体表现不佳、热度低于预期的境况。从头部网络综艺节目的类型来看，以真人秀为主，题材多样，共涉及11种题材。

表1　2019年全网热度前20名网络综艺节目

序号	名称	上线时间	类型	题材	播放平台	平均热度
1	创造营2019	2019年4月6日	真人秀	偶像养成	腾讯视频	77.50
2	中国新说唱2019	2019年6月14日	真人秀	音乐	爱奇艺	71.10
3	这！就是街舞第二季	2019年5月18日	真人秀	舞蹈竞秀	优酷	69.91
4	明星大侦探第五季	2019年11月1日	真人秀	游戏生存	芒果TV	69.60
5	明日之子第三季	2019年6月15日	真人秀	偶像养成	腾讯视频	69.48
6	演员请就位	2019年10月11日	真人秀	演技竞秀	腾讯视频	69.38
7	青春有你	2019年1月21日	真人秀	偶像养成	爱奇艺	69.11
8	奇葩说第六季	2019年10月31日	脱口秀	互动交流	爱奇艺	68.24
9	妻子的浪漫旅行第三季	2019年11月6日	真人秀	旅行	芒果TV/爱奇艺	63.24
10	哈哈农夫	2019年3月1日	真人秀	生活体验	芒果TV	61.92
11	乐队的夏天	2019年5月25日	真人秀	音乐	爱奇艺	61.43
12	潮流合伙人	2019年12月6日	真人秀	生活体验	爱奇艺	59.54
13	我是唱作人	2019年4月12日	真人秀	音乐	爱奇艺	59.44
14	妻子的浪漫旅行第二季	2019年2月14日	真人秀	旅行	芒果TV/爱奇艺	59.11
15	心动的信号第二季	2019年6月19日	真人秀	婚恋交友	腾讯视频	58.75
16	做家务的男人	2019年8月2日	真人秀	生活体验	爱奇艺	58.25
17	吐槽大会第四季	2019年11月30日	脱口秀	喜剧	腾讯视频	57.36
18	我要打篮球	2019年8月21日	真人秀	运动	腾讯视频	57.32
19	幸福三重奏第二季	2019年10月17日	真人秀	婚恋交友	腾讯视频	56.98
20	女儿们的恋爱第二季	2019年8月11日	真人秀	婚恋交友	芒果TV	56.23

资料来源：根据艺恩数据、骨朵数据所发布信息整理而来。

比起2018年，2019年头部网络综艺节目差异化定位的特点凸显（见图4）。全网热度前三的节目《创造营2019》《中国新说唱2019》《这！就是街舞第二季》分别涉及偶像养成、音乐和舞蹈竞秀三种不同的题材，与2018年《创造101》《明日之子第二季》《偶像练习生》扎堆于偶像养成题材不同，2019年头部网络综艺节目开始注重差异化定位和垂直深挖，避免同题材竞争带来的观众审美疲劳和注意力分流，逐渐走向良性竞争。同时2019年头部网络综艺节目更加注重内容形式的创新，《创造营2019》重新定义男性审美的同时，提出团训主题、创造营地的概念，而《中国新说唱2019》对赛制、场景和制作理念都进行了创新。头部网络综艺节目注重创新，在赢得观众好评、提升节目热度的同时，也提升了网络综艺节目的节目质量和整体水准，给其他节目树立了正向榜样，引导网络综艺的整体格局和走向。

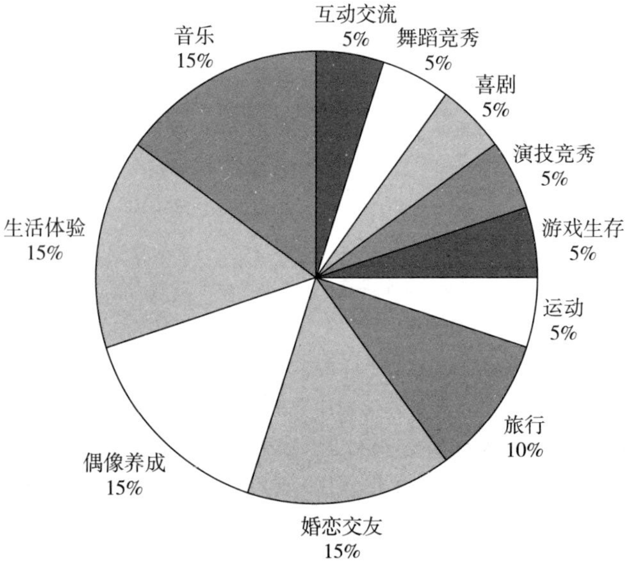

图4　2019年头部网络综艺节目题材分布

资料来源：根据艺恩数据、骨朵数据所发布信息整理得到。

2019年，以《明星大侦探第五季》《奇葩说第六季》《妻子的浪漫旅行第二季》为代表的“综N代”一改颓势，表现亮眼，在头部网络综艺节目中占据举足轻重的地位。“综N代”长期以来面对难以创新突破和受众审美疲劳的困境，“一季不如一季”，热度和口碑不断下滑，但2019年“综N代”在保证制作水准的同时大胆进行革新和升级，不断提升网络口碑和收视热度。《奇葩说第六季》“重新出发”，从赛制到导师阵容、视觉呈现都进行了改变，豆瓣评分较第五季有所提升，同时话题和节目片段频登微博热搜榜；《明星大侦探第五季》从场景、剧情到嘉宾阵容全面升级，凭借已经形成的影响力和受众黏性持续发力，保持热度，稳居热度榜第四位。

从头部网络综艺节目的播放平台来看：全网热度前20的网络综艺节目中腾讯视频和爱奇艺各占7档，爱奇艺所占比例明显提高，从2018年的第4上升至第1；芒果TV有3档节目；优酷仅占1档，比起2018年从并列第2下滑至第4；还有2档节目由爱奇艺和芒果TV联合播出（见图5）。总体来看，2019年网络综艺行业版图仍然稳定，腾讯视频、爱奇艺、芒果TV、优酷“四分天下”，但四大平台在头部网络综艺节目的“争夺战”中竞争激烈。爱奇艺注重差异化竞争，牢牢把握青年脉动，在头部网络综艺节目的“争夺战”中实现从倒数第1至第1的“逆袭”，而优酷由于平台战略调整，处于转型升级期，在2019年头部网络综艺节目的“争夺战”中下滑至最后一位。

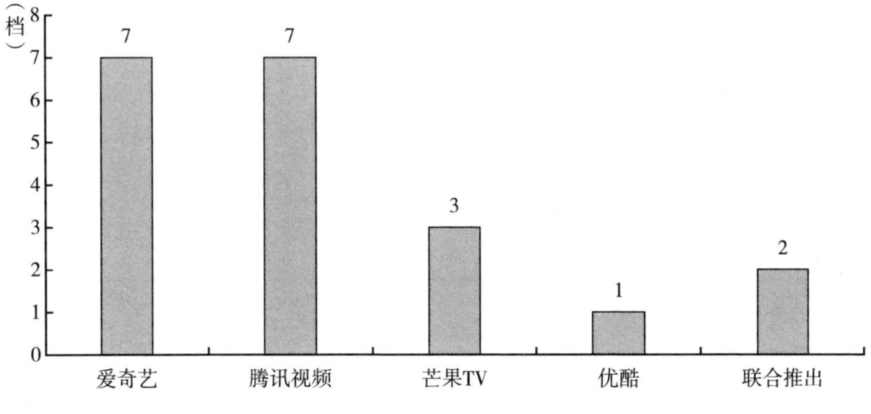

图5　2019年头部网络综艺节目播放平台分布

资料来源：根据云合数据、艺恩数据、骨朵数据所发布信息整理得到。

二　视频平台战略解读

如表 2 所示，2019 年网络综艺行业格局仍是腾讯视频、爱奇艺、芒果TV、优酷“四分天下”。其中腾讯视频表现抢眼，共上线 58 档节目，在全年上线节目数量中的占比为41.73%，稳居第一，凭借《创造营2019》的突出表现在头部网络综艺节目中也占据重要地位。爱奇艺紧随其后，上线 31 档节目，上线数量虽不及腾讯视频，但在全网热度前 20 位的头部网络综艺节目中占 7 档，平台前 5 名节目的全网热度均值达 71.1，表现亮眼，优质节目多，得到观众认可，热度和收视保持在较高水平。芒果 TV、优酷各上线节目 22 档、14 档，各有特色，表现可圈可点。而搜狐视频仅上线 2 档节目，占全部上线节目数量的 1.44%，全网热度有限，与四大平台的差距已愈发明显。各平台之间联合播出 4 档节目，其中芒果 TV 和爱奇艺联合播出的《妻子的浪漫旅行》第二季和第三季播放量超过 20 亿次，取得了较好的收视表现和话题热度。

表 2　2019 年各大视频平台网络综艺节目上线数量及热度统计

单位：档，%

平台	节目数量	数量占比	平台前 5 名平均热度	全网热度前 20 位数量占比
腾讯视频	58	41.73	64.1	35
爱奇艺	31	22.30	71.1	35
芒果 TV	22	15.83	58.4	15
优酷	14	10.07	55.2	5
搜狐视频	2	1.44	—	0
联合播出	4	2.88	—	10
其他	8	5.76	—	0

资料来源：根据云合数据、艺恩数据、骨朵数据所发布信息整理得到。

（一）优酷：调整升级，布局“新文化”

2019 年，优酷共上线 15 档节目，包括与芒果 TV 联合推出的一档节目

（见表 3），比起 2018 年的 26 档，节目数量明显下降，而在头部网络综艺节目的“争夺战”中优酷也落于下风，全网热度前 20 位的头部网络综艺节目中优酷仅占 1 档。总体来看，2019 年优酷在产量和在头部市场的表现比起 2018 年都出现断崖式下跌，进入平台调整和转型升级期，这与优酷内部高层调整和平台战略转型有关。2018 年 12 月接任阿里大文娱总裁、优酷总裁的樊路远在接受采访时承认优酷与腾讯视频、爱奇艺存在差距，并表示：“现在还不是单打竞争对手的时候，优酷起码需要两年时间进行内容沉淀”。①

表 3　2019 年优酷上线网络综艺节目相关信息

序号	名称	平台	上线时间	类型	题材	平台最高热度指数	豆瓣评分
1	这！就是街舞第二季	优酷	2019 年 5 月 18 日	真人秀	舞蹈竞秀	3768	8.9
2	青春京剧社	优酷	2019 年 12 月 4 日	真人秀	文化	3173	—
3	圆桌派第四季	优酷	2019 年 6 月 18 日	脱口秀	文化	2953	8.7
4	花花万物第二季	优酷	2019 年 8 月 6 日	脱口秀	互动交流	2796	6.5
5	演技派	优酷	2019 年 11 月 8 日	真人秀	演技竞秀	2751	7.0
6	这！就是灌篮第二季	优酷	2019 年 8 月 25 日	真人秀	运动	2633	7.9
7.0	一起乐队吧	优酷	2019 年 8 月 17 日	真人秀	音乐	2209	4.2
8	这！就是原创	优酷	2019 年 3 月 9 日	真人秀	音乐	2183	7.0
9	以团之名	优酷	2019 年 1 月 17 日	真人秀	偶像养成	2028	4.2
10	我最爱的女人们	优酷/芒果 TV	2019 年 5 月 4 日	真人秀	旅行	1768	6.5
11	少年威计划	优酷	2019 年 8 月 18 日	真人秀	偶像养成	1385	—
12	一千零一夜第四季	优酷	2019 年 6 月 5 日	访谈	文化	945	9.6
13	头号型动派	优酷	2019 年 8 月 29 日	真人秀	运动	883	—
14	寻狼记第一季	优酷	2019 年 11 月 13 日	真人秀	旅行	463	—
15	爆款来了 2019	优酷	2019 年 10 月 17 日	真人秀	购物	377	6.7

资料来源：根据艺恩数据、骨朵数据所发布信息整理得到。

① 《樊路远承认优酷不敌腾讯爱奇艺未来 5 年视频大战见分晓》，搜狐网，2019 年 4 月 8 日，https://www.sohu.com/a/306604712_116706。

2019 年，优酷整合资源，一方面继续着力于 2018 年已经形成一定品牌辨识度和内容影响力的“这就是”系列网络综艺节目，推出《这！就是街舞第二季》《这！就是灌篮第二季》《这！就是原创》三档节目，分别涉及舞蹈竞秀、运动和原创音乐三种题材，关注青年群体，聚焦小众文化，把握潮流脉搏，受到年轻观众的喜爱。其中《这！就是街舞第二季》延续了第一季的良好表现，全网热度排名第3，总弹幕数达175 万条，豆瓣评分达8.9 分，成为头部网络综艺节目中评分最高的节目，口碑流量和话题热度“双丰收”。《这！就是灌篮第二季》和《这！就是原创》的豆瓣评分也分别达到7.9 分和7.0 分，保持了一定的制作水准和收视热度。2019 年优酷集中资源上线的“这就是”系列网络综艺节目得以继续保持热度和口碑，逐渐成为优酷的品牌网络综艺节目，增强了受众黏性，提升了对平台的认可度。

另一方面，2019 年优酷调整战略布局，将文化题材和文化内容融入年轻人熟悉的节目形式和喜爱的节目内容中，“使文化类内容不断地在大众视野中拓展深度与广度，吸引更多的年轻人关注泛文娱内容”。① 2019 年优酷主打“泛人文”主题，上线了多档文化题材节目。《一千零一夜第四季》秉持“只有晚上，只在街头，只读经典”的节目初心，上线仅 5 天就在豆瓣获得 9.9 分的超高评分，《圆桌派第四季》继续以脱口秀、圆桌讨论的形式对时下热点进行深度剖析，豆瓣评分达 8.7 分，两档节目的评分远超其他平台文化题材节目。同时优酷还在其他节目中挖掘文化内涵和人文关怀，《青春京剧社》引导年轻人重新关注古老京剧和传统戏剧的魅力，《寻狼记第一季》将真人秀节目与野生环境保护相结合，引导受众关注当前野生动物保护现状。

（二）腾讯视频：均衡布局，多维度创新

腾讯视频在 2019 年网络综艺市场中表现最为抢眼，依托强大的资金支

---

① 《宝藏男人“道长”再出山〈一千零一夜第四季〉稳坐 9.9 豆瓣高分宝座》，中国日报网，2019 年 6 月 12 日，http：//fashion. chinadaily. com. cn/a/201906/12/WS5d00b75aa31011d294dab339. html。

持和专业的制作团队，2019 年共上线 58 档节目，涉及 17 种题材，在四大平台中上线节目数量最多，涉及题材最广，强势领跑。

2019 年腾讯视频继续坚持均衡布局，广泛涉及多个圈层喜爱的题材，不仅包括偶像养成、婚恋交友、亲子互动、音乐、美食、旅行等原有题材，还瞄准市场空白，推出游戏竞秀和职场等全新题材，在网络综艺市场头部、腰部和尾部都有布局。在头部市场，2019 年腾讯视频继续布局偶像产业，推出《创造营 2019》和《明日之子第三季》两档偶像养成类节目，《创造营 2019》以超 40 亿次的播放量和超高热度占据网络综艺节目热度排行榜首位，《明日之子第三季》虽未能再创辉煌，但仍拿下 27.4 亿次的播放量（见表 4）。同时，腾讯视频还瞄准观察类节目的巨大潜力，打造《心动的信号第二季》《女儿们的男朋友》《亲爱的，结婚吧！》《现在就告白》等观察类综艺节目，在腰部市场占据一席之地。另外，腾讯视频也关注尾部市场潜力，对职业、家装、美妆时尚、游戏竞秀等题材也多有投入。腾讯视频在网络综艺市场均衡布局，试图将各个圈层受众和垂直群体“一网打尽”，打造全内容的网络综艺生态格局，巩固目前在网络综艺市场的领先地位。

表 4　2019 年腾讯视频网络综艺节目排行（前 10 名）

单位：亿次

序号	名称	上线时间	类型	题材	累计播放量	豆瓣评分
1	创造营 2019	2019 年 4 月 6 日	真人秀	偶像养成	43.8	5.5
2	明日之子第三季	2019 年 6 月 15 日	真人秀	偶像养成	27.4	6.4
3	演员请就位	2019 年 10 月 11 日	真人秀	演技竞秀	10.5	6.9
4	吐槽大会第四季	2019 年 11 月 30 日	脱口秀	喜剧	10.4	6.2
5	终极高手	2019 年 1 月 18 日	真人秀	游戏电竞	10.2	6.0
6	拜托了冰箱第五季	2019 年 4 月 10 日	脱口秀	美食	9.8	7.4
7	我和我的经纪人	2019 年 3 月 17 日	真人秀	职场	9.3	6.9
8	脱口秀大会第二季	2019 年 7 月 21 日	脱口秀	喜剧	8.4	7.7
9	我们是真正的朋友	2019 年 5 月 9 日	真人秀	旅行	8.3	8.4
10	幸福三重奏第二季	2019 年 10 月 17 日	真人秀	婚恋交友	7.7	7.6

资料来源：根据艺恩数据、骨朵数据所发布信息整理得到。

2019年腾讯视频在注重均衡布局的同时坚持内容生产的创新准则，不断革新，多维度创新。一方面，瞄准市场空白，推出新题材综艺。《终极高手》试水电竞，瞄准电竞行业的市场空白，将时下最热手游《王者荣耀》推上网络综艺银幕，打造职业电竞真人秀节目。《令人心动的offer》开启职场新人求职生存新体验，打造国内首档律政职场观察类真人秀。《忘不了餐厅》将综艺与公益结合，激发大众对认知障碍和老年群体的关注。另一方面，注重垂直细分，关注小众圈层。2019年腾讯视频推出多档音乐网络综艺节目，每档节目都有不同的定位，涉及不同的音乐类型，打造不同的音乐形态，如《知遇之城》将音乐故事与城市文化融合，《篮球大唱片》将音乐主题曲与篮球运动结合，《大事发声第三季》主推live音乐，《合唱吧！300》则用音乐将歌手和歌迷连接在一起。

（三）爱奇艺：立足青年文化，注重差异化布局

2019年，爱奇艺仍然坚守“品质、青春、时尚”的品牌定位，继续立足青年文化，接连推出多档深受青年群体喜爱的网络综艺节目。第一季度爱奇艺重磅上线青年励志综艺节目《青春有你》，该节目以“越努力，越优秀”为主题，频登微博热搜榜，创造了微博主话题总阅读量超184亿次的新纪录。第二季度陆续推出了三档音乐节目《我是唱作人》《乐队的夏天》《中国新说唱2019》，分别涉及原创音乐、乐队音乐和说唱音乐三种音乐类型。《我是唱作人》为原创音乐提供了展示的平台，引发对多元音乐价值的探讨；《乐队的夏天》将乐队文化带入大众视野，引发全民热议，豆瓣评分达8.8分，深受“00后”“90后”青年群体喜爱；《中国新说唱2019》聚焦潮流说唱音乐，成就一批金曲。第四季度推出的《奇葩说第六季》聚焦青年群体关注的“二胎”“异地恋”“啃老”等话题，引发青年群体共鸣；《潮流合伙人》关注青年潮流文化，展现当下青年的潮生活和潮流观（见表5）。2019年爱奇艺紧贴青年用户，紧跟时尚潮流，推出的网综节目把握青年脉动，频登热搜，引爆话题，形成“一波未平一波又起”之势，打造平台年轻化定位和核心竞争力。

表 5　2019 年爱奇艺网络综艺节目排行（前 10 名）

序号	名称	平台	上线时间	类型	题材	平台最高热度	豆瓣评分
1	中国新说唱 2019	爱奇艺	2019 年 6 月 14 日	真人秀	音乐	7587	5.3
2	青春有你	爱奇艺	2019 年 1 月 21 日	真人秀	偶像养成	7362	4.8
3	奇葩说第六季	爱奇艺	2019 年 10 月 31 日	脱口秀	互动交流	7333	7.6
4	潮流合伙人	爱奇艺	2019 年 12 月 6 日	真人秀	生活体验	7012	6.8
5	乐队的夏天	爱奇艺	2019 年 5 月 25 日	真人秀	音乐	6580	8.8
6	做家务的男人	爱奇艺	2019 年 8 月 2 日	真人秀	生活体验	6531	7.4
7	我是唱作人	爱奇艺	2019 年 4 月 12 日	真人秀	音乐	6385	7.5
8	妻子的浪漫旅行第三季	芒果 TV/爱奇艺	2019 年 11 月 6 日	真人秀	旅行	6289	6.9
9	妻子的浪漫旅行第二季	芒果 TV/爱奇艺	2019 年 2 月 14 日	真人秀	旅行	6097	6.6
10	这样唱好美	爱奇艺	2019 年 10 月 26 日	真人秀	音乐	5889	5.6

资料来源：根据艺恩数据、骨朵数据所发布信息整理得到。

2019 年 5 月，爱奇艺在超级娱乐资源推介会的活动现场表示："爱奇艺将围绕音乐力、少年风、生活趣、新国潮四大系列进行差异化布局，用原创内容矩阵紧抓年轻用户，引领新青年潮流。"① 2019 年，音乐力系列推出多档音乐节目，涉及多种音乐类型，关注多元小众音乐。少年风系列中《限定的记忆》将对偶像的关注从台前转入幕后，记录偶像团体 NINE PERCENT 的幕后真实生活；《我和我的祖国》以新时代年轻人的视角展现祖国 70 年来的发展与成就。新国潮系列推出《潮流合伙人》，将明星经营体验的场所转入潮流店。生活趣系列中《做家务的男人》将观察类节目的视角从婚恋交友转入日常家务生活中。可以看出，2019 年爱奇艺除了立足青年文化外，还注重差异化布局，每个系列中的网络综艺节目都注重多元性

① 《2019 五档综艺推火超 50 个品牌，爱奇艺如何再造下一个锦鲤品牌?》，搜狐网，2019 年 5 月 31 日，https://www.sohu.com/a/318008397_505816。

和创新性，避免与其他平台的同题材竞争，深耕垂直细分领域，从差异中寻求市场蓝海，打造差异化、高质量、好口碑的品牌节目。

（四）芒果 TV：发力大制作，主打“观察 + 体验”

作为四大视频平台中唯一有卫视资源支持的平台，芒果 TV 在 2019 年的网络综艺竞争中持续发力，凭借独有的综艺资源和高水平制作团队，发力大制作，连续推出多档大制作网络综艺节目，为平台带来稳定的流量和热度，话题不断，助其在与其他三大平台的竞争中“站稳脚跟”。《明星大侦探》作为芒果 TV 的品牌节目，自开播以来，保持了较高的制作水准，收获了高口碑和高收视，2019 年，《明星大侦探第五季》在场景、剧情和嘉宾阵容方面都进行了全新升级，第一案就包下整艘游轮进行场景机关搭建，试图用大制作带给观众不一样的视觉呈现和内容呈现。而 2019 年推出的全新实景解密体验节目《密室大逃脱第一季》则延续了《明星大侦探》的大制作风格，拥有超过 1000 平方米的大型密室，每一个场景的投入都很高，装修需一个月以上。两档推理解密类节目在场景制作和布景投入上都“大费周章”，大制作也带来了高收益，两档节目的播放量分别达 45.4 亿次和 24.6 亿次，持续为平台吸引流量，创造价值（见表 6）。

表 6　2019 年芒果 TV 网络综艺节目排行（前 10 名）

单位：亿次

序号	名称	平台	上线时间	类型	题材	累计播放量	豆瓣评分
1	明星大侦探第五季	芒果 TV	2019 年 11 月 1 日	真人秀	游戏生存	45.4	8.7
2	妻子的浪漫旅行第三季	芒果 TV/爱奇艺	2019 年 11 月 6 日	真人秀	旅行	28.3	6.9
3	密室大逃脱第一季	芒果 TV	2019 年 3 月 30 日	真人秀	游戏生存	24.6	6.5
4	妻子的浪漫旅行第二季	芒果 TV/爱奇艺	2019 年 2 月 14 日	真人秀	旅行	23.4	6.6
5	少年可期	芒果 TV	2019 年 3 月 29 日	真人秀	生活体验	21.0	7.0
6	哈哈农夫	芒果 TV	2019 年 3 月 1 日	真人秀	生活体验	19.2	6.3

续表

序号	名称	平台	上线时间	类型	题材	累计播放量	豆瓣评分
7	小小的追球	芒果 TV	2019 年 11 月 26 日	真人秀	旅行	15.9	8.9
8	童言有计第二季	芒果 TV	2019 年 5 月 19 日	脱口秀	亲子互动	15.6	7.7
9	女儿们的恋爱第二季	芒果 TV	2019 年 8 月 11 日	真人秀	婚恋交友	15.3	5.8
10	女儿们的恋爱第一季	芒果 TV	2019 年 1 月 23 日	真人秀	婚恋交友	13.2	6.4

资料来源：根据艺恩数据、骨朵数据所发布信息整理得到。

2019 年芒果 TV 除了发力大制作外，还瞄准了观察体验类节目的市场潜力，深挖情感观察和生活体验类节目的创作空间。观察类节目采用户外真人秀和棚内演播室两条主线并行的模式，在两条主线中分别制造看点和话题。2019 年，芒果 TV 推出多档观察类真人秀节目，不断转换观察视角和观察对象，《妻子的浪漫旅行》以丈夫的视角观察妻子和好友的旅行，《女儿们的恋爱》以父亲的视角观察女儿和男朋友的恋爱故事，《我最爱的女人们》以男人的视角观察妻子与母亲间的日常生活，《新生日记》从孕妈的视角观察自己的孕期生活。这些观察类节目在通过户外真人秀展现明星生活的同时，通过演播室嘉宾的观察讨论输出观点，制造话题，引发观众共鸣，进而吸引流量，制造节目热度。体验类节目则通过原有生活场景的变化制造矛盾冲突，形成节目看点。芒果 TV 的品牌节目《变形记》就是通过改变少年原有生活轨迹、记录其乡村生活体验，制造节目看点。2019 年新推出的《哈哈农夫》邀请年轻明星嘉宾体验农村生活，《少年可期》集合七位少年走上“拜师学艺”之路，与湖南卫视播出的体验真人秀《向往的生活》和《我们的师父》相互引流，帮助芒果 TV 在卫视端和平台端形成体验类节目矩阵，提高品牌辨识度，增强平台竞争力。

三　网络综艺节目创作规律

（一）政策管理趋严，行业规范完善

随着网络综艺的快速发展，国家先后出台“限真人秀”“限童令”“限

韩令”等多项政策规范网络综艺的发展，2018 年，对网络综艺的监管更是走向规范化和体系化。2019 年，国家对网络综艺的政策管理继续趋严，制度规定不断细化，行业规范不断完善，从而继续推动综艺台网标准趋同，使得 2019 年网络综艺从快速发展期进入理性探索期，实现转型升级，网络综艺的制作水准和内容质量得到进一步提升。

一是进一步加强对网络视听节目的内容规范管理。2019 年 11 月，《关于加强“双 11”期间网络视听电子商务直播节目和广告节目管理的通知》提出五项要求，包括各网络视听节目服务机构要坚守底线红线，节目不得包含低俗、庸俗、媚俗的情节或镜头，严禁丑闻劣迹者发声出镜等。[①] 12 月，《文化和旅游部关于进一步加强演出市场管理的通知（征求意见稿）》提出要加强对说唱、脱口秀、相声等节目的审核。

二是进一步加强对未成年群体的保护。国家广播电视总局发布《未成年人节目管理规定》，对未成年人节目、节目传播、监督和法律责任做出了规范。该规定列举了包括渲染暴力、血腥、恐怖、教唆犯罪或者传授犯罪方法等 16 项未成年人节目不得含有的内容，同时规定，未成年人节目不得宣扬童星效应或者包装、炒作明星子女，不得利用不满十周岁的未成年人作为广告代言人等。[②]

三是进一步完善行业自律机制。1 月，国家广播电视总局网络视听节目管理司指导监督网络视听节目服务机构，以全面反映网络视听节目的导向意义、社会价值和影响力为目标要求，规范节目制作，综合评价行业行为，维护健康清朗的网络空间。[③] 爱奇艺于 2018 年 9 月起关闭前台播放量数据显示，优酷也于 2019 年 1 月宣布关闭，启用“热度指数”，两平台积极加强

---

① 《关于加强“双 11”期间网络视听电子商务直播节目和广告节目管理的通知》，国家广播电视总局网站，2019 年 11 月 1 日，http：//www. nrta. gov. cn/art/2019/11/1/art _ 113 _ 48577. html。

② 《国家广播电视总局第 3 号令：未成年人节目管理规定》，国家广播电视总局网站，2019 年 4 月 3 日，http：//www. nrta. gov. cn/art/2019/4/3/art_ 113_ 40623. html。

③ 《总局规范网络视听节目综合评价工作》，国家广播电视总局网站，2019 年 1 月 29 日，http：//www. nrta. gov. cn/art/2019/1/29/art_ 114_ 40433. html。

行业自律，积极推动网络视听节目综合评价体系建设。

四是鼓励和推动网络视听产业高质量发展。《关于推动广播电视和网络视听产业高质量发展的意见》指出，以结构化管理、宏观调控、引导扶持、评析交流、宣传推介等多种措施推动各类节目创新创优；强化好节目进入好平台、好时段的政策取向，建立正向舆论引导和市场激励机制。① 优秀网络视听节目创作研评机制提出，在每月的网络视听节目播出安排协调会上对立意好、质量高、反响佳的节目予以通报表扬，引领网络视听行业风向。同时要求网络视听节目的创作要抓住重大节点、重大主题、重大题材，关注现实、关注人民、关注生活，融入公益、融入文化、融入价值观。②

（二）类型题材丰富，制作机制专业

2019 年网络综艺继续注重垂直细分，拓展类型，丰富题材。一是瞄准潜力市场开辟新题材。2018 年亲子互动类题材热度下降，2019 年选秀式微，网络综艺市场不断调整，受众喜好也不断变化，使得各大平台必须紧盯市场风向。2019 年，网络综艺根据市场需求的变化，发掘新的市场“盲区”，开辟有市场潜力的新题材，涉及电竞、追星、职场、“带货”等。IG 电子竞技俱乐部夺冠让电竞出圈，引全民热议，2019 年网络综艺瞄准电竞圈的市场潜力，推出《终极高手》《峡谷搞事团第二季》《荣耀美少女 2019》等电竞节目，为综艺内容带来新鲜元素。而《我和我的经纪人》《令人心动的offer》的出现则开辟了职场观察类综艺新题材。2019 年，电视剧《陈情令》让无数“陈情女孩”为之疯狂，平台也瞄准了“饭圈”的巨大市场潜力，开发了《少年听学中》这样追星题材的网络综艺节目，专为“粉丝”制造。二是情感观察类综艺节目强势崛起。2019 年情感观察类真人秀节目数量激增，

---

① 《总局印发〈关于推动广播电视和网络视听产业高质量发展的意见〉的通知》，国家广播电视总局网站，2019 年 8 月 19 日，http://www.nrta.gov.cn/art/2019/8/19/art_113_47132.html。

② 《总局建立优秀网络视听节目创作研评机制》，国家广播电视总局网站，2019 年 11 月 13 日，http://www.nrta.gov.cn/art/2019/11/13/art_114_48709.html。

通过整理发现几乎每月都有新上线的观察类真人秀节目（见表7），个别月份甚至同时上线多档。产量井喷的同时，节目的内容和形式也在不断变化：观察主题从夫妻关系到婆媳关系，从育儿到怀孕、二胎，从婚姻关系到恋爱关系，不断丰富；观察对象从明星到素人，不断拓展；观察者的身份从恋人到夫妻，从儿女到父母，不断转换；观察环境从简单的演播室到仿真的家庭实景，不断升级。2019年上线的《妻子的浪漫旅行第三季》《妻子的浪漫旅行第二季》《心动的信号第二季》《做家务的男人》《女儿们的恋爱第二季》等多档节目深受观众的喜欢，节目片段频登微博热搜榜，引发热议。观察类综艺节目采用真人秀和演播室两条主线并行的模式，一方面通过真人秀满足了受众的猎奇心，同时又通过演播室嘉宾的讨论说出了观众的“心里话”，制造话题、引发共鸣，扩大了真人秀节目的舆论空间，提升了互动体验。

表7　2019年部分观察类网络综艺节目统计

单位：亿次

序号	名称	平台	上线时间	累计播放量	豆瓣评分	平均热度
1	妻子的浪漫旅行第三季	芒果TV/爱奇艺	2019年11月6日	28.3	6.9	63.24
2	妻子的浪漫旅行第二季	芒果TV/爱奇艺	2019年2月14日	23.4	6.6	59.11
3	心动的信号第二季	腾讯视频	2019年6月19日	7.3	7.5	58.75
4	做家务的男人	爱奇艺	2019年8月2日	—	7.4	58.25
5	女儿们的恋爱第二季	芒果TV	2019年8月11日	15.3	5.8	56.23
6	令人心动的offer	腾讯视频	2019年10月30日	5.3	8.2	54.84
7	我最爱的女人们	优酷/芒果TV	2019年5月4日	12.6	6.5	54.05
8	女儿们的恋爱	芒果TV	2019年1月23日	13.9	6.6	51.50
9	喜欢你我也是	爱奇艺	2019年4月11日	—	7.2	50.39
10	我们长大了	腾讯视频	2019年6月18日	5.8	8.5	47.96
11	新生日记	芒果TV	2019年6月19日	11.1	6.8	46.48
12	女儿们的男朋友	腾讯视频	2019年3月19日	4.1	7.7	45.58
13	现在就告白第四季	腾讯视频	2019年12月11日	2.1	—	41.58
14	亲爱的，结婚吧！	腾讯视频	2019年5月20日	2.9	—	28.77

资料来源：根据艺恩数据、骨朵数据、豆瓣网所发布信息整理得到。

2019年网络综艺在内容不断丰富，题材不断拓展的同时更加注重制作水准的提升，从制作团队到制作机制都日趋专业化。一方面平台更加注重专业制作团队和人才的培养和激励，调整内部机构，成立专门的制作中心和项目工作室。爱奇艺在2019爱奇艺世界·大会上公布了3个中心和21个工作室，在综艺方面，主要分为陈伟、车澈负责的节目制作中心，姜滨负责的节目开发中心和偏向体育综艺制作的奇观工作室。[①] 而芒果TV则传承了卫视资源，发展工作室制度，截至2018年10月，芒果TV共有11个团队，包括8个节目制作团队和3大制作人独立工作室，其中就有制作《明星大侦探》和《密室大逃脱》的盒子工作室。另一方面平台也更加注重与其他外部优秀团队和专业制作机构的合作，聚集优秀人才，发挥专业优势，节约制作成本，创造最大价值。腾讯视频采用制片人中心模式，平台不组建自己的导演团队，而是与外部制作公司合作，《创造101》背后是七维动力，《吐槽大会》背后是笑果文化，《明日之子》背后是哇唧唧哇娱乐等。[②] 优酷在综艺上的运作模式同样以与外部合作为主，其主要与成熟专业的制作公司长期合作，如与灿星文化合作推出《这！就是街舞》《一起乐队吧》，与日月星光合作推出《这！就是灌篮》，与燃烧小宇宙合作推出《花花万物》。[③]

（三）内容与现实结合，产业链不断延伸

2019年网络综艺进入理性探索期，产量下降，但是内容质量有所提升，网络综艺节目开始不仅以娱乐为主，慢慢回归现实，将内容与现实结合，聚焦青年文化，关注社会热点，传递正向立意，弘扬主流价值观。一是与国家社会重大事件和宣传工作重点相结合。2019年是新中国成立70周年，网络综艺也积极参与，策划推出各种节目为祖国献礼。爱奇艺策划推出了《我

① 《爱奇艺最新发布3大中心21个工作室，优酷、腾讯视频如何运作?》，搜狐网，2019年5月12日，https：//www. sohu. com/a/313519289_ 351788。

② 《“优爱腾”2020的三场攻坚战：自制控成本、IP增黏性、收入转C端》，搜狐网，2020年2月26日，https：//www. sohu. com/a/375891147_ 115565。

③ 《优爱腾芒接连推工作室制，综艺节目进入风格化时代》，封面网，2019年10月9日，http：//www. thecover. cn/news/2785853。

和我的祖国》，由当代青年制作创意短片，从年轻人的视角展现新中国成立以来的巨大变迁。腾讯视频与共青团中央宣传部、中国青年报社联合出品了国庆特别节目《中国青年说 · 我和我的祖国》，以生动、有趣、活泼的形式，讲述国家发展、时代进步背后的奋斗故事。二是与舆论普遍关注的社会热点和现实话题相结合。2019 年网络综艺在关注节目娱乐价值的同时也主动向现实主义靠拢，加入很多大众关注的现实话题和现实思考，如情感观察类节目关注女性婚恋、二胎、婆媳关系等话题，说唱节目注重说唱歌词的现实性，脱口秀节目聚焦青年群体关注的“异地恋”“啃老”“精致穷”“恐婚”等话题，职场类节目关注职场新人现状，文化类节目深度探讨社会热点，公益类节目关注弱势群体的生活困境等。

2019 年的网络综艺面临经济下行、招商缩水的压力，各大平台在探索调整的同时继续延伸产业链，完善盈利模式，拓展价值开发空间。一方面衍生节目成为头部网络综艺节目“标配”的同时也开始呈现独立化、矩阵化的特点，其制作精良，延伸了节目价值。2018 年，推出一档或多档衍生节目成为头部网络综艺节目开发的“标配”，而 2019 年，衍生节目逐渐脱离“衍生”定位，不再只是播出原节目未播出的片段或花絮，而是以独立节目的方式策划制作，呈现出独立化特征，如《我是唱作人》的衍生节目《开饭啦！唱作人》每期时长近 1 小时，节目将参赛的唱作人和车澈导演聚在一起吃饭聊天，展现明星唱作人不为人所知的一面，节目已经脱离了原节目音乐的题材定位，具有美食综艺或者脱口秀综艺的特征，即使是没有关注原节目的观众也可以将衍生节目当作独立的综艺节目来看。另外，同一档头部节目开发多档衍生节目的同时也开始注重衍生节目之间的“排列组合”、内容互补，形成相辅相成的全方位节目矩阵，如《创造营 2019》开发了《创有宝藏挖》《创造营宿舍日记》《大岛日记》《创造营练习室》等多档衍生节目，从方方面面展示了选手的营内生活。另一方面，“带货”综艺的出现成为提升网络综艺商业变现能力、缓解招商压力的新模式。2019 年《花花万物》《我是带货官》《潮流合伙人》等“带货”综艺将节目内容与商业广告直接挂钩，通过节目内容直接进行现场营销，帮助节目缓解了招商压力，拓展了盈利模式，成为新形势下网络综艺探索商业回报的新模式，但是这种新模式目前仍面临内容与商业难以融合嫁接和大众对“内容即广告”难以接受两大困境。三是开发竖屏综艺和微综艺等新形式节目对抗短视频行业的冲击，创新形式，延伸价值，打造多元盈利模式。如2019年腾讯视频推出的访谈类节目《女人30+》，单集时长6分钟，播放量过亿次，引发热烈讨论。

四 网络综艺发展前瞻

（一）差异化：从“野蛮生长”到理性探索

网络综艺经历了2015~2018年的快速发展，2019年在经济环境和政策规范下开始进入理性探索期，产量首次下降、平台主动“瘦身”、选秀式微、“爆款”缺位……网络综艺已经结束了“野蛮生长”的井喷式发展阶段，未来将逐渐“放慢脚步”，使行业有序发展、平台转型升级、内容质量不断提升。

从宏观层面看，行业规范不断完善，台网标准趋同，但内容定位“和而不同”，相辅相成。2019年网络综艺的政策监管趋严，国家广播电视总局出台了多项规范网络视听节目内容的法规制度，未来行业自律和行业规范将进一步完善，推动整个行业理性有序发展。台网综艺节目监管标准趋同，推动网络综艺走向良性发展。一方面，台网在类型和题材上逐渐趋同，相互借鉴，相互渗透；另一方面在垂直细分层面保持差异，定位不同，各自发展。

从中观层面看，各大平台进入良性竞争缓和期，主动转型升级，注重差异化定位。2019年优酷已经率先转型调整，进入两年的内容沉淀期，主动“瘦身”，放弃“陪跑”节目，集中资源推出优质节目，同时加大人文内涵在节目中的比重。未来，各大平台也将继续探索调整，避免无谓的同题竞争，注重差异化发展，找准平台定位，打造品牌节目，“逐渐形成差异化、主题化的综艺布局，满足不同用户群体、不同接受场景的内容需求”。[①]

从微观层面看，网络综艺从内容策划、节目制作到商业营销全产业链进入升级期，专业化水准提升。2019 年网络综艺节目的整体质量稳步提升，聚焦青年文化，关注社会现实，出现了多档兼具口碑和流量的优质节目。未来，网络综艺将继续提升专业化水平，淘汰部分无创新、无收视、无口碑，强行制造矛盾冲突提升热度的同质化节目，找准节目定位，深挖垂直细分领域，注重内容创新，不断转型升级。

（二）专业化：从制作到营销全面专业化

网络综艺节目诞生之初曾是低成本、“作坊式”作品的代名词，随着行业的有序发展，网络综艺节目整体水准不断提升，精品化趋势日益凸显。2019 年，网络综艺新题材新创意层出不穷、“综 N 代”大胆革新、圈层小众精品频现、多档节目融入人文内涵……其在不断转型升级的同时，从制作到营销实现全面专业化。

在制作层面，专业制作团队地位不断提升，不断引入新技术、新科技提升制作水准，专业化的“综艺明星”开始出现。各大平台成立专门的制作中心和项目工作室，培养专业人才和制作团队，同时注重与专业制作公司机构长期合作，压缩成本的同时推出精品。韩国综艺成熟度和专业化水准都很高，已经发展形成了专业的“综艺明星”和“综艺明星团体”，这些明星专门出演综艺节目，有明确的人设定位，对综艺节目流程“了然于心”，善于带动话题、制造笑点，能够产生明显的综艺节目效果。2019 年网络综艺也逐渐形成了具有固定人设的专业“综艺明星”，如出演《吐槽大会》《脱口秀大会》《奇葩说》等节目的“段子王”李诞、出演《明星大侦探》《妻子的浪漫旅行》《做家务的男人》等节目的“东北大男孩儿”魏大勋、出演《明星大侦探》《拜托了冰箱》《口红王子》等节目的“知性主持”何炅。

---

① 朱传欣：《有意思有意味有意义——让网络综艺成为优质精神食粮》，《人民日报》2019 年 11 月 22 日第 20 版。

同时，越来越多的网络综艺节目引入新技术手段，如大数据和算法，精准定位目标受众，分析受众喜好，调整节目内容，回应受众需求，使得“网络综艺节目传播逻辑逐渐从‘人找内容’转变为‘内容找人’”。①

在营销层面，开发系列节目，创新广告形式，培养付费习惯，加强版权开发，促进产业联动，不断延伸产业链，完善盈利模式，拓展价值空间。一方面，网络综艺已经形成了系列节目开发、衍生节目开发、多版本节目制作、竖屏综艺和微综艺开发等新盈利模式，同时注重通过优质节目的会员独播和付费点播培养用户前端付费习惯，并通过创意广告、场景化营销缓解招商压力，探索商业回报新模式。另一方面，网络综艺也开始注重版权开发，使“引进来”和“走出去”相结合，同时开发衍生产品，促进产业联动，通过优质内容的影响力带动其他产业发展。如旅行类节目对旅游业的带动、运动类节目对文体用品产业的带动等，“构建出‘内容—用户—产品/服务’闭环，使综艺品牌真正实现线上线下价值优化”。②

（三）从圈层化到突破圈层

过去，网络综艺更加关注的是“圈层化”，即网络综艺能否垂直细分，发掘小众题材，满足尾部圈层受众需求。而现下，网络综艺更多的是讨论节目的“出圈”效应，即通过小众题材实现大众传播，在满足圈层受众需求的同时传递正向立意，引发大众热议，得到公共认同。

第一，2019 年网络综艺摆脱了口碑和流量不能兼顾的困境。以往高口碑节目常得不到关注，而现在出现越来越多兼具口碑和流量的优质节目，如《这！就是街舞第二季》以 8.9 分的豆瓣评分，实现口碑收视双丰收。第二，越来越多的网络综艺节目通过挖掘小众圈层题材、加上大众化主流制作手段，实现圈层突破，引发圈层外大众热议。如《乐队的夏天》选择“乐

---

① 朱传欣：《有意思有意味有意义——让网络综艺成为优质精神食粮》，《人民日报》2019 年 11 月 22 日第 20 版。

② 朱传欣：《有意思有意味有意义——让网络综艺成为优质精神食粮》，《人民日报》2019 年 11 月 22 日第 20 版。

队”这个小切口，通过专业团队制作，让新裤子、盘尼西林、刺猬等乐队的名字从乐队的小圈子“蔓延”到更大圈层，让这个小众领域被大众发现认可，产生“欠乐队一张门票”的观感体验，使得节目结束后乐队的夏天HOT巡演门票早早售罄。第三，2019年，不论是为新中国成立70周年特别制作节目还是多档节目关注女性婚恋、二胎及自身价值的实现，不论是新推出的公益节目关注弱势群体还是职场类节目关注职场现实，不论是脱口秀节目聚焦社会热点还是各种节目融入人文关怀和文化内涵，可以看出，网络综艺已经逐渐走出小众文化、青年文化、“00后”文化的“圈层”限制，向现实靠拢，摒除“空”“丧”“颓”等亚文化，注重正向立意，弘扬主流价值观，寻求个人与社会和群体之间的共识，不断突破圈层，获得公共认同。

B.4
2019年网络电影行业发展报告

司若　赵璐*

摘　要： 提质减量是2019年网络电影市场的年度主题。获得“正名”的网络电影在备案审查阶段施行“双备案”，精品化、专业化标准日趋凸显。整体上线量虽减少一半，但播放量稳步上升，票房分账突破千万元级别的影片数量在40部上下。现实主义题材表现突出，怪兽灾难题材、强IP作品表现依然强劲。爱奇艺、优酷、腾讯视频三家独大，付费会员人数过亿。淘梦影业、新片场、映美传媒、奇树有鱼成为网络电影发行公司“四强”。本报告对2019年中国网络电影的市场表现、参与主体、内容类型、受众特征四个方面进行梳理，以期较为全面地呈现网络电影的发展现状。

关键词： 网络电影　互联网视频平台　电影产业

前　言

2019年，网络电影摆脱野蛮生长，形成提质减量的发展态势，网络电影的泡沫正在逐渐消散，行业到达优胜劣汰的“U型”转折点。

---

* 司若，清华大学新闻与传播学院影视传播研究中心研究员，博士生导师，主要研究方向为影视产业、网络视听和新文旅研究；赵璐，澳门科技大学电影管理方向2019级博士研究生，主要研究方向为电影产业、媒介文化。

在这一年网络电影得到了“正名”。2019年10月23日，中国电影家协会网络电影工作委员会联合爱奇艺、优酷、腾讯视频在首届中国网络电影周面向全行业发出倡议，倡导行业以“网络电影”这个统一称谓指代互联网发行的电影。“网络大电影”“网大”等被正名为“网络电影”，这是行业对网络电影的电影艺术属性的强调与正视，也意味着网络电影与院线电影的行业标准日趋统一，网络电影正在迈向从内容品质、商业模式到行业生态的全面升级。

从短平快到精品化，网络电影的制作流程开始走向规范化。国家广播电视总局在2月上新了“重点网络影视剧信息备案系统”，自2019年2月15日起，网络电影备案施行“双备案”制度，由视频平台统一备案调整为片方自主备案，从开始制作前的“规划备案”到成片上线前的“上线备案”，备案两次，公示两次。面对更加严格的备案制度，网络电影从业者需要更有前瞻性的考量。

2019年是网络电影提质减量的一年。《2019网络电影行业报告》提供的数据显示，2019年共有789部网络电影上线，与2018年相比下降了49%，创造了2016年以来的新低。与此走势相反的是，网络电影的播放总量大幅度攀升，正片全年累计播放量为48.2亿次，部均播放量约为600万次，同比增加136%。另外，从投资额的角度看，成本在300万元以上的网络电影占比逾48%，更有18部影片成本增加至1000万元。可见，网络电影的产量虽在缩减，但是播放量和投资体量都实现了增加。

网络视频平台市场继续由爱奇艺、优酷和腾讯视频领跑。“爱优腾”三大平台的网络电影上线数量占比达到九成以上，播放量占98%。付费会员人数也先后在2019年第二季度破亿。票房方面，截止到2019年12月，爱奇艺共有25部影片票房突破了千万元大关，较上年同期增加了14%；[①] 优酷票房过千万元的网络电影有10部，腾讯约有6部。

2019年是新中国成立70周年，正能量与现实主义题材在2019年的网络电影中也有突出体现。《大地震》《我的喜马拉雅》《毛驴上树》既赢得了观

---

① 《2019年度票房榜最最最最终版：破千万影片数量再创新高!》，爱奇艺网络电影微信公众号，2020年1月13日，https://mp.weixin.qq.com/s/NKZDMrrMmvEVWfkmpmWipQ。

众好评又获得了主流媒体的力挺。值得关注的是，这些现实主义网络电影很多都获得了传统影视公司的注资，网络电影开始成为聚合优质资源的领域。①

2019 年大 IP、强 IP 的市场表现依然位居前列。《鬼吹灯之巫峡棺山》《新封神姜子牙》《陈情令之生魂》等 IP 孵化的网络电影票房表现强劲，“唐伯虎点秋香”IP、“齐天大圣”IP、“四大名捕”IP、“封神”IP、“陈翔六点半”IP等也纷纷上榜，各自在视频平台上占据席位，网络电影的强 IP 效应明显。

此外，网络电影在单片付费、短视频营销等方面也在积极探索新的运营模式。

提质减量成为 2019 年网络电影市场的年度主题。随着网络电影开启精品化、专业化的发展模式，这其中不可忽视的是互联网平台资本在其中发挥的重要作用。互联网与电影如何相互作用、彼此赋能，值得我们关注。

一　网络电影市场概况

（一）提质减量：上线数量大幅度下降，播放量稳步上升

2019 年网络电影的上线数量为 789 部，自 2016 年以来呈继续下降之势。由图 1 可以看出，网络电影自 2016 年迎来爆发性的增长之后，至 2019 年总产量持续下降。2016 年至 2019 年的年产量分别为 2176 部、1892 部、1537 部和 789 部，下降比例分别为 13%、19% 和 49%。如果说 2017 年、2018 两年的减产说明网络电影市场由野蛮生长回归理性，那么 2019 年相较于上一年腰斩式的产量下降则表现出网络电影市场已进入优胜劣汰的阶段。

网络电影的上线量虽然持续下降，但正片播放量呈上升走势。图 2 显示，2017 年全年累计正片播放量为 37.8 亿次，2018 年为 38.9 亿次，2019 年截至 12 月 20 日为 48.2 亿次。增长比例分别为 3% 和 24%。与 2019 年院线电影的观影数据（观影人次为 17.27 亿人次，仅微弱上涨 0.64%，创近

① 尹鸿、许孝媛：《2019 年中国电影产业备忘》，《电影艺术》2020 年第 2 期，第 38 ~ 48 页。

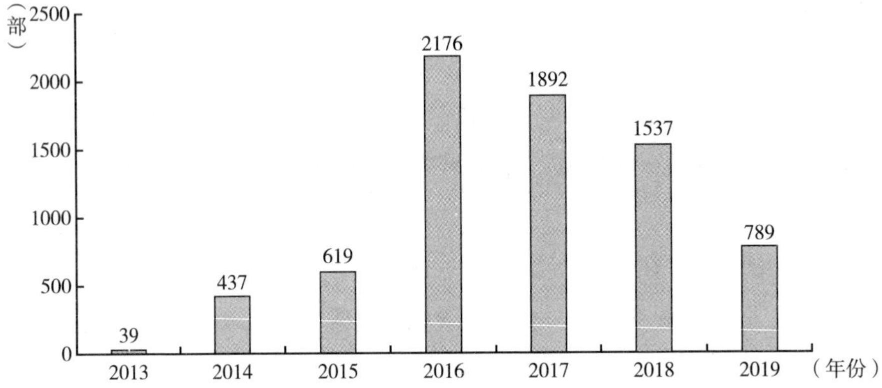

图1　2013～2019年网络电影上线数量

资料来源：爱奇艺电影中心《2019网络电影行业报告》，http：//www.199it.com/archives/998277.html。

十年来新低）相比，网络电影观影数据充分地体现了互联网观影作为一种观影渠道对传统观影方式构成的分流。并且可以预见的是，当更多的受众把更多的观看电影的经验建立在互联网观影、手机观影等方式上，作为一门艺术表现形式，电影的表现形式和行业惯例等势必也会因之发生改变。

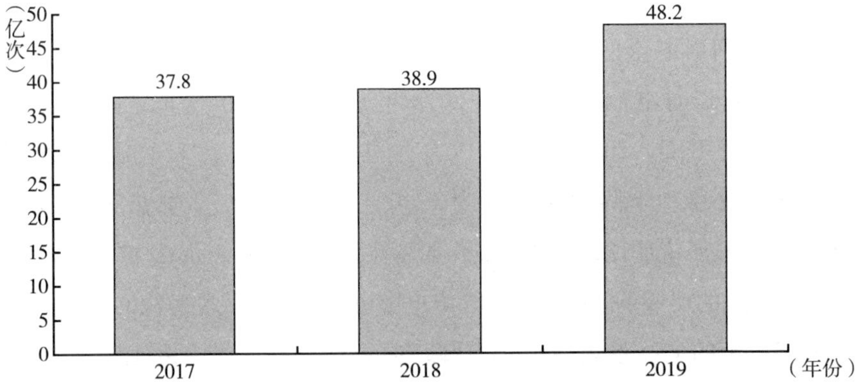

图2　2017～2019年网络电影正片播放量

资料来源：爱奇艺电影中心《2019网络电影行业报告》http：//www.199it.com/archives/998277.html。

2019年，"爱优腾"三家视频平台占据了网络电影播放市场超过九成的资源。座次排序为爱奇艺领跑，腾讯视频第二，优酷第三（见图3）。

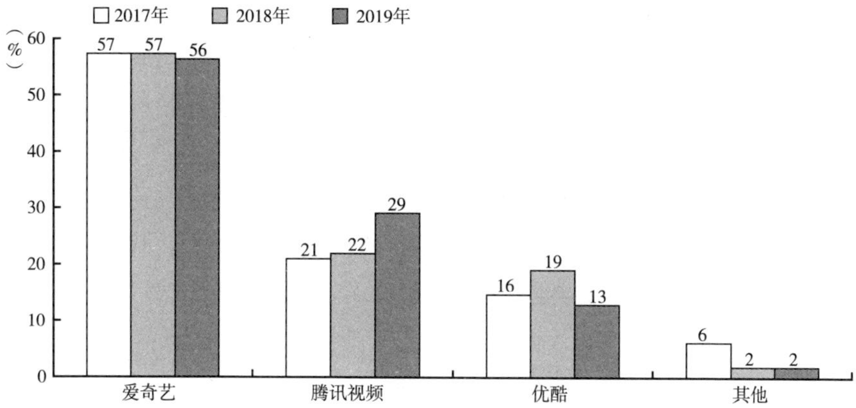

图3　2017～2019年各视频平台网络电影累计正片播放量占比

资料来源：爱奇艺电影中心《2019网络电影行业报告》，http://www.199it.com/archives/998277.html。

2017～2019年，网络电影头部效应愈发明显，流量逐渐向头部项目集中，正片播放500万次以上的影片，其数量占比逐年增大。2019年，正片播放量超过5000万次的影片数量达到9部（见图4）。

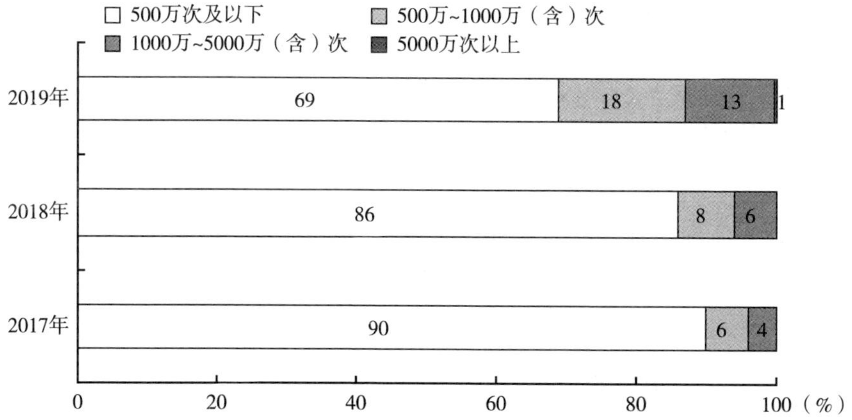

图4　2017～2019年网络电影正片播放量分布趋势

注：统计范围为2017～2019年上线的网络电影，2019年统计时间截至2019年12月20日，包括已下线影片。

资料来源：爱奇艺电影中心《2019网络电影行业报告》，http://www.199it.com/archives/998277.html。

（二）部均投资整体上涨，行业门槛抬高

《2019 网络电影行业报告》显示，在 2019 年网络电影投资成本出现了上涨的局面。其中投资成本达到 300 万元及以上的影片占比接近五成，投资成本为 1000 万元及以上的网络电影达到 18 部。成本不足 100 万元的网络电影占比已经从 2017 年的 49% 压缩至 12%（见图 5）。另外，仅在爱奇艺平台，网络电影部均营销成本也超过了 100 万元，同比增长 67%（见图 6）。

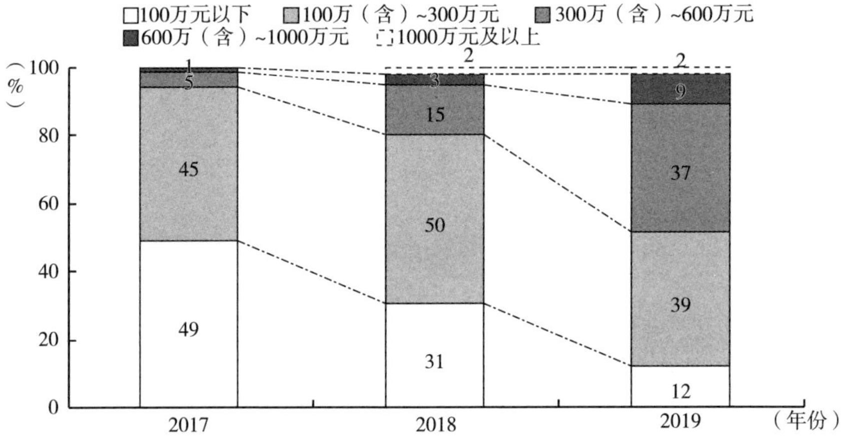

图 5　2017～2019 年网络电影部均投资成本分布趋势

资料来源：爱奇艺电影中心《2019 网络电影行业报告》，http://www.199it.com/archives/998277.html。

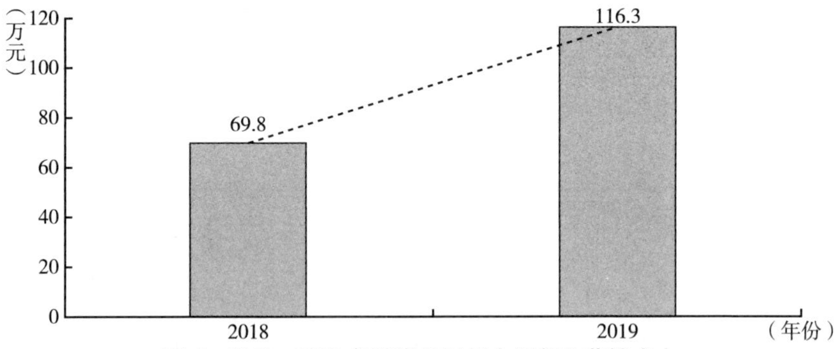

图 6　2018～2019 年爱奇艺网络电影部均营销成本

资料来源：爱奇艺电影中心《2019 网络电影行业报告》，http://www.199it.com/archives/998277.html。

（三）分账票房千万元级影片增多，最高值不及去年

不包括腾讯视频在内，2018 年有 27 部网络电影分账超过 1000 万元，2019 年有 34 部，比 2018 年多出 7 部，增加超四分之一。淘梦影业等出品的《大蛇》上线 88 天，以 5078 万元的分账收入刷新了网络电影的“天花板”，成为 2018 年网络电影分账收入的冠军。虽然 2019 年的千万元级分账影片多于 2018 年，但最高值仅达到 3470 万元，由爱奇艺的《鬼吹灯之巫峡棺山》创造。

1. 网络电影视频平台的分账模式

从 2019 年至 2020 年，爱奇艺、优酷、腾讯视频对网络电影分账模式均进行了不同程度的升级和修正。其中对业界影响强势的当属三大平台均实现了账单的“月度结算”。

具体来说，爱奇艺将营销升级为“内容 + 营销 + 广告”的联合收益模式；优酷以会员有效观看总时长的计算规则区别于其他视频平台，发布了“锦绣合制计划”；腾讯视频宣布将于 2020 年开始公开数据，并对分账模式进行了升级，推出“腾讯视频 VIP 开放平台”，将网络电影升级为自制电影。新入局的芒果 TV 发力不小，提出保底规则，降低了合作方的投资风险。

（1）爱奇艺：内容 + 营销 + 广告

爱奇艺网络电影合作的分成模式为“内容分成 + 营销分成 + 广告分成”。

其中，内容分成的分账模式和优酷、腾讯视频的规则类似，主要由有效付费点播量和内容分成单价决定。爱奇艺将影片划分为 A、B、C、D、E 五个等级，A 级的分成单价是 2.5 元，E 级是 0.5 元。独家合作影片还可享有将分账周期由 3 个月延长至 6 个月的待遇。

“内容分成收益 = 内容分成单价 × 有效付费点播量”是内容分成收益的计算公式，计入有效付费点播量的标准是“每位付费用户有效播放单一付费授权作品时长超过了 6 分钟的一次及以上的观影行为”。

广告分成在影片付费期结束转为免费播放之后开始计算，爱奇艺将平台的通发广告在其影片上产生的收益同合作方分账。依据“广告分成收益 = 该内容带来的广告收益 × 分成比例”的公式，独家影片按 70%，非独家按

50%的比例施行。

为吸引优质资源，内容评估被评为A级的影片还将得到额外的0.5元/次的营销分成单价，营销分成期为上线首月（见表1）。

表1　爱奇艺内容及营销分成模式

级别	模式	内容分成单价（元/次）	内容分成付费期	营销合作	营销分成单价	联合营销	营销合作周期
A	独家	2.5	6个月	有	满足营销分成标准0.5元/次	邀约制	上线首月
B	独家	2.0	6个月	无	无	无	无
C	独家	2.0	6个月	无	无	无	无
D	非独	1.5	3个月	无	无	无	无
E	非独	0.5	3个月	无	无	无	无

资料来源：《爱奇艺、腾讯、优酷网络电影合作模式及注意事项（2020最新版）》，网视互联微信公众号，https：//mp.weixin.qq.com/s/5tJfDnmcjABnQ0RLW8PsGQ。

结算周期方面，爱奇艺已在2020年2月21日宣布将于2020年4月起将网络电影结算周期由季度结算升级至月度结算，即本月上线影片，次月可申请结算。

（2）腾讯视频：内容定级×观影人次

2020年3月5日，腾讯视频首次公布网络电影分账榜单并升级合作模式，至此，“爱优腾”三大视频平台的网络电影板块全部实现了数据透明。

根据腾讯视频网络院线发布的规则，未来平台将根据片方提供的成片内容和制作质量综合评定影片级别，分为S+、S、A、B、C五个等级。每个级别都有相对应的分账单价，S+级影片的分账单价为4.0元/次，最低C级影片是1.0元/次。同样，独家合作影片可享有将分账周期由3个月延长至6个月的待遇。

腾讯视频网络电影的分账收益计算公式是“分账收益=内容定级分账单价×有效观影人次”。其中，内容定级单价见表2。“分账周期内每位付费用户持续观看单一的付费授权作品超出5分钟”时，才可被称为有效观影人次。

收益结算周期为月结。腾讯视频规定，影片上线后，合作方可以从下个月起在每个自然月的 1 ~5 日结算一次。

表 2　腾讯视频网络电影分账模式

级别	合作方式	内容定级单价(元/次)	分账周期
S +	独家	4.0	自上线之日起 6 个月
S	独家	3.5	自上线之日起 6 个月
A	独家	2.5	自上线之日起 6 个月
B	独家	1.5	自上线之日起 6 个月
C	非独家	1.0	自上线之日起 3 个月

资料来源：《爱奇艺、腾讯、优酷网络电影合作模式及注意事项（2020 最新版）》，网视互联微信公众号，https：//mp. weixin. qq. com/s/5tJfDnmcjABnQ0RLW8PsGQ。

（3）优酷：会员有效观看总时长

目前优酷平台正在实行的网络电影分账模式是自 2019 年 6 月 1 日开始实行的新规，在 2019 年 5 月 31 日之前上线影片仍沿用原有分账规则。

优酷采用会员有效观看时长的分账模式，关键因素是：会员有效观看总时长和内容定级单价，计算公式为：分账收益 = 内容定级单价 ×（会员有效观看总时长/固定时长）。

优酷平台将评级分为 S、A、B、C 四个等级，其中最高 S 级影片的分账单价高达 6.0 元/次，最低 C 级影片是 1.0 元/次。优酷平台所有评级影片的分账期均为 3 个月（见表 3）。

表 3　优酷网络电影分账模式

级别	合作方式	内容定级单价(元/次)	分账期	合作要求
S	独家	6.0	3 个月	提供营销方案
A	独家	4.0	3 个月	提供营销方案
B	独家	2.0	3 个月	
C	非独家	1.0	3 个月	

资料来源：《爱奇艺、腾讯、优酷网络电影合作模式及注意事项（2020 最新版）》，网视互联微信公众号，https：//mp. weixin. qq. com/s/5tJfDnmcjABnQ0RLW8PsGQ。

与爱奇艺和腾讯视频不太一样的是，优酷的分账收益计算并不参照有效付费次数，而是参考会员有效观看总时长，即得到许可的作品在付费周期内，会员用户累计观看该影片的有效播放时长。其中，基础时长是1.25小时。

（4）芒果TV：保底收益

目前芒果TV正在实行的网络电影分账模式自2018年10月10日起开始实行。分账收益由“保底+分成”两个部分构成，即成本保底加有效付费点播分成收益。其分账模式相关信息见表4。具体计算公式为：合作方分账收入=成本保底+有效付费点播量×有效付费点播单价。

表4　芒果TV网络电影分账模式

评级	保底比例	有效付费点播单价(元/次)	合作模式	付费分成周期
S	买断	—	独家	—
	保底3/4及以上	4.5	独家	6个月
A	2/3	3.0	独家	6个月
B	1/2	2.0	独家	6个月
C	无	1.0	非独家	6个月

资料来源：《最高100%分账保底，开放头部综艺IP，芒果TV公布网大网剧合作模式》，网络大电影头条微信公众号，https：//www.sohu.com/a/258797673_693625。

芒果TV出台的评级定位是S、A、B、C四个等级。每位付费用户观看时长超过5分钟的一次及以上的观影行为，均被视为一次有效付费点播。

芒果TV分账模式区别于“爱优腾”之处在于它设置了保底比例。将保底金额作为基础收益，在保障合作方覆盖部分成本的同时，还可获得有效付费点播分成收益，最终实现保底+分成的双重收益。

（5）小结：分成规则有差异，以服务、共赢为目标

总体看来，三大平台目前实行的网络电影内容分账规则基本围绕着“有效观看”这个关键词展开。像腾讯视频和爱奇艺分别将5分钟和6分钟观看时长作为有效观看次数的计算标准，优酷则采取了有效观看时长总量作为计算标准，计算方式大同小异。

在收益结算周期与合作平台方面，三大平台也达成了基本一致。本着更好地服务合作者的原则，都将结算周期缩短至月，并上线了相应的在线合作平台。对于网络电影这种短周期、低体量的产品而言，优化结算方式能够帮助许多内容方保有充足的现金流，从而顺利推进后续项目的运作，促进行业良性发展。

不过其中也有一些差异化的规则制定。例如优酷最高评级 S 级影片的内容分成单价高达 6.0 元/次，腾讯视频最高内容分成单价为 4.0 元/次，而爱奇艺最高内容分成单价仅为 2.5 元/次。但相应的，优酷网络电影的分账周期仅有 3 个月，腾讯视频和爱奇艺最高等级影片分账时长达到 6 个月之久。

此外，内容分成相对有限的爱奇艺平台还会为项目提供营销分成与广告分成两种额外收入，这是其余两平台目前都没有涉及的领域。

而这些差异化的规则制定，也更利于不同需求、不同定位的内容方做出合作选择。譬如头部公司生产的大体量项目，显然更适合分账合作模式更多元、更成熟的爱奇艺和优酷平台，从而实现资源、内容、营销等多个层面的共赢。

从以上四家视频平台对网络电影提出的分账模式中，我们可以看出网络电影的分账规则逻辑为："分账票房"高低取决于"付费会员"的有效观看量。而提升有效观看量的关键点在于新会员的进入（"拉新"）和老会员的维护（"持续充值"）。

2. 网络电影的票房表现

网络电影在总体数量锐减的情况下，其票房表现和头部内容储备反而逆势激增，"二八效应"日益彰显。2019 年，接近 40 部网络电影分账票房达到千万元级别，分账 TOP30 的影片票房总计 5.9 亿元；票房最高的影片是《鬼吹灯之巫峡棺山》，分账票房高达 3470 万元。

另外，从头部内容储备层面来看，以爱奇艺为例，2018 年平台 A 级网络电影上线数量是 125 部。2019 年为 140 部。可以说，不论从票房还是从内容储备角度来看，网络电影都已经走上精品化的发展道路，不仅赢得了市场，也赢得了口碑。

(1) 爱奇艺：25 部影片票房突破千万元

爱奇艺截至 2019 年 12 月 10 日，共有 25 部影片分账票房突破千万元，相较 2018 年的 22 部提升 14%。其中，《鬼吹灯之巫峡棺山》以接近 1080 万人次的有效观影人数、超过 3470 万元的票房分账收益，成为 2019 年网络电影分账票房冠军；现实题材口碑作品“陈翔六点半”系列的《陈翔六点半之重楼别》以超 2269 万元分账票房成绩成为亚军；《陈情令之生魂》后来居上，以超 2207 万元分账票房成为季军（见表 5）。

表 5　2019 年爱奇艺网络电影分账票房榜单

排名	片名	上线时间	上线天数（天）	有效观影人数(人次)	分账票房（元）
1	鬼吹灯之巫峡棺山	2019 年 6 月 1 日	214	10797455	34702950. 50
2	陈翔六点半之重楼别	2019 年 7 月 11 日	174	7833287	22695478. 50
3	陈情令之生魂	2019 年 11 月 7 日	55	7478635	22079134. 50
4	至尊先生	2019 年 7 月 25 日	160	7333811	21210669. 50
5	三重威胁之跨国大营救	2019 年 3 月 29 日	278	6308824	20597996. 00
6	新封神姜子牙	2019 年 11 月 3 日	59	6520586	19319944. 00
7	横行霜道	2019 年 10 月 13 日	80	5594786	18965877. 00
8	齐天大圣之大闹龙宫	2019 年 2 月 1 日	334	5492805	17945662. 50
9	新封神之哪吒闹海	2019 年 5 月 14 日	232	6385239	17935896. 00
10	大地震	2019 年 9 月 8 日	201	5674346	16821970. 50
11	东游	2019 年 10 月 17 日	76	5461698	16205419. 50
12	济公之降龙有悔	2019 年 2 月 5 日	330	4608990	15893894. 00
13	致命狙杀	2019 年 10 月 24 日	69	5343377	15796388. 50
14	双世青蛇	2019 年 8 月 4 日	150	5330448	15500360. 00
15	蜀山降魔传 2	2019 年 8 月 8 日	146	5030433	14643712. 00
16	毛驴上树	2019 年 9 月 19 日	104	4677260	13880690. 00
17	巅峰营救	2019 年 6 月 15 日	200	4568024	13114321. 50
18	深海 × 异种 2	2019 年 4 月 20 日	256	3983506	13049266. 00
19	狼群行动	2019 年 4 月 6 日	270	4269830	12061211. 50
20	龙棺古画 2 亡灵之花	2019 年 4 月 16 日	260	4229641	11927933. 50

资料来源：《2019 年度票房榜最最最最终版：破千万影片数量再创新高》，爱奇艺网络电影公众号，https：//mp. weixin. qq. com/s/NKZDMrrMmvEVWfkmpmWipQ。

爱奇艺共计5部影片分账票房超过2000万元，分别是《鬼吹灯之巫峡棺山》、《陈翔六点半之重楼别》、《陈情令之生魂》、《至尊先生》和《三重威胁之跨国大营救》。

（2）优酷：10部影片票房突破千万元

优酷平台年度榜单共有10部影片的分账票房突破千万元，涵盖奇幻、喜剧、动作、冒险、战争等众多类型。其中，《水怪》以超2600万元分账票房位居第一；《大蛇2》以超2107万元分账票房成绩位居第二；《唐伯虎点秋香2019》以超1722万元分账票房位居第三（见表6）。

表6　2019年优酷网络电影分账票房榜单

单位：天，元

排名	片名	上线时间	上线天数	分账票房
1	水怪	2019年7月12日	92	26002323
2	大蛇2	2019年12月6日	26	21078302
3	唐伯虎点秋香2019	2019年1月25日	90	17227614
4	齐天大圣之火焰山	2019年2月1日	89	13294923
5	大汉十三将之血战疏勒城	2019年2月15日	89	12710998
6	大雪怪	2019年9月11日	91	155059
7	巨鳄	2019年8月9日	92	153670
8	兴风作浪	2019年1月11日	90	136257
9	奉天往事	2019年11月8日	54	125684
10	东海龙棺	2018年12月29日	90	12707

资料来源：《票房榜丨优酷网络院线2019年度累计分账榜》，优酷网络院线微信公众号，https：//mp. weixin. qq. com/s/bfGyKc5ggqclt8YeddFktQ。

（3）腾讯视频：在自制内容领域发力

2019年腾讯视频网络电影上线量为150部，比2018年的127部，多出23部，增幅达18%。在2019年全网整体上线量大幅下降的局面下，腾讯视频逆势推出了更多的网络电影作品，相比于上线数量远落后于爱奇艺和优酷的2018年，2019年上线数量明显提升。

2019年6月，腾讯视频宣布，将网络电影全面升级为“自制电影”。云合数据统计，2019年腾讯视频全年上线网络电影中144部为独播，6部为非独播。其中上半年，腾讯视频上线网络电影仅 54 部，但是下半年升级为“自制电影”之后，腾讯视频网络电影上线数量达到了 96 部，可见腾讯视频对于网络电影的重视程度和参与程度都有所加大。

从播放量来看，腾讯视频《天剑修仙传》《李白之天火燎原》两部影片异军突起，正片播放量均突破 9000 万次，作为第一梯队比第三名《鬼吹灯之怒晴湘西》多出一倍以上的播放量（见表 7）。

表 7　2019 年腾讯视频网络电影票房榜单

单位：次

排名	片名	类型	正片播放量
1	天剑修仙传	武侠、玄幻	113054753
2	李白之天火燎原	动作、奇幻	97135667
3	鬼吹灯之怒晴湘西	动作、奇幻	40144814
4	这个保安有点彪(上)	喜剧、动作	37643080
5	四目先生	动作、喜剧	32509451
6	七剑下天山之修罗眼	武侠、爱情	32314135
7	七剑下天山之封神骨	武侠、爱情	29190717
8	镇魔司:苍龙觉醒	动作、奇幻	25869619
9	猎枭行动	动作、犯罪	24368479
10	降龙觉醒	喜剧、动作	22990041

资料来源：爱奇艺电影中心《2019 网络电影行业报告》，http://www.199it.com/archives/998277.html。

事实上，从网络电影到自制电影，腾讯视频只是顺势而为。这几年企鹅影视对于网络电影的参与一向比较广泛。

2017 年，腾讯视频网络电影播放量 TOP10 均出品于企鹅影视天机工作室。也就是说，2017 年入榜网络电影全部为腾讯视频参与出品，没有平台参与的第三方网络电影，平台保底或者买断的作品也都没有上榜。

2018 年，TOP10 中，有一半的影片没有“企鹅影视”参与。

2019 年，腾讯视频索性将网络电影升级为自制电影，在 TOP10 中，有 8 部企鹅影视参投作品，仅新片场的《鬼吹灯之怒晴湘西》和淘梦影业的《四目先生》为企鹅影视没有参与的第三方影片。

（四）付费会员人数过亿

2014 年，爱奇艺提出网络大电影商业模式，根据有效观影人次计算影片收入，建立了电影纯网发行的基本规则。从诞生之日开始，网络电影就和付费会员业务的发展紧密关联。

爱奇艺在 2020 年 2 月 28 日公布了 2019 年全年财报。财报显示，爱奇艺 2019 年的总营收为 290 亿元人民币，同比增长 16%。全年会员业务收入超过 144 亿元人民币，同比增长 36%，截至 2019 年 12 月 31 日，爱奇艺会员数量达到 1.07 亿人，全年净增会员 1950 万人，同比增长了 22%。

爱奇艺在公布 2019 年第二季度财报的时候宣布会员数量突破了 1 亿人，成为“爱优腾”三家中首家宣布会员数量突破了 1 亿人的平台，其中付费订阅会员人数占总订阅会员人数的比例为 98.9%。而在腾讯视频所发布的财务报告中，腾讯视频订购账户数同比增长了 30%，达到 9690 万个。优酷虽然没有披露付费订阅会员的数量，但根据阿里巴巴财报，优酷日均订阅人数同比增长了 40%。

与此同时，截止到 2019 年第一季度末网飞（Netflix）的全球付费会员数为 1.49 亿人，本土会员数量为 6023 万人，这在全球各家流媒体中都没有先例。

12 月 28 日，腾讯视频发布 2019 年度指数报告，报告显示，腾讯视频付费会员人数同比增长 22% 至 1.002 亿人，是国内第二家付费会员规模破亿的视频平台。骨朵数据分析，此次腾讯视频会员数破亿，与《庆余年》等热播剧有密切关系，腾讯视频会员比普通用户始终多看 6 集的策略发挥了很大的作用。

爱奇艺、腾讯视频先后进入“亿级”会员时代，说明付费会员市场的规模很大。但鉴于目前的视频付费用户来源仍集中于一、二线城市，根据第 44 次《中国互联网络发展状况统计报告》显示的网络视频用户规模可以推测，我国下沉市场用户规模超过了 6 亿人，因此，下沉市场视频付费用户渗透仍有较大提升空间。

爱奇艺会员及海外业务群总裁杨向华日前在接受采访时表示，2018 年爱奇艺会员数增加最快的省区为青海、甘肃、新疆，实现了 100% 以上的增长率，2019 年第一季度还是这个趋势。[①] 杨向华还谈道，爆款的出现往往会拉动会员人数上一个台阶，之后会有一批人留下来，重要的还是要有持续稳定供给，培养用户形成消费习惯。此外，杨向华也表示，联名会员、多个平台会员也会是会员增长的重要发力点。

二　网络电影合作单位盘点

（一）发行公司：429家

1. 头部公司产能突出

2019 年网络电影发行公司数量为 429 家，同比下降 34% 。也就是说，至少有 221 家网络电影公司在 2019 年没有出品或者发行网络电影。429 家公司，发行了 789 部网络电影，平均每家发行影片 1.8 部。由此可见，大多数公司发行影片数有所下降，但头部公司凭借成熟的制片团队、宣发体系和资源整合能力，优势明显。TOP10 网络电影发行公司作品占整体市场份额的 47% ，剩下的 419 家公司瓜分剩下 53% 的市场份额，竞争依旧激烈而残酷。新片场、淘梦影业、映美传媒、奇树有鱼稳坐“四强”，凡酷文化、溢彩、智盛联合、功夫影业等公司紧跟其后（见表 8）。而 2018 年进入 TOP10 的二友影业、完美建信、安之若素影视等公司，因为各种原因跌出榜单。

表 8　2019 年 TOP10 网络电影发行公司及其代表作品

单位：%

公司简称	正片播放市占率	代表作品
新片场	11.7	鬼吹灯之巫峡棺山
淘梦影业	9.1	水怪
映美传媒	6.5	蜀山降魔传 2

① 《对话爱奇艺杨向华：三四五线城市消费者成会员重要来源》，百家号网站，2019 年 5 月 22 日，https://baijiahao.baidu.com/s?id=1634207514917197492&wfr=spider&for=pc。

续表

公司简称	正片播放市占率	代表作品
奇树有鱼	5.5	毛驴上树
凡酷文化	4.1	智深传2
溢彩	2.5	巅峰营救
智盛联合	2.5	天剑修仙传
功业影业	2.1	李白之天火燎原
奥创	1.7	聊斋群妖谱
掌尚娱乐	1.4	青衣道师

资料来源：爱奇艺电影中心《2019 网络电影行业报告》，http：//www.199it.com/archives/998277.html。

2. 新旧公司更替加速

与此同时，也有不少新公司强势入局，在行业处于拐点的情况下，新旧更替变得迅速而频繁。新入局公司中，功业影业凭借《李白之天火燎原》进入年度整体榜单前十，鸣涧影业、新湃传媒、大家影业等传统影视公司入局，均有年度代表作品（见表9）。对于片方来说，2019 年最大的趋势就是，几乎所有公司都不再拼“量”，而是拼“质”。质量高下明显比数量多少更为重要，能否上榜，有时候就是一部作品的事情。在这样的情况下，发行公司纷纷发力制作，具有制作竞争力的公司更容易脱颖而出。

表 9　2019 年 TOP10 网络电影发行新入局公司

单位：%

公司简称	正片播放市占率	代表作品
功业影业	2.1	李白之天火燎原
银博国际	1.3	七剑下天山之修罗眼
鸣涧影业	1.3	三重威胁之跨国大营救
新湃传媒	1.0	陈情令之生魂
大家影业	0.7	独家记忆之勇敢爱
睿博星辰	0.7	致命狙杀
黑岩星球	0.5	巨鳄
象山汐盟	0.5	降龙觉醒
水木罡正	0.5	精武陈真
东阳泽海	0.5	斗法五湖镇

资料来源：爱奇艺电影中心《2019 网络电影行业报告》，http：//www.199it.com/archives/998277.html。

（二）出品公司：1783家

2019 年，受市场环境和政策引导影响，网络电影的产量呈现明显的下降趋势，也借此挤掉了一些市场泡沫。经统计，2019 年参与网络电影出品的公司有 1783 家，相较于 2018 年的 2892 家下降了 62%。其中参与 5 部及以上网络电影出品的公司为 40 家，较 2018 年的 58 家有明显的下降（见表 10）。

表 10　2018～2019 年网络电影出品公司数量

单位：家

出品网络电影数量	2019 年公司数量	2018 年公司数量
1 部	1481	2449
2～4 部	262	385
5～9 部	29	39
10 部及以上	11	19
总数	1783	2892

资料来源：《哪些公司在主导网络电影的市场?》，影视产业观察微信公众号，https：//mp. weixin. qq. com/s/KyWXF0iWQythldFvoCgojg。

在优胜劣汰的市场机制连续五年的作用下，网络电影市场的竞争格局也逐渐趋于稳定，前几年扎堆网络电影市场想要赚快钱的“业余”公司几乎全部出局，市场资源逐渐向头部公司聚拢，马太效应愈发明显。2019 年 TOP10 出品公司网络电影出品数量排行如表 11 所示。

表 11　2019 年 TOP10 出品公司网络电影出品数量排行

单位：部

序号	公司名称	数量
1	上海腾讯企鹅影视文化传播有限公司	75
2	北京爱奇艺科技有限公司	36
3	北京淘梦网络科技有限责任公司	25
4	广东精鹰传媒股份有限公司	24
5	北京奇树有鱼文化传媒有限公司	23

续表

序号	公司名称	数量(部)
6	北京新片场传媒股份有限公司	19
7	上海凡酷文化传媒有限公司	18
8	映美传世(北京)文化传媒有限公司	17
9	优酷信息技术(北京)有限公司	15
10	上海影将影视投资有限公司	14

资料来源：《哪些公司在主导网络电影的市场?》，影视产业观察微信公众号，https://mp.weixin.qq.com/s/KyWXF0iWQythldFvoCgojg。

（三）网络电影合作单位分类及特征

1. 视频平台系公司：企鹅影视、爱奇艺、优酷

第一类是视频平台旗下的公司，包括企鹅影视、爱奇艺、优酷，在对整个产业链环节的不断把控下，如今这三家已经成为网络电影市场的主要出品公司。

2. 头部公司：淘梦影业、新片场、映美传媒、奇树有鱼成为“四强”

第二类是入局较早、出品规模较大并且不乏“爆款”的头部公司，包括淘梦影业、奇树有鱼、新片场、映美传媒。凭借体系化的战略布局和专业的团队建设，四家公司已经在网络电影市场处于领先地位，年年有“爆款”作品产出，在爱奇艺、优酷和腾讯视频公布的2019年分账票房榜前40部电影中，四家公司共有23部影片入围，占据了大半江山。

其中淘梦影业的表现最为突出，共有主控及参与出品的9部作品进入前40位。包括爱奇艺上线的《双世青蛇》《深海×异种2》《龙棺古墓2亡灵之花》，优酷上线的《水怪》《大蛇2》《齐天大圣之火焰山》《奉天往事》，以及腾讯视频上线的《四目先生》和《绝色营救》，涵盖奇幻、冒险、动作、喜剧等多种类型。

新片场共有主控及参与出品的8部影片入围，包括爱奇艺上线的网络电影年度票房冠军《鬼吹灯之巫峡棺山》，以及《至尊先生》《新封神姜子牙》《齐天大圣之大闹龙宫》《新封神之哪吒闹海》《狼群行动》，优酷上线

的《东海龙棺》、腾讯视频上线的《鬼吹灯之怒晴湘西》，可以看出新片场在奇幻题材领域发力较大，并且与爱奇艺合作最为紧密。

映美传媒共有 4 部影片入围，包括爱奇艺上线的《东游》《蜀山降魔传2》，优酷上线的《唐伯虎点秋香 2019》和腾讯视频上线的《笑盗江湖》，其中以八仙过海传说中的韩湘子为人物原型的《东游》表现最为突出。

奇树有鱼 2019 年表现相对较弱，虽然参与了 23 部网络电影的发行，但其中只有两部进入了前 40，包括爱奇艺上线的《毛驴上树》和优酷上线的《大雪怪》，但这两部作品均具有较强的创新意义。尤其是作为改编自脱贫攻坚战中驻村第一书记真实事迹的现实主义电影，《毛驴上树》能够取得近 1400 万元的分账票房实属不易。2020 年，其将有多部重量级的作品推出，包括近日在爱奇艺和腾讯视频双平台上线的《奇门遁甲》。

3. 参与网络电影出品制作的传统影视公司

慈文传媒可谓是最早一批参与网络电影制作的传统影视公司。起初慈文传媒涉足的是网络剧领域，作品包括在 2014 年和腾讯视频联合出品的《暗黑者》，2016 年和爱奇艺等公司联合出品的《老九门》。后来慈文传媒开始向网络电影领域进军，2016 年在推出网络剧《老九门》的同时，推出了共四部《老九门》系列网络电影《老九门番外》。2017 年推出了颇具创新意义的《哀乐女子天团》。2019 年，慈文传媒出品的网络电影数量有所增加，包括反映唐山大地震的现实主义题材作品《大地震》，当代军旅/消防题材的《特勤精英之生死救援》《特勤精英之逃出生天》，古装玄幻作品《降龙觉醒》等。

华策影视成立于 2005 年，2010 年 10 月 26 日在深交所创业板上市。华策影视在电视剧领域颇有建树，十余年来出品了《中国往事》、《微微一笑很倾城》、《何以笙箫默》、《杉杉来了》、《三生三世十里桃花》、《亲爱的，热爱的》和《爱情公寓 5》等电视剧。2017 年出品网络剧《致我们单纯的小美好》，以及在《余罪》之后趁热推出了由张一山主演的《柒个我》。2019 年，华策影视在网络电影领域出品了《八戒降魔 2 万妖之王》《仙猫传》《神龙法师》《影武杨家将》《山海经之伏魔正道》等作品。

4. 以跟投为主、规模初成的公司

第三类是出品量已成规模，但相对而言缺乏“爆款”的公司，包括精鹰传媒、凡酷文化、影将影视投资等。在爱奇艺、优酷和腾讯视频公布的2019年分账票房榜前40部电影中，精鹰传媒有7部跟投作品上榜，但没有主控的作品，而凡酷文化、影将影视投资甚至未有作品上榜，但他们凭借较大的出品数量分摊风险，仍然能够取得稳定的收益。

精鹰传媒、众乐乐影视在2019年参与了由奇树有鱼主投、在爱奇艺上线的电影《毛驴上树》。

5. 品牌影响力

2020年1月6日，由《电视指南》杂志、传媒内参联合主办的“2019第四届指尖移动影响力高峰论坛”在北京召开。这次论坛评选出六家“2019年度最具影响力网络电影制作机构”，它们分别是：奇树有鱼、淘梦影业、慈文传媒、新片场、映美传媒、美视众乐。凡酷文化被评为“2019年度最佳网络电影营销机构”；奇树有鱼创始人、CEO董冠杰被评为“最具影响力　2019网络电影年度人物”；淘梦影业创始人、CEO阴超被评为“2019年度最具影响力网络电影出品人”。

2019年10月26日，在第三届中国银川互联网电影节上，多家公司参投的《毛驴上树》和由美视众乐出品的《大汉十三将之血战疏勒城》获得了最佳网络电影奖。

（四）网络电影发行出品市场新特点

1. 专业团队深入网络电影领域

众多有传统影视投资经历的影视公司和制作团队逐渐深入网络电影领域。2019年，中宣部电影频道、慈文传媒、开心麻花、华策影视、完美世界影视、本山传媒等传统影视机构相继入场，且获得了不错的市场成绩。

以完美世界影视为例，2019年共参与出品《鬼吹灯之巫峡棺山》《齐天大圣之大闹龙宫》《新封神之哪吒闹海》《至尊先生》《宝塔镇河妖之绝世妖龙》《开封降魔记》《鬼吹灯之怒晴湘西》7 部影片，其中从《鬼吹灯》改编而来的《鬼吹灯之巫峡棺山》凭借高度还原原著的故事情节、紧密的叙事节奏、多达 20 个的精致布景和逼真的后期特效，一举夺得爱奇艺 2019 年度网络电影的票房冠军，此外还有三部影片——《齐天大圣之大闹龙宫》《新封神之哪吒闹海》《至尊先生》也位列爱奇艺的年度分账票房榜 TOP10。

本山传媒是东北地区喜剧类型影视剧的最大出品方，在剧集领域，以《乡村爱情》系列剧最为知名。2006 年第一部开播到 2019 年《乡村爱情 11》在优酷独播，该系列已经持续了 13 年。在网络电影领域，本山传媒 2015 年推出的《山炮进城 1》和 2016 年的《山炮进城 2》成为早期东北地区喜剧类型网络电影的代表作，随后在 2017 年、2018 年又相继出品了《超级大山炮之夺宝奇兵》和《超级大山炮之海岛奇遇》。2019 年，本山传媒出品的网络电影作品有在优酷独播的《兴风作浪》《奉天往事》和在腾讯视频独播的《笑盗江湖》。《奉天往事》《兴风作浪》两部影片，前者以民国时期为历史背景，讲述卖麻花的青年黄梁为了让妻子家玲过上好日子决定去城里赚大钱而引发的一系列啼笑皆非的故事，后者则是聚焦于一对恰逢“七年之痒”的夫妻为了检验对方的婚姻忠诚度而设置重重考验的搞笑爱情故事。本山传媒惯用的以段子拼接为主、“接地气”的喜剧内容模式，再加上宋晓峰、宋小宝、程野等专业喜剧演员的加入，令影片获得大批用户的青睐，双双入围优酷 2019 年度分账票房 TOP10。

2. 联合出品蔚然成风

为了抵御市场风险，各家公司联合出品网络电影的现象也愈加常见。在各大视频平台的头部网络电影中，只有像陈浩民的聪民志影视文化、“赵家班”的本山传媒和拥有“陈翔六点半”IP 的云南爆笑江湖文化这样兼具制作实力和票房号召力的影视公司会严格控制参与他们作品制作的公司数量，很多头部影片背后基本都有近十家公司的支持。比如热门影片《镇魔司：苍龙觉醒》《大地震》背后就分别有十家和九家出品公司，《水怪》有七家出品公司参与。这说明在激烈的市场竞争中，网络电影“抱团取暖”也成了大势所趋。

三 2019年网络电影类型分析

（一）概况：共计33种类型题材，五大类占比58%

在类型题材上，据骨朵数据统计，共计有33种类型题材，包括都市爱情、喜剧、古装玄幻、动作、武侠、青春校园、悬疑推理等，其中数量最多的五大类型共有作品419部，在全年总量中占比约为53.1%（见图7）。另

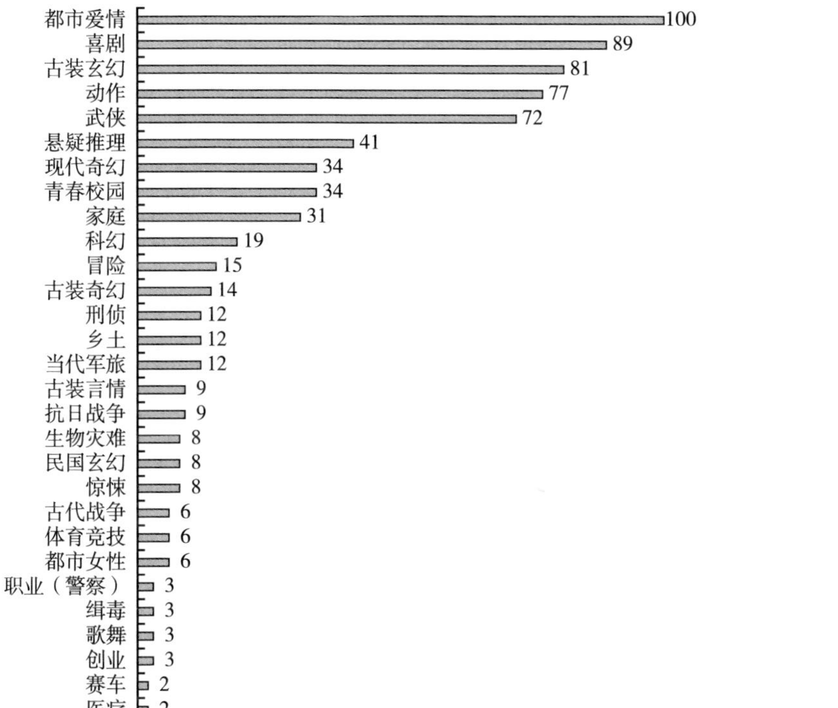

图7 2019年网络电影类型分布

资料来源：骨朵数据《2019年网络电影产业发展研究白皮书》。

外，尽管古代战争、生物灾难、自然灾难、都市女性、赛车等类型作品数量较少，但这些类型网络电影的年度整体表现均很出色。

不仅如此，爱奇艺《2019 网络电影行业报告》数据也显示，2019 年，正片播放量超过 500 万次网络电影的类型元素集中分布在动作、喜剧、奇幻、爱情、武侠、悬疑六种（见图 8）。头部项目的类型元素分布更加均衡，也反映出市场对多元题材的包容度不断提升。

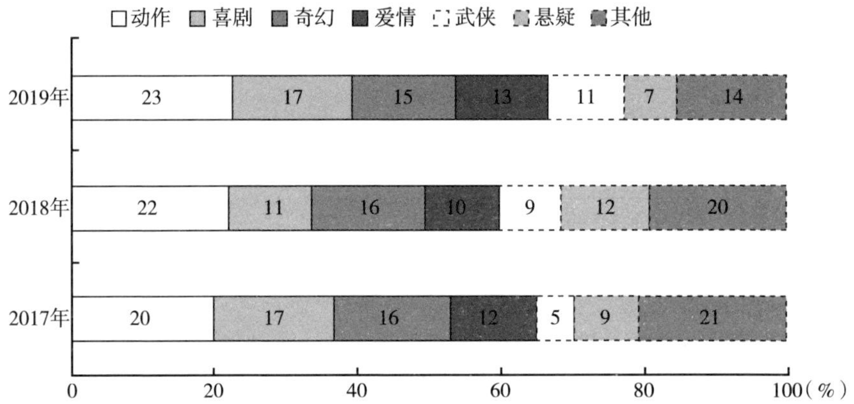

图 8　2017～2019 年头部网络电影* 类型元素分布趋势

* 正片播放超过 500 万次的网络电影。

资料来源：爱奇艺电影中心《2019 网络电影行业报告》，http：//www.199it.com/archives/998277.html。

（二）现实主义题材表现突出

在 2019 年网络电影中，现实主义题材作品在口碑和票房上都有杰出表现。“爱优腾”三家视频平台先后推出了《毛驴上树》、《我的喜马拉雅》、《大地震》、《我的爷爷叫建国》、《北京女子图鉴之助理女王》、《民警攻略》、《大西山小村官》、《最后的日出》、《士兵的荣耀》、《八角街》、《D 战》和《幸福里的朝阳》等一批关注社会现实、体现时代文化发展以及正确价值方向的优秀影片。这些影片同时兼顾了主流价值观与商业价值双重要素。在三大平台的分账票房 TOP10 榜单中，爱奇艺改编自真实事件的现实题材作品《大地震》以1522万元分账票房取得了月榜冠军，并挤进年度票房榜；优酷的历史战争片《大汉十三将之血战疏勒城》、腾讯视频的犯罪类影片《猎枭行动》都出现在了榜单之上。

《大地震》《毛驴上树》票房突破了1000万元，既取得了社会价值，也获得了市场回报。同时，这些作品的成功，也在社会和市场两个层面再次证明了这条现实主义路径的可行性。

（三）公版IP仍受青睐，自生IP再现新作

由于投资成本、制作水准等问题，网络电影往往缺少爆款内容，无法取得持续的声量来维持其影响力。而头部IP恰恰具有这样的优势。首先，IP故事的改编和自主创新能力的提高，让市场上的IP改编网络电影整体水平走高，为网络电影增加了口碑，提振了观众的期待值；其次，大IP的粉丝效应也为平台吸引了更多的新用户，增强了多个文娱平台之间的良效联动。

2019年涌现了《齐天大圣之大闹龙宫》、《捉妖大仙2》、《鬼吹灯之巫峡棺山》、《陈翔六点半之重楼别》、《唐伯虎点秋香2019》和《新封神之哪吒闹海》等网络电影。年度网络电影的票房榜冠军、票房高达3470万元的《鬼吹灯之巫峡棺山》就是IP改编电影。11月时甚至出现了IP改编作品霸占榜单的现象，当月分账票房最高的六部中有五部是IP改编作品，其中《陈情令之生魂》赢得了2000万元的分账票房，成为11月全网票房冠军，同时位列爱奇艺网络电影分账票房榜年度第五；而由陈浩民、牛泽萌主演的网络电影《新封神姜子牙》，则赢得了1797万元的分账票房，霸占月度票房榜第二位，也进入了爱奇艺网络电影分账票房榜年度前十。

（四）怪兽灾难题材成为新宠

仅从2019年2~8月的数据来看，在1567部规划备案的网络电影中，灾难题材的作品共235部，占比达到15%，代表影片有《星际流浪》、《拯救外星人》、《时空守卫者》、《来自地球的访客》、《超能力少年》和《机器女友》等。最终从票房结果看，《水怪》、《大蛇2》、《大雪怪》和《巨

鳄》四部灾难题材的影片都取得了非常好的分账成绩，分列优酷网络院线分账票房榜的第一、二、四、五名。其中《水怪》更是取得了 2600 万元的分账票房。

（五）口碑、评价及社会影响力

1. 豆瓣评分人数和分值提升

经过六年的打磨历练，网络电影结束“走量舍质”的粗放型增长模式，迈入“提质减量”的转型调整，在观众认可度、品质口碑值上不断提高。商业上，票房破千万元渐成网络电影常态；口碑和影响力上，其被放到本土院线电影、综艺、电视剧、网络剧甚至全球剧影综等更大的内容品类中与其他品类同台竞争，网络电影在豆瓣开分的时间越来越短，评分人数和评分数值也不断上升，精品化成为网络电影制作和放映平台的自觉追求。

网娱观察汇总盘点了近 6 年网络电影豆瓣评分人数排名（见表 12）。2019 年上线的网络电影中截至 2020 年 4 月 19 日，豆瓣评论人数超过千人的有 26 部，2018 年有 28 部，2017 年有 13 部，2016 年有 11 部，2015 年有 4 部。可见网络电影的口碑影响力和可信度正在建立。

此外，还有《灵魂摆渡 · 黄泉》《陈情令之生魂》《陈情令之乱魄》《罪途 1 之死亡列车》《陈翔六点半之铁头无敌》《罪途 2 之救赎代价》《罪途 3 之正义规则》等九部网络电影的豆瓣评分人数超过 1 万。

表 12　网络电影豆瓣评分人数排名

单位：人

排名	片名	上线时间	豆瓣评分人数	豆瓣评分	上线平台
1	灵魂摆渡 · 黄泉	2018 年 2 月 1 日	92604	7.1	爱奇艺
2	陈情令之生魂	2019 年 11 月 7 日	38997	4.5	爱奇艺
3	陈情令之乱魄	2020 年 3 月 26 日	28327	5.4	爱奇艺
4	罪途 1 之死亡列车	2018 年 5 月 11 日	16039	6.8	腾讯视频
5	陈翔六点半之铁头无敌	2018 年 6 月 11 日	11493	6.2	爱奇艺
6	罪途 2 之救赎代价	2018 年 5 月 15 日	11325	6.6	腾讯视频
7	罪途 3 之正义规则	2018 年 5 月 18 日	11170	6.6	腾讯视频

续表

排名	片名	上线时间	豆瓣评分人数	豆瓣评分	上线平台
8	奇门遁甲	2020 年 3 月 19 日	11129	5.4	爱奇艺
9	星游记之风暴法米拉	2017 年 8 月 11 日	10509	7.5	爱奇艺
10	陈翔六点半之重楼别	2019 年 7 月 11 日	7824	7.0	爱奇艺
11	灵魂摆渡之风华绝代	2016 年 12 月 10 日	7751	7.6	爱奇艺
12	驯兔记	2018 年 6 月 21 日	6936	8.2	爱奇艺
13	老九门番外之二月花开	2016 年 10 月 20 日	6376	5.0	爱奇艺
14	黄飞鸿之南北英雄	2018 年 5 月 18 日	6276	4.6	爱奇艺
15	星游记之风暴法米拉 2	2020 年 3 月 28 日	6198	7.2	爱奇艺
16	哀乐女子天团	2017 年 6 月 30 日	6136	6.7	爱奇艺
17	再见十八班	2018 年 3 月 7 日	6025	6.7	爱奇艺
18	睡沙发的人	2017 年 6 月 21 日	5666	7.7	爱奇艺
19	陈翔六点半之废话少说	2017 年 4 月 2 日	5473	6.0	爱奇艺
20	那一场呼啸而过的青春	2017 年 10 月 5 日	5113	6.2	优酷

资料来源：《网络电影豆瓣评分人数 TOP100，2020 年上线占 18 部，爱奇艺 60 部超半壁江山》，网娱观察微信公众号，https：//mp. weixin. qq. com/s/tIAWC1RrbTnRbFwBUTVLBw。

2. 网络电影专属电影节及评选活动

“2019 第四届指尖移动影响力高峰论坛”评选出了六部“2019 年度最具影响力网络电影作品”，它们分别是：《毛驴上树》、《花儿照相馆》、《大地震》、《大蛇 2》、《夺命狙击》和《大汉十三将之血战疏勒城》。

在“第三届中国银川互联网电影节”上，《毛驴上树》和《大汉十三将之血战疏勒城》获得了最佳网络电影奖。

2019 年 6 月 11 日，上海国际电影电视节互联网影视峰会召开，优酷承办了主题为“新内容、新模式、新营销——变革中的网络电影”的论坛。《独家记忆》番外三部曲、《罪途》系列、《爹地》、《特种兵归来》三部曲、《大蛇》被评为“精品网络电影”。

2019 年 12 月 22 日，由中国电影家协会指导，中国电影评论学会、中国台港电影研究会主办的“第四届金骨朵网络影视盛典”举行，网络电影部分具体获奖名单见表 13。

表 13 第四届金骨朵网络影视盛典获奖名单（网络电影部分）

奖项	获奖影片/公司
年度品质网络电影	D 战
年度影响力网络电影	毛驴上树
年度人气网络电影	水怪
年度突出贡献公司	观达影视 映美传媒 留白影视 恒星引力 奇树有鱼 柠萌影业

资料来源：金网电影盛典组委会官方微博。

四 网络电影受众分析

网络电影是指通过互联网发行的电影。20 世纪 90 年代中国进入付费互联网时代，相较于诞生于 20 世纪初的电影而言，依托互联网平台的网络电影不仅在内容上具有不同于传统影视产品的特点，其受众群体也带有鲜明的特征。

根据中国互联网络信息中心（CNNIC）发布的第 45 次《中国互联网络发展状况统计报告》，截至 2020 年 3 月，我国网络视频用户规模达 8.5 亿人，较 2018 年底增长 1.26 亿人，占网民整体的 94.1%。

2014 年，爱奇艺首次为网络电影定性，并催生了一种新型的商业模式，即网络电影不再通过将版权销售给视频平台变现，也不依赖广告植入，而是直接销售给视频平台的付费用户群，付费用户对网络电影的每一次有效点击，都将为其贡献一份分账票房。

也就是说，付费会员是网络电影的直接消费群，丰富的网络电影内容将在很大程度上驱动付费会员群体在视频平台权益的最大化，达成创作市场、消费市场与视频平台之间的三赢局面。

在这样的商业模式下，随着网络电影的创作市场被盘活，内容多元化的发展趋势完成落地，其将直接对行业付费内容生态产生积极的影响。

爱奇艺《2019 网络电影行业报告》数据显示，2019 年，会员电影内容的正片播放量同比增长 81%，高于长视频内容正片播放量增速（见图 9），说明电影已经成为付费会员内容消费的高频市场，而网络电影是其中不可忽视的一支力量。

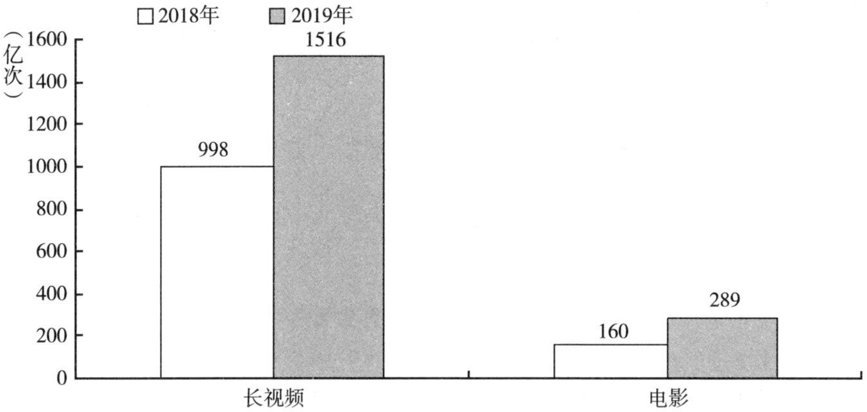

图 9　2018～2019 年会员网络视频正片播放量

资料来源：爱奇艺电影中心《2019 网络电影行业报告》，http://www.199it.com/archives/998277.html。

付费用户群体的持续扩大不仅意味着网络电影在进一步调动付费用户的内容消费空间，增强付费群体与视频平台之间的黏性，更意味着网络电影覆盖的人群圈层和喜好偏向更多样。

（一）性别：女性观众占比增长

根据中国互联网络信息中心发布的第 44 次《中国互联网络发展状况统计报告》，截至 2019 年 6 月，我国男女网民人数比例为 52.4∶47.6，与 2018 年底基本持平。

爱奇艺《2019 网络电影行业报告》数据显示，2019 年，多维度的线上观影用户整体呈增加趋势。其中，女性用户同比增加 18%，增速高于男性用户。结合爱奇艺在 2018 年发布的《2018 网络大电影年度报告》可以看出，爱奇艺女性会员占比从2017年的38%，上升到2018年的46%（见图10），2019年继续攀升。

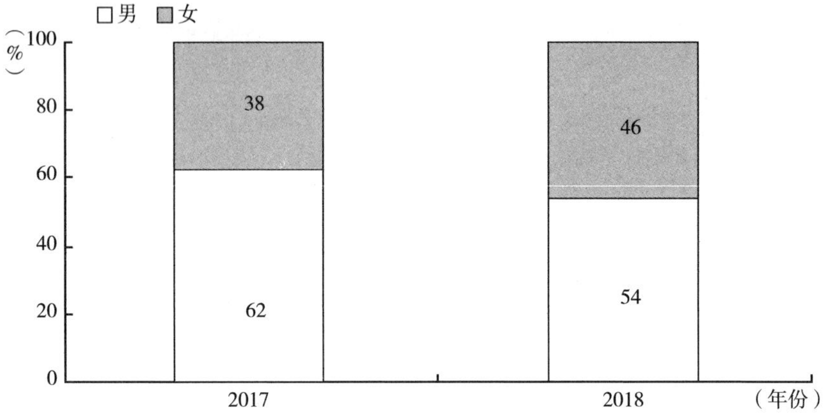

图10　2017～2018年爱奇艺会员性别占比

资料来源：爱奇艺《2018网络大电影年度报告》，http：//www.199it.com/archives/820939.html；爱奇艺电影中心《2019网络电影行业报告》，http：//www.199it.com/archives/998277.html。

从前几年的票房表现来看，男性向的网络电影表现明显好于女性向的作品。总体来看，在目前奇幻、悬疑、动作等男性向类型仍占主流的网络电影市场，随着精品化进程加速，女性观众潜力巨大，随着女性观众占据半壁江山，女性向的网络电影市场是否能成为新的赛道值得关注。

具有浓厚女性气质的网络电影《双世青蛇》2019年收获了1550万元的分账票房，位列爱奇艺年度分账票房榜的第14位。最后从《双世青蛇》的数据来看，超过70%的用户都是女性。①

（二）年龄：19～30岁占比最高，中高龄人群增多

第44次《中国互联网络发展状况统计报告》显示，10～39岁的网民群

① 《女性用户同比增长18%，女性向网络电影市场更好了吗?》，百家号网站，2020年1月16日，https：//baijiahao.baidu.com/s?id=1655860368122616093&wfr=spider&for=pc。

体占了网民整体的65.1%，其中20~29岁的网民群体占比最高，达到24.6%；而40~49岁网民群体占比从2018年底的15.6%上涨到了17.3%；50岁及以上的网民占比从2018年底的12.5%增加到13.6%。互联网不断地向中高龄人群拓展。

《2019网络电影行业报告》显示，31岁及以上用户人数增幅超过30%，其中31~35岁的用户增加了34%，36岁及以上的用户人数增长了37%。虽然网络电影用户最主要分布的年龄段依然是19~30岁，但依然可以看出，网络电影向中高年龄段人群渗透的趋势与中国网民年龄结构变化的整体趋势是相符的。

（三）城市分布：各线城市均有上浮

《2019网络电影行业报告》显示，2019年从新一线城市到五线城市，会员人数增幅均在14%及以上。2017~2018年一线城市、新一线城市、二线城市会员人数占比略有下降（见图11），与此不同的是，2019年网络电影会员人数在各等级城市均有上浮，其中占比最大的依旧是新一线城市，而涨幅最大的则为四、五线城市。

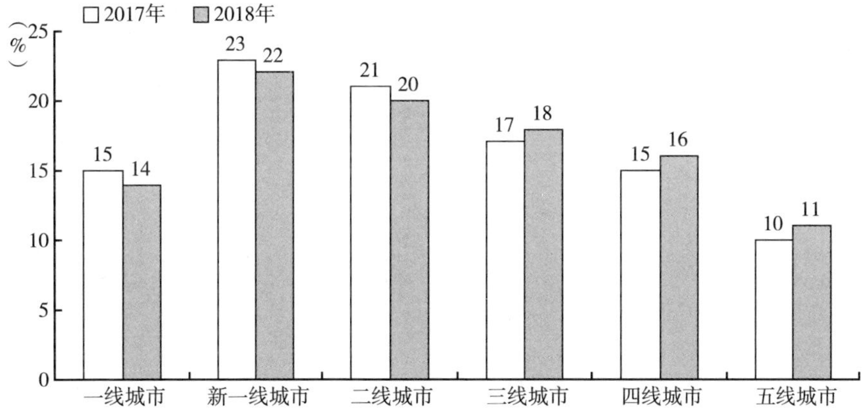

图11　2017~2018年网络电影会员城市等级占比变化趋势

资料来源：爱奇艺《2018网络大电影年度报告》，http：//www.199it.com/archives/820939.html；爱奇艺电影中心《2019网络电影行业报告》，http：//www.199it.com/archives/998277.html。

五　网络电影发展趋势

（一）分账票房再上台阶

2020年新冠肺炎疫情让受众把更多观看电影的机会留给了网络平台。2020年1～2月网络电影票房表现强劲，仅两个月时间爱奇艺、优酷、腾讯视频三家网站已有13部分账票房超过千万元的影片，打破了2019年上半年的整体分账票房纪录，成绩喜人。在这13部分账票房突破千万元的影片中，爱奇艺占有8席，且凭借《九指神丐》1980万元的分账票房暂居榜首，优势明显（见表14）。

表14　2020年1～2月网络电影分账票房破千万元榜单

单位：万元

排名	片名	上线时间	最新分账公示日期	分账票房	上线平台
1	九指神丐	1月19日	2月10日	1980	爱奇艺
2	巨鳄岛	2月4日	2月10日	1670	爱奇艺
3	四平风云	2月28日	2月15日	1664	优酷
4	云南虫谷之献王传说	1月17日	2月15日	1636	优酷
5	辛弃疾1162	1月2日	2月10日	1611	爱奇艺
6	大天蓬	1月25日	2月10日	1468	爱奇艺
7	灭狼行动	1月5日	2月10日	1459	爱奇艺
8	火云神之修罗面具	1月1日	2月5日	1444	腾讯视频
9	法医宋慈	2月6日	2月10日	1369	爱奇艺
10	追龙番外之十亿探长	1月16日	2月10日	1232	爱奇艺
11	野王	1月29日	2月15日	1228	优酷
12	我来自北京之过年好	1月29日	2月10日	1087	爱奇艺
13	外星人事件	1月27日	2月15日	1058	优酷

资料来源：《2月网影票房：破千万影片达13部，腾讯正式加入分账榜单角逐》，网络大电影头条微信公众号，https：//mp. weixin. qq. com/s/XeHKAv3gXTSgw8sfFGOHJQ。

（二）自制 + 拼播：“爱优腾”“相爱相杀”

爱奇艺、优酷、腾讯视频是目前市场上的三大视频平台，从 2019 年至 2020 年开年的表现来看，三家视频平台的竞争依然激烈。一方面，各家平台通过独播内容来抢占同一时间段内的市场份额；另一方面，由于内容成本的持续攀升，三家平台之间分销、置换的拼播项目明显增多。

（三）新玩家上线，院网壁垒在打破

随着电影《囧妈》出其不意打入线上电影市场，“头条系”正式入局长视频领域。2020 年 3 月，字节跳动旗下的“西瓜视频”有两部新片独播上线，一部是 3 月 20 日上线的由大鹏、柳岩主演的《大赢家》，一部是网络电影《方世玉之决战水怪》。其中，《方世玉之决战水怪》是“头条系”首部独播的网络电影，但它并没有采取付费点播的模式，而是延续了此前《囧妈》和《大赢家》的做法，采用了免费独播模式，预示着“头条系”已将购买版权的范围从院线电影扩大到了网络电影。

新玩家“头条系”的上线，不由让人联想到 2018 年入局的芒果 TV。芒果 TV 在 2018 年 10 月 10 日发布了“超芒计划”，主打年轻和女性市场，成为当年网络电影的新玩家。时至 2019 年底，“爱优腾”三家网络电影上线量占比为 94%，正片播放量占比为 98%，用户高度集中，而早些年活跃在网络电影市场的乐视和搜狐视频已基本没有了音量，芒果 TV 依旧在努力耕耘着。新的“搅局者”的到来，是否真的可以搅动门槛日渐抬升的网络电影市场，仍待观察。

（四）宣发借力短视频，或拓展新渠道

2019 年被视为网络电影抖音营销元年。其实早在 2017 年院线电影就已开始尝试抖音营销，如《前任 3：再见前任》和文艺片《无问西东》在抖

音上的内容碎片化传播。

目前，网络电影正处在提质减量的调整过程中，抖音作为营销渠道之一，有着广覆盖面、高转化率、高性价比的优势，这也是目前大部分网络电影项目会把50%以上的预算分配给抖音的原因之一。

而对于一些大制作、营销费用更充足的电影、电视剧项目，抖音平台也有着很好的导流效果，只是其发布渠道更多、更分散一点，没有在抖音上进行密集的投放。之后，随着网络电影不断发展成熟，品质提高，除了抖音平台，也可以根据影片内容调性考虑更多元的渠道。

就整体而言，电影营销的分析方法没有发生变化，整合营销中的人群没有发生太大变化，内容在悄悄提质变新，媒体渠道的影响力发生了比较大的变革，因此在整体施策的方向上会略微变化，投入上会有倾斜。这并不代表其他渠道没有效果，传统媒体公信力依然很强，微博的话题讨论热度依旧很高，而对于新兴媒体则需要持续开发和探索。

结　语

网络电影在“侧目而视”中走进了电影的序列——2019年马丁·斯科塞斯在《纽约时报》上发表的长文正面回应了电影工业与流媒体的紧张关系。网络电影也可以和谐地被置于互联网视听平台——中国的爱奇艺、优酷、腾讯视频，美国的Netflix、迪士尼+、亚马逊的货架上，它们都提供从网络电影到网络电视剧、网络综艺的视听作品。而制作、发行网络电影的影视公司更是包括从民营公司到国有企业，从仅生产过一部影片的小微企业到市值百亿美元的上市公司。另外，网络电影的伙伴/对手从来就不仅仅是一部部电影，而是一段段直播和短视频。

网络电影和其他作品一样，存在作者、作品、受众的三角关系。作者包括制片人、导演、编剧、演员、特效师、灯光师、服装师、化妆师、道具师……，网络电影创作者的岗位一个都不少。如果说区别的话，网络电影聚集的更多是资历较浅的电影工作者；当然，如果我们把目光投向马丁·斯科塞斯、大卫·林奇、伍迪·艾伦、简·坎皮恩与Netflix、亚马逊等的合作，似乎“年轻选手的练兵场”这一说法又需要修正一下了。作品方面，仅中国而言，2019年产出1037部院线电影、789部网络电影和1万集上下的电视剧。从2010年至2019年，Netflix的电影目录从7000部下降到3849部，从而实现提质减量，大家普遍意识到了马太效应。受众方面，2019年，“爱优腾”三家的付费会员人数先后突破了1亿人，Netflix在北美地区的订阅用户逼近7000万人，全球付费用户达1.8亿人。评价方面，从口碑或评分来看，网络电影仍普遍低于院线电影；但我们也注意到Netflix出品的电影在A级电影节上的斩获，豆瓣上参与网络电影打分的观众过万，甚至超过10万人。随着更多行业内第一梯队的制作团队下沉到网络电影领域，网络电影的行业标准在趋近院线电影。

本报告预计，在电影未来的版图上可提供视听盛宴和社会话题性的两类头部电影会占据电影院线的大部分排期。但这之外的市场形势尚不明朗：2020年新冠肺炎疫情给了互联网平台一个突破性成长的契机。互联网平台垂直细分化优势的彰显，家庭观影设备的日益精良，以及小屏观影所带有的互动性、便易性等契合现代生活方式的特征的显现，似乎都在替这样的观点——院线电影与网络电影之间的界限越来越模糊了背书。

B.5 2019年网络直播行业发展报告

王长潇　张冰君*

摘　要： 2019 年，网络直播行业呈现四大趋势：一是获取融资或冲击上市；二是 VR、AI 等技术带动在线直播行业发展；三是进军海外市场，东南亚市场成为多数平台出海的首选；四是“直播 +”领域拓展，涵盖公益、综艺、教育、文化、电商等，旨在构建多元化和高品质的直播生态体系。其中“直播 + 电商”迎来了高速发展的关键时期。未来“直播 +”的商业模式将继续发展和完善，网络直播平台将更加注重专业化与精细化的运营，通过产品、形式与内容的创新形成和增强自身差异化优势，并通过技术赋能提升用户体验，完成更多业务和内容模块的布局，从而在网络直播行业的竞争中获胜。

关键词： 网络直播　电商直播　直播 +

一　网络直播行业发展动态

根据第 45 次《中国互联网络发展状况统计报告》，截至 2020 年 3 月，我国网络直播用户规模接近 5.60 亿人，较 2018 年底增长约 1.63 亿人，占网民整体的 62.0%（见图 1）。

艾媒咨询数据显示，2019 年中国网络直播平台 PC 端月均活跃用户数方

* 王长潇，北京师范大学新闻传播学院教授，博士生导师，主要研究方向为电视传播理论与业务；张冰君，北京师范大学 2018 级博士研究生，主要研究方向为新闻传播理论与实务。

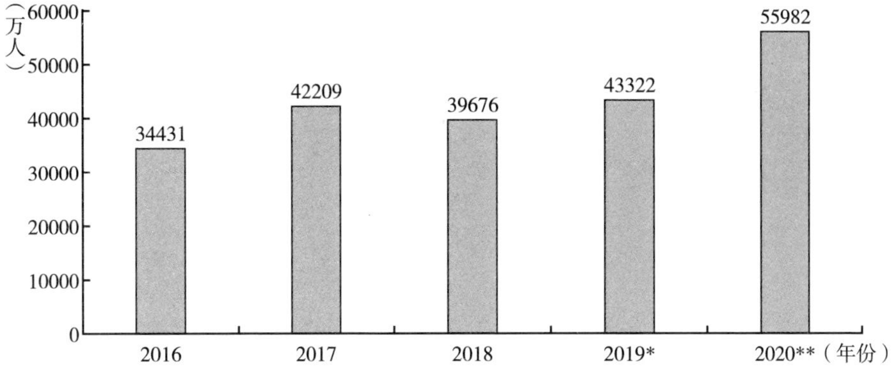

图1　2019年网络直播用户规模

* 2019年6月数据；** 2020年3月数据。

资料来源：中国互联网络信息中心（CNNIC）：第45次《中国互联网络发展状况统计报告》，中华人民共和国国家互联网信息办公室网站，2020年4月28日，http://cnnic.cn/hlwfzyj/hlwxzbg/hlwtjbg/202004/P020200428399188064169.pdf。

面，斗鱼直播处于领先地位。娱乐类直播平台中，居于首位的是YY直播，增长态势最为明显的则是六间房（见图2）。

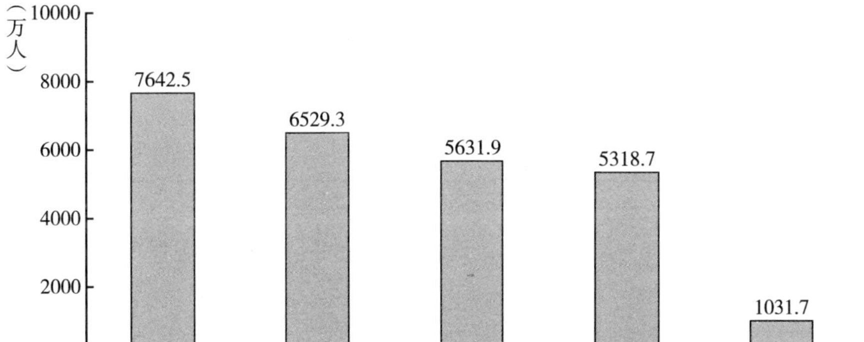

图2　2019年中国网络直播主流平台PC端月均活跃用户数

资料来源：艾媒数据中心。

在移动端方面，花椒直播以2765.8万人的月均活跃用户数排在娱乐类直播平台首位，保持了增长态势（见图3）。游戏类直播平台中，斗鱼直播、虎牙直播月均活跃用户数领先（见图4）。头部直播平台在用户体量方面依然优势明显。

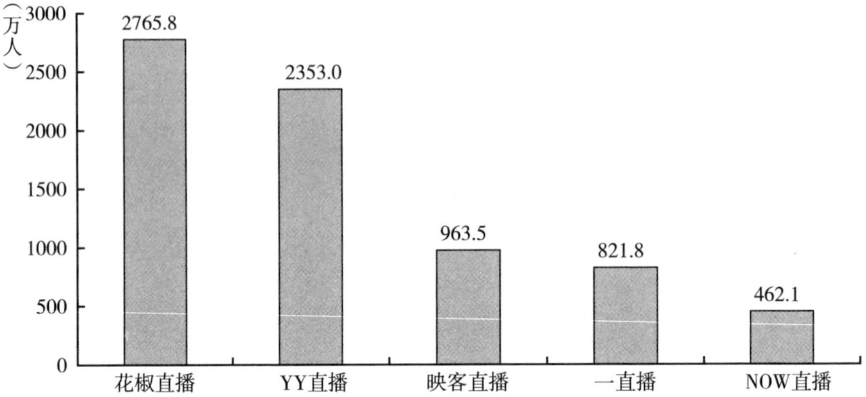

图3 2019年中国娱乐类网络直播主流平台移动端月均活跃用户数

资料来源：艾媒数据中心。

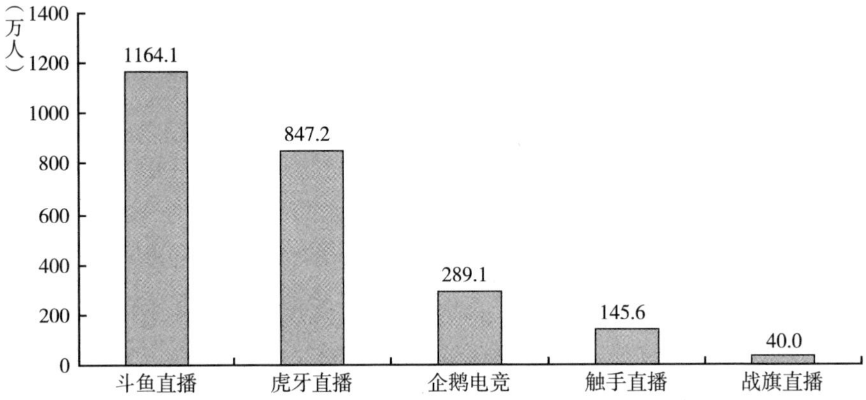

图4 2019年中国游戏类网络直播主流平台移动端月均活跃用户数

资料来源：艾媒数据中心。

网络直播行业在2019年延续了创新发展态势，行业变化主要体现在以下三个方面。

内容品类方面，电商直播蓬勃发展。虽然游戏、秀场直播等传统网络直播的用户人数增长放缓，但电商直播的兴起为整个行业注入了新的活力，丰富了网络直播行业的内容和形式。阿里巴巴、京东、拼多多等电商平台陆续涉足电商直播领域，将实体商品交易与直播进行融合，开辟了用户消费新体验。除此以外，电商直播对于农产品销售的拉动作用，也为贫困地区的脱贫致富开辟了新途径。2019 年 7 月，砀山县、平武县、咸丰县等 12 个重点对口县干部与公益明星主播共同参与“电商扶贫浙里行”活动，推介浙江特色农产品，销售额在三小时内即突破 1000 万元。

市场发展方面，网络直播回归理性发展轨道。2019 年，资本市场对于网络直播行业的投资向头部企业聚拢，根据企业的财务报告，斗鱼、虎牙、YY、陌陌等已上市的头部平台的营收在 2019 年前三季度均保持增长态势，而部分中小型平台则因融资困难退出市场。网络直播平台优胜劣汰的趋势更加明显。

行业监管方面，相关管理机制进一步完善。一是地方行业协会联合网络直播平台发布了我国直播行业的首批团体标准——《网络直播平台管理规范》和《网络直播主播管理规范》。二是国家市场监督管理总局等部门在 10 月发布专项行动工作方案，对电商直播中出现的产品质量和夸大宣传问题进行了专项整治。

（一）资本聚拢

2019 年的资本市场与过去相比显得愈发“冷静”，直播行业的整体融资节奏得到了进一步放缓。据 TechWeb 不完全统计，直播行业在 2019 年共发生 10 起融资，与 2018 年相当，而在 2017 年，仅上半年行业融资并购就有 17 起，形成巨大反差。2019 年直播行业融资上市情况见表 1。同时，平台之间的合作也进一步加强。直播行业已逐渐走向成熟期，行业内各企业地位趋于稳定，资本向头部平台倾斜是市场的理性选择，而不同平台之间资源的互通有无，也无疑更有利于增强平台的盈利能力，进一步构建直播新生态。

表 1　2019 年直播行业融资上市情况

时间	平台	融资金额	融资轮次	投资方	备注
4 月 24 日	小象互娱	1.25 亿元	A + 轮	PDD 领投、腾讯跟投	直播经纪公司
5 月 30 日	目睹直播	1.1 亿元	B 轮	用友集团投资	直播服务平台
6 月 14 日	高竞文化	数千万元	Pre – A 轮	东方弘泰资本、东证睿加资本等	电竞赛事运营商
7 月 17 日	斗鱼	8.9 亿美元	IPO	/	直播平台
7 月 31 日	纳斯	数千万元	天使轮	赛富基金	淘宝直播机构

续表

时间	平台	融资金额	融资轮次	投资方	备注
8月27日	每日瑜伽	数百万元	天使轮	无忧传媒、扬州软件园	网红机构
9月5日	网星梦工厂	数千万元	A+轮	新浪微博	MCN机构*
10月15日	TT直播健身	近千万元	Pre-A轮	险峰长青	直播健身平台
11月7日	大鹅文化	/	A+轮	腾讯兴趣内容基金	直播经纪公司
11月7日	维妥科技	近千万元	天使轮	梅花创投	直播电商数据中台服务商

* 多频道网络机构。

资料来源：相关公开报道（不完全统计）。

斗鱼直播于2019年7月17日于美国纳斯达克上市，每股美国存托凭证11.5美元，募集资金约为8.9亿美元，是2019年上半年互联网行业最大规模IPO（见表1）；4月8日，虎牙直播在美启动公开增发募股，每股定价为24美元，增发募集总额达5.5亿美元；6月25日，欢聚时代成功发行两批共计10亿美元可转债券（见表2）。

表2　2019年上市直播平台并购事件及所涉金额

时间	平台	涉及金额	事件
3月5日	BIGO	14.5亿美元	被欢聚时代收购
4月8日	虎牙	5.5亿美元	公开增发募股
4月29日	花椒	/	成为六间房全资子公司
6月24日	欢聚时代	10亿美元	发行两批可转债券
7月15日	积目	8500万美元	被映客收购

资料来源：相关公开报道（不完全统计）。

2018年，一直播并入微博。2019年4月29日，花椒直播正式成为六间房全资子公司。8月16日，KK直播宣布与触手直播开启战略合作。两方合作将充分发挥各自在泛文娱直播、游戏直播领域的优势，重点围绕直播内容创新、互动体验升级、主播造星、流量变现等方面进行深度合作，进一步丰富直播内容、构建多元直播生态，目前触手直播与KK直播已有近千位主播互相入驻，进行双平台直播。

由此可见，资本向头部平台聚拢的趋势愈发明显，尾部平台几乎没有生存空间，而中部平台抱团取暖的情形或将长期存在。今年的数起融资事件中，仅斗鱼和TT健身直播为直播平台，其余均为直播服务平台或MCN机构等。

（二）技术赋能

中国移动、中国联通、中国电信、中国广电在2019年6月得到工信部发放的5G商用牌照以后，于10月共同宣布启动5G商用服务，发布相应5G套餐，中国信通院预计，到2025年，中国5G用户将达到8.16亿人。直播是4G的产物，真正实现全民直播可能是在5G时代。从2019年开始，5G+直播探索有了更多的可能。

4月26日，虎牙直播联合中国电信顺利完成5G+4K高清户外直播的尝试，首次在直播行业进行了5G商用的探索，成为中国首家实现5G网络直播的平台；世界移动通信大会2019（MWC19）期间，虎牙直播与中国联通签订合作协议，共同加速“5G MEC+直播”商用；映客直播研发超低延时合唱技术、5G高清VR直播，加速5G技术在自家直播平台上的应用；11月，央视新闻打卡进博会、第32届中国电影金鸡奖等都是采用的5G直播。此外，央视还成立了首个国家级5G新媒体平台“央视频”，中国联通发布了首个5G应用“5G新直播”。

媒咨询采用草莓派（Strawberry Pie）数据调查与计算系统提供的1468个样本进行了2019年中国网络直播行业用户对新技术融入直播的态度调查，数据显示，45.8%的中国网络直播用户对直播新技术，如VR、AI的融入持正向积极态度，大部分用户对新的直播技术表示欢迎（见图5）。用户的正向态度为直播技术的发展提供了社会基础，在线直播平台利用新技术打造自身直播产品、构建平台优势，是应对未来直播行业发展的一大关键点。

5G技术下，直播的画质更为高清，可以传递更多内容细节。比如，在第28届金鸡百花电影节闭幕式红毯及颁奖典礼直播中，直播速度更为流畅，不卡顿，互动更及时，明星嘉宾的装扮和神态、表情等细节都更为清晰。现在大热的AI、VR等技术也可以在5G的加持下，与直播更好地结合。当人手一部5G手机时，直播从硬件设置到内容生产，再到呈现形态乃至商业模

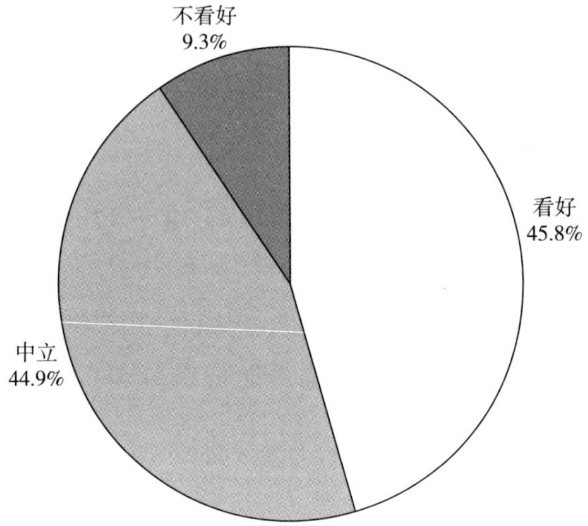

图 5　2019 年网络直播行业用户对技术融入直播的态度

资料来源：艾媒数据中心。

式等都会发生很大变化。可以说，5G 给了直播行业一次重塑的机会，谁能够掌握未来直播技术，谁就能抓住一次弯道超车的机会。

（三）直播“出海”

2019 年 1 月，触手直播旗下的海外游戏直播平台 Game. ly 登顶印尼 App Store；3 月，YY 直播完成对 Bigo Live 的收购，旗下还有直播产品 Cube TV。据悉，Bigo Live 专注于泛娱乐直播，而 Cube TV 专注于手游直播；6 月，虎牙直播旗下的海外游戏直播平台 Nimo TV 宣布正式进军巴西，布局南美市场；KK 直播推出的 Stream Kar，2019 年继续深耕印巴地区，目前在印度和巴基斯坦的在线直播市场中处于领先地位。

事实上，出海已经成为不少重量级玩家的共识。2017 年是海外直播行业发展最为快速的一年，从百花齐放的盛况到几个头部玩家逐渐壮大，像 Bigo Live、Kitty Live、Live. me 等都获得了大额投资。不过，随着越来越多的公司走向海外和海外监管趋严，竞争也进入白热化阶段，直播平台的内容质量、门槛和专业度也都在提升，行业洗牌成为必然。2019 年主要出海直播平台见表3。

表3　2019 年主要出海直播平台

平台	主要推广地	背后团队/主要投资方
Bigo Live	泰国、越南、印尼	欢聚时代
Uplive	中东、印度、印尼	亚洲创新集团
Live. me	北美、日本、台湾	猎豹移动
Kitty Live	中东、东南亚、南美	赤子城
Game. ly	印尼、北美	触手直播
Nimo TV	东南亚、南美	虎牙
Nonolive	东南亚、欧洲等	斗鱼
MeMe Live	港澳台、东南亚、南亚	映客
Stream Kar	印度、巴基斯坦	KK 直播

资料来源：根据公开资料整理（不完全统计）。

海外直播平台 Mogo Live 以及映客的海外版本 It's me 都曾经是网红应用，2019 年已几无声量；Kitty Live 与全球社交平台 Mico 合并，映客参投的 MeMe Live 也被传将被 M17 集团收购。如今活跃的主要玩家都背靠大平台，这些应用大多扎堆于文化相近的东南亚，然后向南亚、中东、拉美、北美等地区延伸。

从运营来看，海外直播平台复制了国内直播平台主要以虚拟礼物和直播广告为盈利渠道的模式，利用社交互动功能推动用户数量增长。在发展过程中，海外直播平台越来越注重本地化的深度运营，根据当地文化习惯开展市场营销活动。欢聚时代最新财报显示，Bigo Live 第三季度用户达到 2190 万人。

前瞻产业研究院统计的数据显示，2020 年海外流媒体直播市场规模将达到 60 亿美元以上，2021 年将达到 100 亿美元，将超过中国的 940 亿元的市场规模。国内直播行业的竞争已经进入淘汰赛，海外市场将成为直播平台发力的重要战场。

（四）“直播 +”持续释放能量

2019 年，直播平台除了继续“走出去”之外，“直播 +”能量的释放更加明显，新颖的“直播+”模式不断出现，电商直播更是势头迅猛。

1月31日，淘宝直播正式上线，6月10日，小红书被曝内测直播功能，“双十一”期间，各大电商平台都在进行直播带货。与此同时，短视频和直播平台也不甘落后，快手推出“源头好货”，抖音上线“抖音好物节”，映客上线“嗨购”频道。李佳琦的标志性话语还未散去，快手主播刘一手就在婚礼现场开启直播卖货，单场活动销售额突破1300万元，李湘、柳岩、吴昕、王祖蓝等明星也成为直播卖货的佼佼者。在网红主播和明星的卖力吆喝下，直播带货在2019年彻底“出圈”。未来“直播+”的商业模式将继续发展，网络直播行业的商业价值将进一步被开发。

根据第45次《中国互联网络发展状况统计报告》，截至2020年3月，我国网络直播的游戏直播用户规模为2.60亿人，较2018年底增长2204万人，占网民整体的28.7%；真人秀直播的用户规模为2.07亿人，较2018年底增长4374万人，占网民整体的22.9%；演唱会直播的用户规模为1.50亿人，较2018年底增长4137万人，占网民整体的16.6%；体育直播的用户规模为2.13亿人，较2018年底增长3677万人，占网民整体的23.5%。在2019年兴起并实现快速发展的电商直播用户规模为2.65亿人，占网民整体的29.3%。电商直播和游戏直播成为直播行业用户数量占比最大的两种直播类型。①

二 “直播+电商”模式分析

2019年的“双十一”，直播成了新的主流消费形式。2018年的淘宝直播带货就已经超过1000亿元，其中有81名主播引导销售超亿元。而2019年的“双十一”纪录再次被刷新，仅用63分钟就完成了去年全天的交易量，全天淘宝直播带动成交额近200亿元，其中有超过10个“亿元直播

① 中国互联网络信息中心（CNNIC）：第45次《中国互联网络发展状况统计报告》，中华人民共和国国家互联网信息办公室网站，2020年4月28日，http://cnnic.cn/hlwfzyj/hlwxzbg/hlwtjbg/202004/P020200428399188064169.pdf。

间”，超过100个“千万元直播间”；“双十二”当天，淘宝7万多场直播引导成交额同比增长160%。

2019年，通过网络直播边看边买已经成了一种生活方式。

（一）电商直播的发展历程

中国电商直播最早可以追溯到2016年，当时的电商直播秉持延长用户在平台的停留时间的简单初衷，诞生于直播的风口期。2019年经历了初创期、快速发展期，中国电商直播未来还会往成熟期持续发展下去。

2016年是中国电商直播行业发展的第一阶段，直播平台试图打通“直播+内容+电商”，以提高用户黏性，将流量变现；2017年为第二阶段，行业开始分化，各种不同的角色开始出现，比如MCN机构、供应链等，行业开始走向精细化；2018~2019年为第三阶段，电商直播开始往主播、供应链等产业链上下游资源整合的大方向发展，解决产业周期长的问题；而在未来的第四阶段，电商直播将结束电商行业群雄混战的局面，不同模式之间也会最终实现分化。

数据显示，2019年，中国电商直播行业的总规模达到4338亿元，预计2020年将发展到9610亿元（见图6）。随着互联网技术的发展，以直播为代表的KOL带货模式给消费者带来更直观、生动的购物体验，转化率高，营销效果好，逐渐成为电商平台、内容平台的新增长动力。①

艾媒咨询数据显示，有27.21%的受访用户看好电商直播的未来发展，46.26%的受访用户持中立/观望态度，26.53%的受访用户不看好电商直播（见图7）。此外，对于从未参与过直播购物的受访用户来说，超过半数表示未来可能会参与直播购物，15.33%的用户表示一定会参加（见图8）。可见，虽然当前直播带货十分火爆，但电商直播未来是否能持续繁荣下去，大部分人还持观望态度。

---

① 《艾媒报告丨2020—2021年中国直播电商行业运行大数据分析及趋势研究报告》，艾媒网，2020年2月12日，https://report.iimedia.cn/repo1-0/39000.html?acPlatCode=IIMReport&acFrom=recomBar_1020&iimediaId=70613。

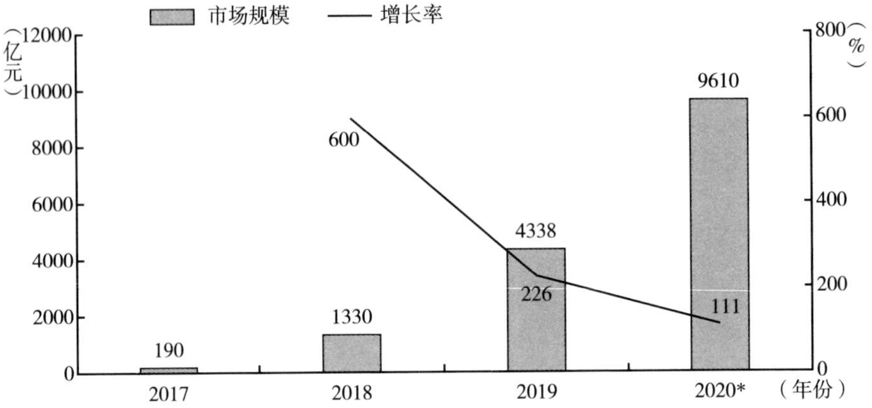

图 6　2017～2020 年中国电商直播市场规模

＊为预测数据。

资料来源：《艾媒报告丨2020－2021 年中国直播电商行业运行大数据分析及趋势研究报告》，艾媒网，2020 年 2 月 12 日，https：//www.iimedia.cn/c400/68945.html。

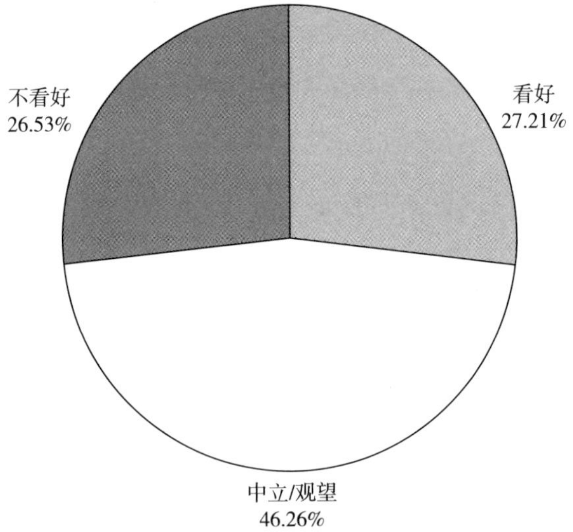

图 7　2019 年受访用户对电商直播未来发展的看法

资料来源：《艾媒报告丨2020－2021 年中国直播电商行业运行大数据分析及趋势研究报告》，艾媒网，2020 年 2 月 12 日，https：//www.iimedia.cn/c400/68945.html。

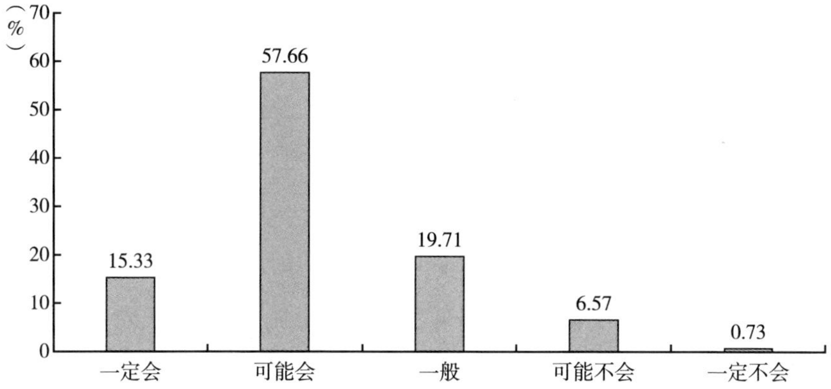

图 8　2019 年从未参与过直播购物的受访用户未来参与直播购物意愿分布

资料来源：《艾媒报告丨2020－2021 年中国直播电商行业运行大数据分析及趋势研究报告》，艾媒网，2020 年 2 月 12 日，https://www.iimedia.cn/c400/68945.html。

（二）电商直播的主要模式

传统的售卖逻辑是“人找货”，以红人为载体，以内容为介质，即商家提供的商品通过红人生产的内容触达用户，从而形成购买力。电商直播行业的售卖逻辑则是“货找人”，更多的是基于“人的需求，以人为核心，通过人格化的认同和信任促成商品销售”。电商在直播的帮助下，实现从“货与人”向“人与人”的转变，同时主播、产品和消费者之间的关系也变得愈发密切。

而作为直播带货的重要途径，带货模式至今已发展出十余个不同的种类，总体可以分为三大类。

第一类是大多数直播选择的主流模式，包括主播凭流量优势获得对品牌商的议价能力，以低价回馈粉丝的秒杀模式；主播在某个领域积累专业知识，成为消费关键意见领袖（Key Opinion Leader，KOL）的达人模式；以及主播对店铺在售产品逐一介绍，依靠商品引起观众互动的店铺直播模式。

第二类是受限于特定地理位置的特定模式，包括通过供应链构建直播基地、主播直接去基地开直播的基地走播模式；货物以农产品为主，主播到产地直播、性价比高的产地直播模式；以及主播在海外给粉丝导购，商品随镜头变化的海外代购模式。

第三类是适用于特定商品类型的垂直模式。例如主播针对高价玉石向卖家砍价，协商一致后粉丝购买的砍价模式。

（三）电商直播的用户分析

1. 消费者

根据 QuestMobile 公布的《QuestMobile　2019 直播 + ×洞察报告》，参与直播网购的用户，其生活水准高于平均水平。2019 年 9 月，线上消费能力在 1000 元及以上的用户占比为 23.3%，200 ~ 1000 元的占 52.8%。可以说，超过 75% 的用户线上消费能力处于中高水平（见图 9）。

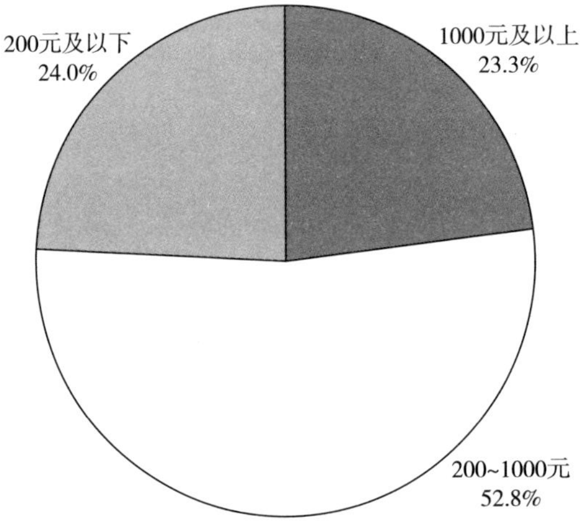

图 9　2019 年 9 月直播网购用户线上消费能力分布

资料来源：《QuestMobile　2019 直播 + X 洞察报告》，QuestMobile 网站，2019 年 12 月 2 日，https：//www. questmobile. com. cn/research/report - new/73。

而在关注的产品方面，女性用户主要偏好假睫毛、化妆刷等美妆护肤品以及亲子装、童鞋等母婴产品；而男性用户则更加热衷于护腕、钓竿等休闲运动商品以及穿衣镜、鞋柜等家装产品。[①]

① 《QuestMobile　2019 直播 + ×洞察报告》，QuestMobile 网站，2019 年 12 月 2 日，https：//www. questmobile. com. cn/research/report - new/73。

2. 主播

《2019 淘宝直播生态发展趋势报告》数据显示，淘宝直播平台活跃的专业主播数量近年来持续迅猛增长，每月带货规模超过 100 万元的直播间已经超过 400 个。其中女性主播占比超过八成（见图 10），年龄跨度非常大，从“60 后”到“00 后”均被涵盖在内，“90 后”主播占据了明显的领先优势。城市分布上，来自二线城市的主播占比最高（见图 11）。

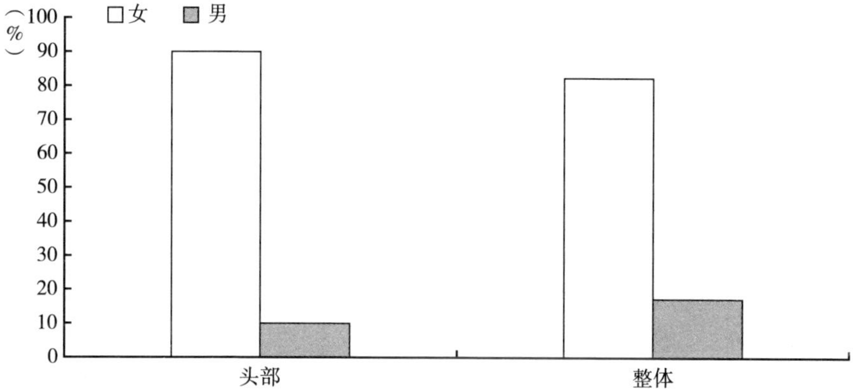

图 10　2019 年淘宝直播专业主播性别结构

资料来源：《QuestMobile　2019 直播 + X 洞察报告》，QuestMobile 网站，2019 年 12 月 2 日，https：//www. questmobile. com. cn/research/report - new/73。

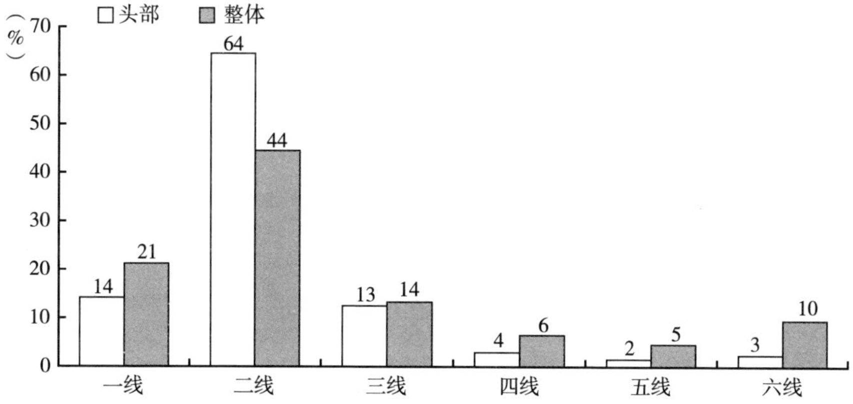

图 11　2019 年淘宝直播专业主播城市分布

资料来源：《QuestMobile　2019 直播 + X 洞察报告》，QuestMobile 网站，2019 年 12 月 2 日，https：//www. questmobile. com. cn/research/report - new/73。

虽然职业主播数量不断增长，但是其带货能力呈现典型的“哑铃型”分化，二八分化严重，腰部 KOL 主播稀缺。现如今淘宝主播的两大标杆是李佳琦和薇娅，2019 年 11 月 11 日的直播榜单中，薇娅和李佳琦分别以超 2.8 亿和超 1.4 亿的热度居第 1、2 名（见图 12）。

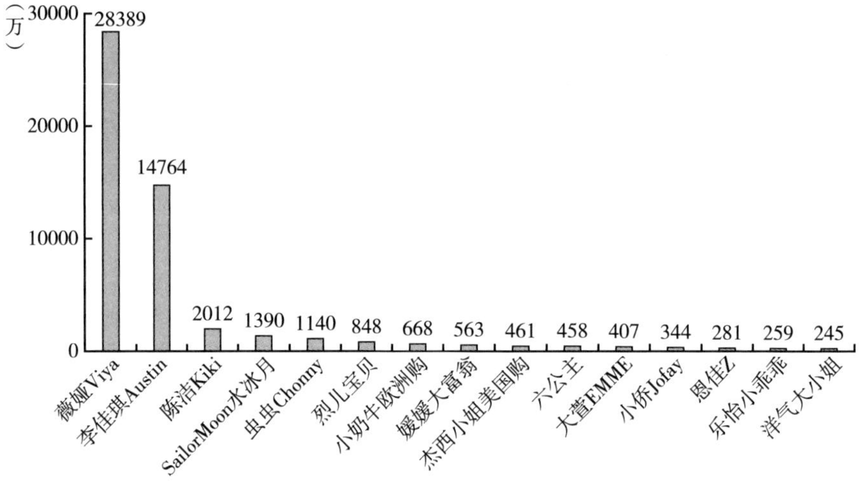

图 12　2019 年 11 月 11 日淘宝直播主播热度

注：热度数据取淘宝直播 2019 年 11 月 11 日 19 点的公开数据，非用户规模数据。

资料来源：《QuestMobile　2019 直播 + X 洞察报告》，QuestMobile 网站，2019 年 12 月 2 日，https://www.questmobile.com.cn/research/report-new/73。

三　“直播 + 游戏”模式分析

根据第 45 次《中国互联网络发展状况统计报告》，截至 2020 年 3 月，我国游戏直播的用户规模为 2.60 亿人。[①]《QuestMobile 2019 直播 + ×洞察报告》显示，截至 2019 年 9 月，月活跃用户数量已达到 8029.4 万人（见图

① 中国互联网络信息中心（CNNIC）：第 45 次《中国互联网络发展状况统计报告》，中华人民共和国国家互联网信息办公室网站，2020 年 4 月 28 日，http://cnnic.cn/hlwfzyj/hlwxzbg/hlwtjbg/202004/P020200428399188064169.pdf。

13）。不同于新兴之秀的电商直播，游戏直播已成为一种成熟的游戏宣发及与用户互动方式，长期以来在直播领域占据着重要地位。

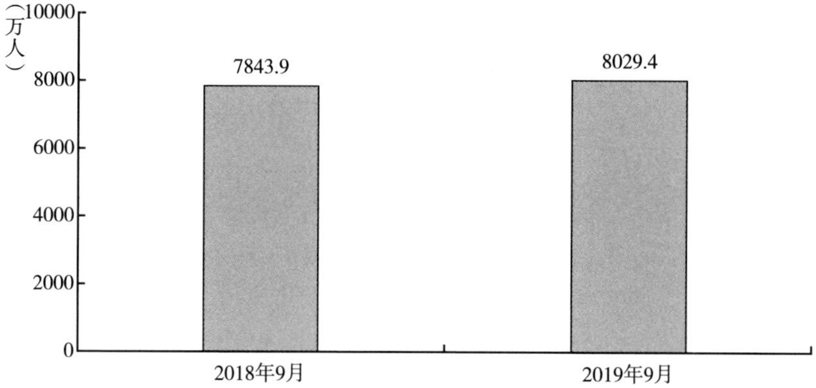

图 13　游戏直播行业月活跃用户规模

资料来源：《QuestMobile　2019 直播 + X 洞察报告》，QuestMobile 网站，2019 年 12 月 2 日，https：//www. questmobile. com. cn/research/report - new/73。

（一）游戏直播的发展历程

中国游戏直播的发展主要分为四个阶段：2013 年之前是萌芽期，游戏直播诞生于电竞游戏的兴盛带来的强大需求，视频网站和语音平台纷纷尝试打造自己的直播系统；2013 ~2014 年是增长期，直播平台雏形脱胎于各大平台旗下的直播子系统，国内资本在刺激下不断涌入直播平台；2015 ~2018 年是爆发期，移动电竞风靡玩家，游戏直播市场获得空前的发展，同时腾讯加大对头部游戏直播平台的投资，相继入股斗鱼直播、虎牙直播，刺激了游戏直播市场的竞争，这一时期可被称为直播大战的爆发；2019 年至今则为成熟发展期，行业监管与自律不断完善，熊猫等个别直播平台关闭，相关从业人员在行业内流动，快手等短视频平台也开始加大对游戏直播的投入。

当前的游戏直播处于两强格局：一方面斗鱼和虎牙拥有包括《英雄联盟》《魔兽争霸 2》等热门电竞赛事的入口，旗下还签约大量具有职业电竞背景的头部主播，因此吸引了大量用户，取得了不错的市场份额；另一方面，快手等短视频平台也开始探索游戏直播市场的可能性，借自身流量基础推出独立直播 App，也具有自身的竞争优势（见图 14）。

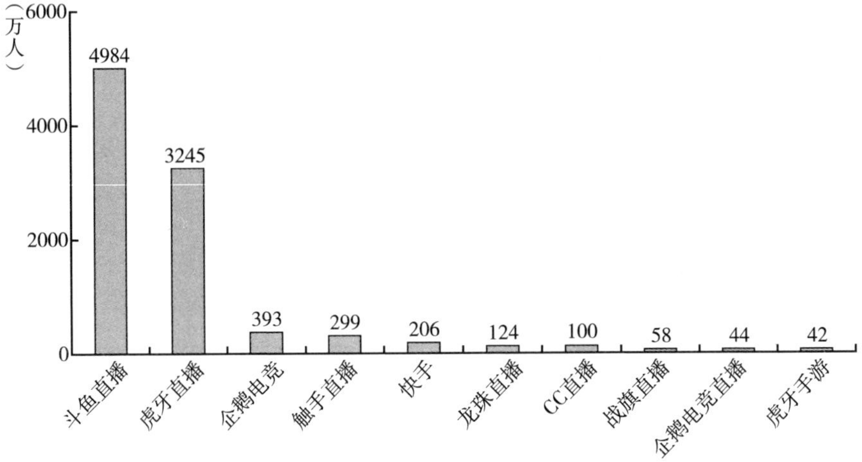

图 14　游戏直播行业月活跃用户规模 TOP10 App

资料来源：《QuestMobile　2019 直播 + X 洞察报告》，QuestMobile 网站，2019 年 12 月 2 日，https：//www. questmobile. com. cn/research/report – new/73。

（二）游戏直播的用户分析

1. 消费者

数据显示，游戏相关的内容在游戏直播平台上占比 77. 60% ，是热度和观看指数都最高的板块。其中 PC 游戏占比 36. 3% ，手机游戏占比 40. 1% ，手机游戏观看者人数占比已经超过 PC 游戏（见图 15）。[①]

此外，《QuestMobile　2019 直播 + ×洞察报告》显示，男性在游戏直播用户中占据着绝对数量优势（见图 16）。游戏直播承载着游戏内容分发和宣传的有效渠道，成为一种被成功验证的商业模式。[②]

① 《2019 年中国游戏直播行业研究报告》，艾瑞网，2019 年 7 月 15 日，http：//report. iresearch. cn/report/201907/3414. shtml。

② 《QuestMobile　2019 直播 + ×洞察报告》，QuestMobile 网站，2019 年 12 月 2 日，https：//www. questmobile. com. cn/research/report – new/73。

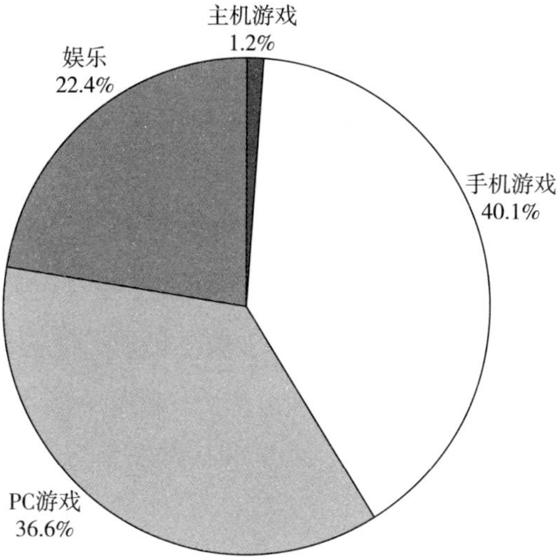

图 15　2019 年中国游戏直播平台热门观看版块受众分布

资料来源：小葫芦大数据平台。

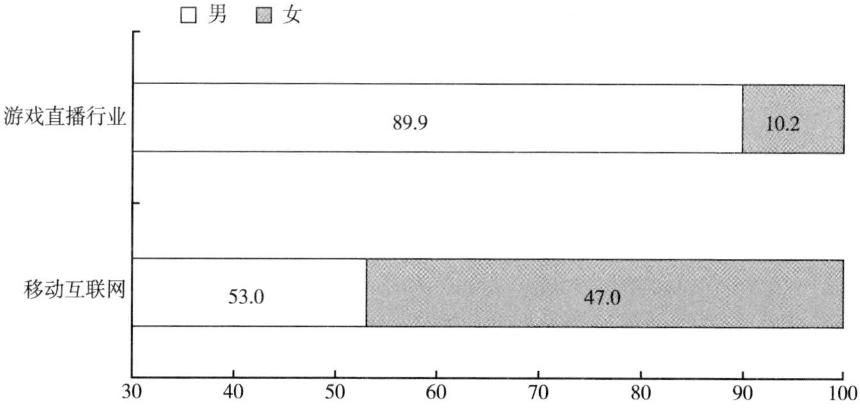

图 16　2019 年 9 月游戏直播行业及移动互联网用户性别分布

资料来源：《QuestMobile　2019 直播 + X 洞察报告》，QuestMobile 网站，2019 年 12 月 2 日，https：//www. questmobile. com. cn/research/report－new/73。

2. 主播

游戏直播平台头部主播的分布能够在一定程度上反映当下游戏市场中的游戏热度，2018 年 MOBA 类分区主播人气颇高。2019 年主流游戏类型依然是 MOBA 类游戏如《英雄联盟》《王者荣耀》和射击类游戏如《绝地求生》《穿越火线》等，头部主播大多集中在这些游戏的专区。艾瑞网数据显示，热度排在 TOP1000 的头部游戏主播中，96 位出自《王者荣耀》与《英雄联盟》专区，60 位出自《绝地求生》和《穿越火线》。

收入方面，头部主播可以说是平台的核心竞争力。根据艾瑞咨询用户调研数据，超过 60% 的用户只会打赏自己喜欢的主播，而大多数用户同时关注的主播数量不超过 3 个。头部主播营业收入仍是平台主要收入来源，各游戏直播平台的 TOP1000 主播收入占据了全平台总收入的 30.9%（见图 17）。但是与上年 63% 的收入占比相比，腰部和尾部主播对平台的贡献能力也已经得到了很大提升。

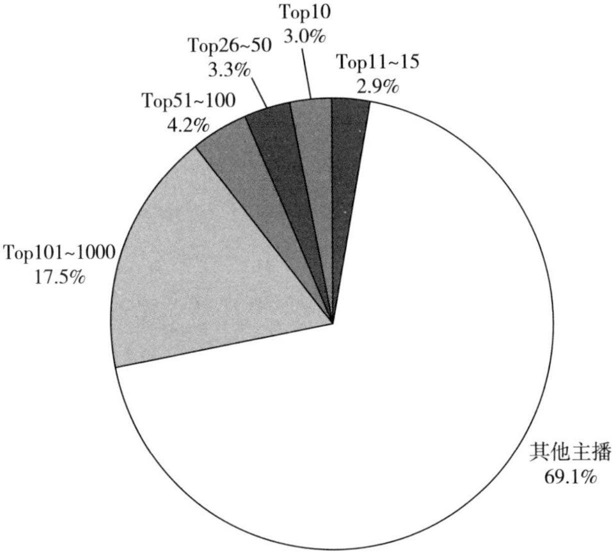

图 17　2019 中国游戏直播平台各层级主播收入占全平台总收入比重

资料来源：艾瑞咨询《2020 年中国游戏直播行业研究报告》。

（三）游戏直播的发展趋势

当前的游戏直播领域，有多股力量共同推动游戏直播用户数量增长，比如各级电竞赛事不断涌现和完善、战术竞技类新电竞游戏的出现以及短视频平台涉足游戏直播业务。未来用户人数增速或许将逐步放缓，存量用户挖掘及商业化变现将成为整个行业未来关注的重点课题。

在拓展业务方面，各直播平台已经在积极拓展游戏直播陪玩、开设独立视频板块、开展海外布局等业务。游戏直播陪玩可以让用户付费和主播一起玩游戏，这是一种直播内容和收入模式的双重创新，让用户更有参与感、体验也更加多元化；独立视频板块则可以实现直播变现和视频引流的结合，打造直播平台内流量及内容的生态闭环；头部游戏直播平台更是加强了与游戏厂商的携手合作，纷纷出海，布局东南亚及美洲地区。

此外，技术升级为市场发展提供了更多可能。使用虚拟形象与用户沟通交互、玩游戏的虚拟主播已经逐渐兴起，日本虚拟主播在国内平台大受欢迎以后，大量国产虚拟主播的策划也得到积极探索。另一方面，游戏直播业务形态在新兴技术云游戏的推动下被开辟出巨大的想象空间，不断涌现的创新直播玩法将使其逐渐摆脱观看设备的桎梏，彻底解放游戏直播业的想象力。

四 “直播+其他”模式分析

2019年，除了本身有了一定发展的“直播+教育”“直播+企业”等形式，“直播+文化”“直播+公益”等跨界合作和创新产品的出现和发展更加丰富了“直播+”的内涵。5月，花椒直播小镇正式开放，此后，花椒直播不断进行品牌升级，拓展了与快消、酒旅、影视等多个行业数十家品牌的跨界合作。KK直播也不甘示弱，在“直播+”领域大力推出各种文化、教育节目，将直播的娱乐性、趣味性与优秀的文化价值、社会价值相结合，打造了一批优质的文娱内容。各行各业都在布局，试图通过利用“直播+”模式实现自身的发展。

（一）直播+教育

艾瑞咨询数据显示，2019年中国在线教育市场规模为3225.7亿元，同比增长24.1%，预计未来3年市场规模增速将保持19%~24%（见图18）。2019年，素质教育、在线K12大班和高等学历教育的迅速发展为在线教育规模的提升进一步做出贡献。此外，用户对在线教育的接受度不断提升、在线付费意识逐渐养成以及线上学习体验和效果的提升是在线教育市场规模持续增长的主要原因。①

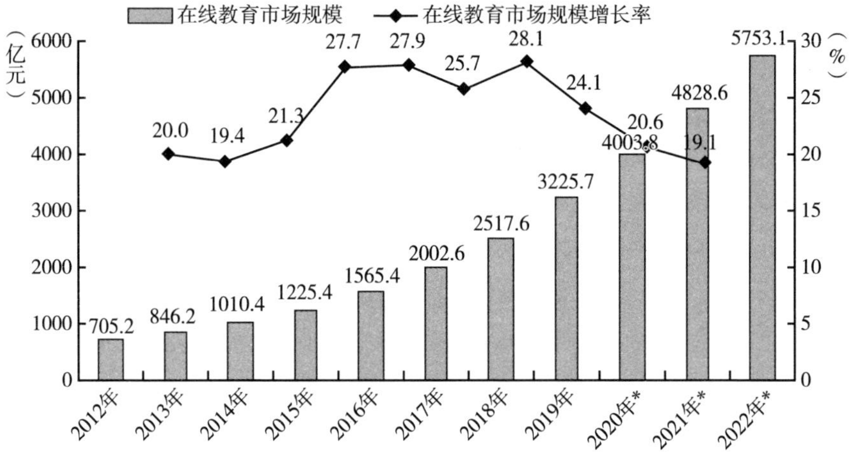

图18　2012~2022年中国在线教育市场规模及增长率

＊为预测数据。

资料来源：《2019Q4中国在线教育市场数据发布报告》，艾瑞网，2020年4月18日，http：//report. iresearch. cn/wx/report. aspx？id=3561。

高等学历在线教育及职业在线教育占整个在线教育市场规模的80%左右，一直是中国在线教育的市场主体。而K12在线教育市场，虽然在发展初期占比较低，2012年占比仅为9%，但随着家长及学生群体对在线教育的接受度快速增长，2019年，K12在线教育的占比已提升到21.3%，而高等学历在线教育及职业学历在线的占比则被挤压到了74.6%（见图19）。

面向K12的直播课具有毛利高、边际成本低的优势，其中班课直播和

① 《2019Q4中国在线教育市场数据发布报告》，艾瑞网，2020年4月18日，https：//www. iresearch. com. cn/Detail/report？id=3561。

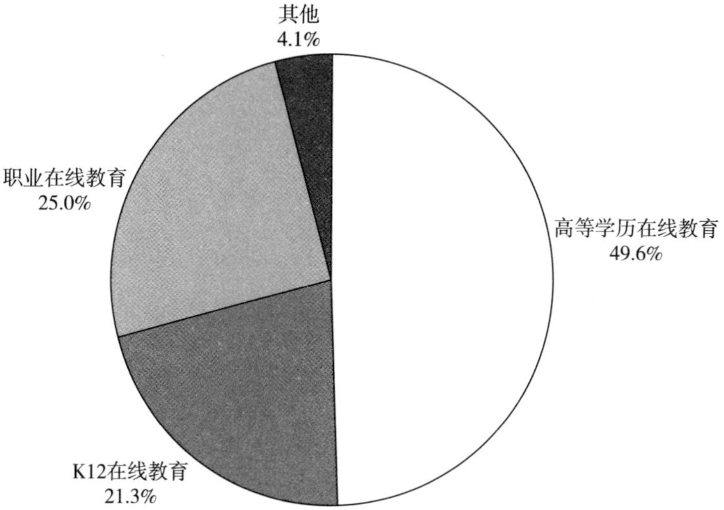

图 19　2019 年中国在线教育市场规模各部分占比

资料来源：艾媒咨询《2019 上半年中国在线直播行业研究报告》，艾媒报告中心网站，2019 年 9 月 3 日，https：//report. iimedia. cn/repo1 －0/38871. html。

一对一直播热度仍在持续升高，但是续费率低、获客成本高、现金流要求高等问题也是当前在线教育普遍存在的劣势。

（二）直播 + 企业

企业直播是指面向企业商务需求提供的、部署在服务提供商自己服务器上的网络直播服务。基于 ToB 生态的企业直播在 2015 年后进入发展的快通道，直播企业已从最初的直播平台技术服务商慢慢向综合性深度应用服务商转型，可以提供网络授课、在线医疗、在线办公、电商直播、品牌大会等一系列场景服务。①

区别于淘宝、抖音、快手等，直播企业的产品多以批发类和大件类自有货品为主，更多聚焦于私域流量的精细化运营和沉淀，由企业专业员工进行功能性讲解，并且通过开设自有直播间全方位掌握用户数据。简单来说，企业直播更像是传统企业销售流程的线上化，虽然总体流量逊于淘宝直播等大

① 《2020 年中国企业直播服务市场研究报告》，艾瑞网，2020 年 4 月 7 日，http：//report. iresearch. cn/report/202004/3551. shtml。

平台，但是客户信任度和单笔交易额远超前者。

随着阿里云、腾讯云等云生态和基础设施持续不断完善，竞争的关键已经从技术层面转移到精细化服务的层面。一方面，头部企业经过多年经营深耕，已经积累了大量优质客户，在行业竞争格局中处于相对稳定的位置；而另一方面，不断细分出营销、教育、医疗、金融等众多全新垂直赛道，为新入局者提供新机会。未来，探索企业直播的多种场景应用和针对垂直领域抢占差异化市场将成为企业直播持续发展的重要动力。

（三）直播+综艺

2019 年，直播平台自创综艺成为直播领域一大流行趋势，大部分直播用户出于娱乐需求观看直播节目，而“直播+综艺”节目娱乐性强，直播平台恰好可以借其之力，丰富平台自身内容生态，持续输出优质内容，在“直播+”模式中取得竞争优势。

在 2019 年第一季度在线直播用户认为未来应该大力发展的“直播+”领域调查中，52.8% 的用户表示未来应该大力发展“直播+综艺”节目（包括音乐、舞蹈、杂技、选秀等娱乐节目）（见图 20）。可以看出，在“95 后”用户逐步成为娱乐市场主力军的当下，综艺作为年轻人喜闻乐见的节目，其与直播这种新潮领域的结合，被直播用户们寄予了不小的期望。

2019 年 1 月 4 日，斗鱼综艺节目《真相研究所》上线，进行利用专业生产内容（Professional Generated Content，PGC）获取泛用户的尝试；1 月 21 日，淘宝直播发布 2019 年全新内容升级计划，此后《中餐厅》《美好生活家》等优秀综艺节目与淘宝直播达成新一轮合作，边看综艺边种草和下单将成为未来购物的一大趋势；2 月 27 日，花椒直播在第二届中国网络表演（直播）行业高峰论坛暨网络直播年度盛典上，凭借旗下爆款直播综艺《料事如神》在上海“进博会”期间的系列活动，揽获“中国网络直播行业 2018 年度创新大奖”。

艾媒咨询采用草莓派（Strawberry Pie）数据调查与计算系统提供的 1835 个样本进行了 2019 年上半年中国直播平台自创综艺节目偏好调查，

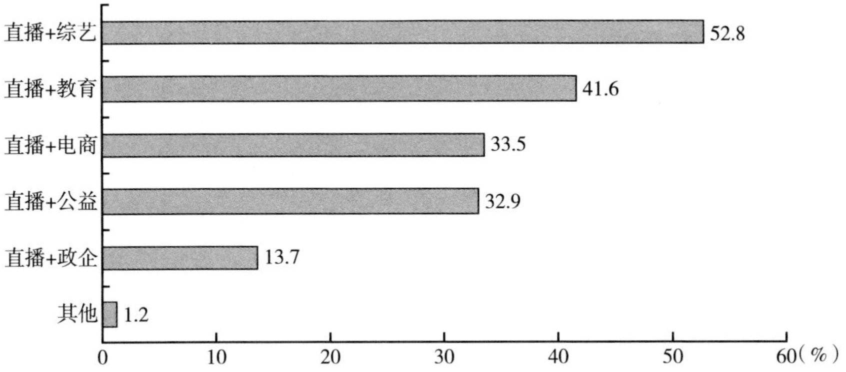

图 20　2019 年第一季度中国在线直播用户认为未来应大力发展的“直播 +”领域

资料来源：艾媒咨询《2019 上半年中国在线直播行业研究报告》，艾媒报告中心网站，2019 年 9 月 3 日，https：//report. iimedia. cn/repo1 －0/38871. html。

数据显示，花椒直播平台自创节目最受受访直播用户青睐，斗鱼直播、KK 直播自创节目也较受好评（见图 21）。直播平台流量红利期已经消失，开始转向优质内容的竞争，花椒直播大批专业主持人的进驻为输出优质内容提供了重要保障，取得了先机，自创节目将成为未来各平台发力的重点。

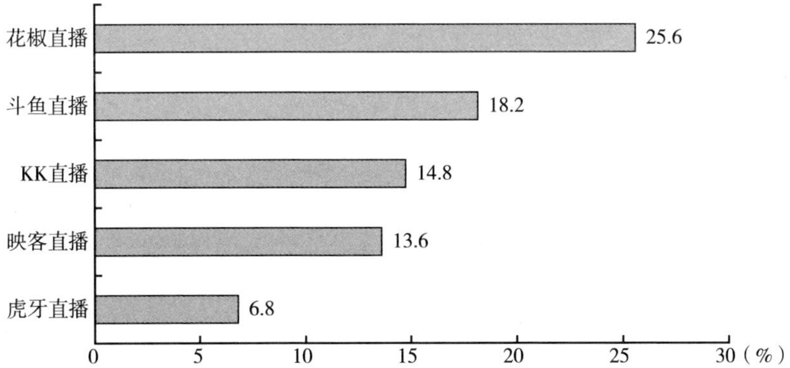

图 21　2019 年上半年中国直播平台用户对各直播平台自创节日偏好

资料来源：艾媒咨询《2019 上半年中国在线直播行业研究报告》，艾媒报告中心网站，2019 年 9 月 3 日，https：//report. iimedia. cn/repo1 －0/38871. html。

（四）直播+公益

《2019Q3 中国在线直播行业发展专题研究报告》公布的数据显示，中国在线直播用户呈年轻化特点。超八成受访在线直播用户在 30 岁以下，即 1990 年及以后出生的人群（见图 22）。青少年用户日均付费打赏率达到 66.1%，11.0%的青少年用户每日打赏 4~10 次（见图 23）。超六成在线直播青少年用户每次打赏 10 元及以上，单次打赏超过 500 元的青少年用户更是超过一成（见图 24）。年轻群体成为在线直播用户的主力军，这一群体在消费和观看时长上的把控力通常较差，这就对直播内容提出了更高的要求。

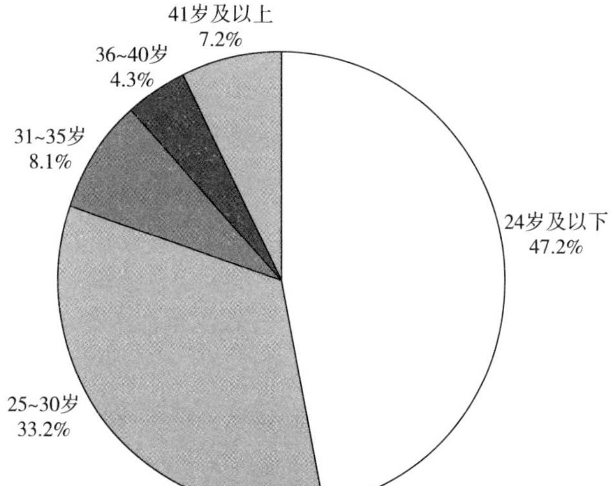

图 22　2019 年第三季度中国在线直播用户年龄分布

资料来源：艾媒咨询《2019Q3 中国在线直播行业发展专题研究报告》，艾媒报告中心网站，2019 年 11 月 12 日，https://report.iimedia.cn/repo13-0/38935.html。

为了在丰富直播内容的同时树立平台正面形象，直播平台纷纷布局公益、教育等"正能量"直播内容，传播正能量。2019 年 5 月 19 日，潘长江在快手直播间向百万用户推荐多款扶贫助农产品；5 月 31 日至 6 月 2 日，花椒直播 App 推出"红鼻子"礼物，粉丝在主播房间送出"红鼻子"礼物，

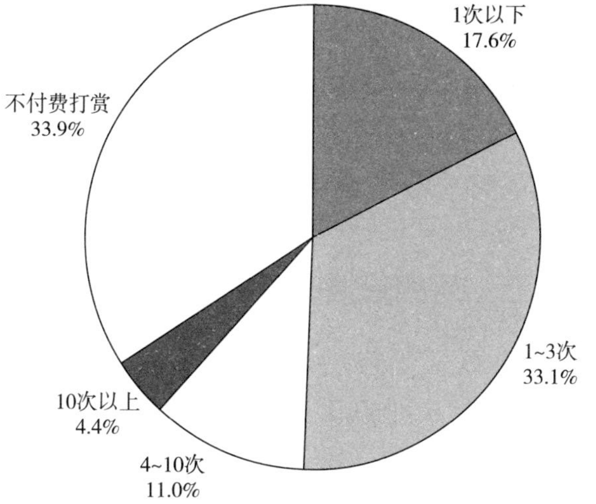

图 23　2019 年第三季度中国在线直播青少年用户日均打赏次数

资料来源：艾媒咨询《2019Q3 中国在线直播行业发展专题研究报告》，艾媒报告中心网站，2019 年 11 月 12 日，https：//report. iimedia. cn/repo13 –0/38935. html。

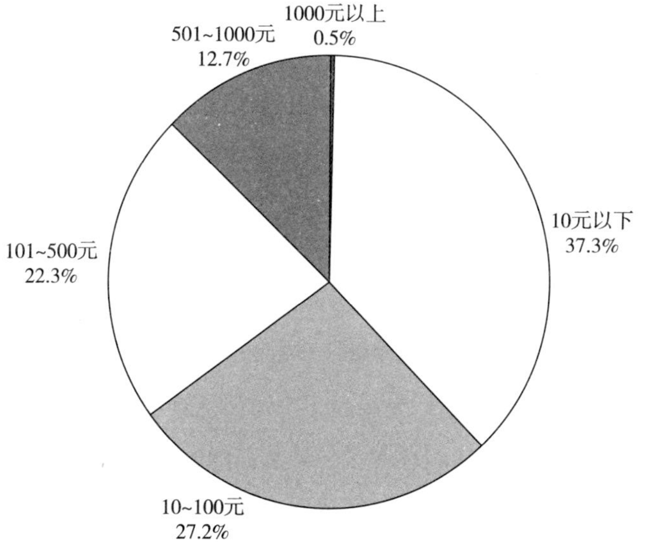

图 24　2019 年第三季度中国在线直播青少年用户单次打赏金额分布

注：青少年为 13 ~18 岁人群。

资料来源：艾媒咨询《2019Q3 中国在线直播行业发展专题研究报告》，艾媒报告中心网站，2019 年 11 月 12 日，https：//report. iimedia. cn/repo13 –0/38935. html。

由此可增长排行榜积分，活动直播所得款项将全部用于儿童慈善事业；2019年上半年，虎牙直播多次深入农业基层，开展农产品直播活动，为农产品打开新销路。“直播＋公益”在解决互联网公益群众的信任问题方面起到了积极作用。

五 网络直播的监管与发展趋势

（一）行业监管

经过2018年政府一系列监管措施的洗礼，对违规违法直播平台的整改目前已初见成效，但由于直播行业的准入门槛和内容特点，直播平台依然为部分用户所诟病。数据显示，用户对政府监管后的直播平台满意度达7.3分。

2019年1月28日，湖北省标准化协会、武汉市软件行业协会和武汉斗鱼网络科技有限公司，联合发布了《网络直播平台管理规范》和《网络直播主播管理规范》，这是中国直播行业发展至今正式出台并实施的首批网络直播团体标准，规范首次明确了直播平台中有关主播监控、账号监管、平台巡查等多方面的内容，以及对主播着装要求、准入标准、直播内容等进行了规范。针对未成年人在直播中单独出镜的情况，规范提出需要提供该未成年人对应监护人的身份证、户口本照片以及由监护人签署的申请书等。对用户举报的相关内容，也明确规定“要求直播平台应设置便捷醒目的用户举报通道，确保7×24小时畅通，对于网友举报的违规账号，直播平台应在接到举报后90秒内对其进行强制禁言、封号等处理”。①

2019年6月20日，国家市场监督管理总局在官网发布《关于印发〈2019网络市场监管专项行动（网剑行动）方案〉的通知》，此次网剑行动

① 《全国首批网络直播团体标准在武汉发布》，新华网，2019年1月28日，http://www.xinhuanet.com/politics/2019-01/28/c_1124055162.htm。

主要包括七项重点任务：着力规范电子商务主体资格，严厉打击网上销售假冒伪劣产品、不安全食品及假药劣药的行为，严厉打击不正当竞争行为，深入开展互联网广告整治工作，依法打击其他各类网络交易违法行为，强化网络交易信息监测和产品质量抽查，落实电子商务经营者责任。以此继续落实以《电子商务法》为统领，规范网络经营行为，净化网络市场交易环境，维护良好网络市场秩序的专项行动。①

（二）中国在线直播行业发展趋势预测

1. 服务提升：平台属性更趋专业化

未来“直播+”趋势将进一步发展，在线直播将向细分领域拓展，例如垂直市场中的电商、教育等，内容垂直化更加明显。相对短视频平台而言，直播平台门槛较高，为更具有专业性、规模变现能力更强的PGC内容生产提供了土壤。

存量市场下，业内竞争残酷，潜在新入局者也在不断涌入。随着全民直播时代的到来，在线直播内容与形式多样化发展，满足用户的多元化需求，商业模式继续创新，在线直播的商业价值将进一步得到开发。只有建立高辨识度的品牌IP，实现极具差异化的内容输出并建立贴合细分人群直播需求的专业性平台，才能在新环境下避免泯然众人。

2. 下沉发展：用户拓展及主播扶持

用户下沉是近年来互联网发展的关键点之一。中国城镇化建设不断提速，互联网普及率达到59.6%且仍在持续增长。视频直播产业在现有流量池及下沉市场中仍存有较大开拓空间。就三、四线城市的用户而言，其娱乐方式较少，空闲的娱乐时间较为充足，加强对该部分用户的挖掘，可以为在线直播开辟市场空间。在线直播市场下沉发展也将推进在线直播在内容与形式上的创新。近年来，各大头部平台对线下场景及文娱生态的广泛布局，也

① 《市场监督管理总局等部门关于印发2018网络市场监管专项行动（网剑行动）方案的通知》，国家市场监督管理总局网站，2019年6月20日，http：//www.samr.gov.cn/wljys/wlscjg/201906/t20190620_302493.html。

有利于单用户 ARPU 值的有效提高。

3. 技术升级：5G 或推动行业加速发展

在线直播平台将继续借助技术为自身赋能，通过布局 5G、VR、AI 等技术获取差异化优势并寻求平台留存用户、提高收益的突破点。多元化实时交互功能加速发展，在线直播平台通过技术实现布局更多业务的可能，在线直播行业将更加注重精细化与专业化运营，产业链布局更加齐全完善。平台通过产品与形式的创新立足自身的差异化特点，避免陷入内容同质化，并通过加强主播生态构建等举措，强化平台优势，在激烈的竞争格局中赢取用户。

4. 价值弘扬：以“直播 +”宣传主流价值观

在线直播行业娱乐属性较强，且对年轻群体影响力大，因此平台输出内容的价值体现尤为重要，这也一直是政府重点监管领域。目前各大平台积极发展直播与公益活动、教育活动的结合，这种以更具趣味性的形式宣传和弘扬正能量的方式在未来会有更多尝试的空间，同时也是平台建立良好品牌形象、引导用户建立正确价值观的重要形式。

年度热点

Annual Hot Spot Reports

B.6
2019年网络视听法规政策解读

北京韬安律师事务所*

摘　要： 本报告梳理了2019年与网络视听行业有关的法规政策和行业自律规范，并结合行业现状和热点进行了分析。2019年网络视听政策法规整体关注内容监管，构建行业健康生态，注重未成年人保护，重视产业优化与新技术发展。对网络大电影、网络剧和网综等继续加强监管，重申抵制不当炒作明星、天价片酬；在短视频领域，两份细则规范的出台，明确了短视频合规的具体举措；在互联网直播方面，直播带货等新形式的兴起引发了政策法规的关注。

关键词： 行业自律　内容监管　未成年人保护

* 王军，北京韬安律师事务所主任；李燕蓉，北京韬安律师事务所高级顾问；宋天一，北京韬安律师事务所实习律师；熊诗敏，北京大学硕士研究生，主要研究方向为知识产权法。

2019年，网络视听市场规模进一步扩大。根据《中国互联网络发展状况统计报告》，截至2020年3月，我国网络视频用户规模达8.50亿，占网民整体的94.1%。其中，短视频用户规模为7.73亿，占网民整体的85.6%。①

在2019年，加强监管依然是主流态势，促进文化产业发展，优化产业布局，建设健康有序行业生态是主管部门和行业各参与方的共同愿景。有鉴于此，主管部门、行业自律组织在2019年陆续发布、出台了多份政策法规和自律性规范，规范市场行为，引导市场建设。2019年的各类政策法规呈现一体化监管趋势，采用统一尺度规范网络视听行业。本报告首先结合2019年出台的若干重要法规与政策性文件，从整体上分析特征。之后，将分别对网络大电影、网络剧与网络综艺和短视频、互联网直播进行具体阐释。

一 2019年网络视听政策法规总体特征

2019年6月，历时四年起草的《文化产业促进法（草案征求意见稿）》公开向社会征求意见。作为促进文化产业健康持续发展的"根本大法"，该草案为包括网络视听产业在内的文化产业指明了发展方向，明确了基本原则和具体发展举措，并对文化产业参与主体、监管主体提出了新要求。2019年7月，《文化市场综合执法管理条例》（征求意见稿）也公开向社会征求意见，该条例旨在规范文化市场执法行为，促进文化市场繁荣稳定。

作为新兴文化产业的主力军，网络视听产业一直是监管机构关注的重点。2019年，以国家广播电视总局（以下简称"广电总局"）为主要代表，各相关部门陆续出台了多项网络视听产业的法律法规与政策性文件，也有针对性地开展了一系列执法行动。我们认为2019年网络视听政策法规的总体特征如下。

① 中国互联网信息中心：第45次《中国互联网络发展状况统计报告》，2020，第53页。

（一）行业生态建设有序引导，内容监管保持严厉态势

1. 结合时代主题，引导内容生产

2019 年时值新中国成立 70 周年，引导网络视听行业紧密结合时代主题，创造出更多传播、弘扬新时代风貌的内容产品，是主管部门的首要任务，也是社会各界的共识。2019 年 4 月 25 日，为做好新中国成立 70 周年宣传工作，广电总局对全国网络视听机构提出了若干要求，明确要求视听新媒体机构把握政治方向，发挥技术优势，突出宣传主线，着力打造现实题材的优秀网络视听作品。8 月 20 日，广电总局启动主题宣传月活动，为庆祝新中国成立 70 周年，集中上线精品网络视听节目。[①] 一批优秀作品陆续在央视网、腾讯视频、爱奇艺等平台上播送，发挥了网络视听平台“唱响主旋律”的作用。

2019 年 11 月 13 日，广电总局发布《建立优秀网络视听节目创作研评机制》，旨在构建优秀网络视听节目创作研评机制，通过推广优秀作品、开展座谈会、深入机构调研等方式，扩大正能量宣传规模，服务党和国家的工作大局。

2. 构建健康内容生态，保持严厉监管态势

网络视听行业属于内容经济，对其产品的内容监管一直是主管部门关注的重点，促进内容精品化、高质化，防范不良化、低俗化，构建良好的行业生态，为人民群众提供高质量的文化产品，也是主管部门长期以来的期望与要求。2019 年 12 月 15 日，国家互联网信息办公室（以下简称“国家网信办”）颁布《网络信息内容生态治理规定》（2020 年 3 月 1 日生效），这是互联网领域积极引领各方构建健康行业生态的纲领性文件。该规定要求网络信息内容生产者、服务平台、服务使用者等各个主体致力于营造清朗的网络空间，建设良好的网络生态，鼓励各方发布正能量信息，防范和抵制各类不

---

① 《庆祝新中国成立 70 周年精品网络视听节目展播季启动》，中共中央网络安全和信息化委员会办公室网站，http：//www. cac. gov. cn/2019 - 08/21/c_ 1124902711. htm，最后访问日期：2020 年 3 月 5 日。

良信息与违法信息，强调网络信息内容服务平台需履行平台主体责任，加强生态治理，培养健康文化。而2019年11月18日颁布的《网络音视频信息服务管理规定》，强调网络音视频信息服务提供者应当取得资质，落实主体责任，并采取措施禁止不良、违法信息传播，加强对音视频信息的管理。

在执法方面，2019年初，国家网信办开展网络生态治理专项行动，直指各类网站、移动客户端、直播平台等机构上的12类负面有害信息，集中解决网络生态领域中的重点问题。[①] 全国“扫黄打非”办公室决定自4月起，在全国范围内专项整治网上低俗信息，为期8个月，重点清理淫秽色情、暴力、血腥等网上低俗信息。[②]

版权保护是主管部门监管网络视听行业，构建健康行业生态的重要组成部分。在2019中国网络版权保护与发展大会上，国家版权局、国家网信办、工业和信息化部、公安部四部门联合启动打击网络侵权盗版“剑网2019”专项行动，巩固短视频、网络直播等网络重点领域版权智力成果成为此次行动的主要目标。[③]

上述法规政策与执法动态，反映了在2019年，主管部门继续构建行业健康生态环境、加强监管力度的基本态势。

（二）引导、推动产业发展，优化产业结构与布局，联动地方经济

随着我国经济发展进入“新常态”，产业升级需求日益迫切。网络视听产业作为新兴互联网文化产业，是产业转型升级的重点关注领域。主管部门高度重视围绕网络视听产业，结合新兴技术，引导、推动产业高质量发展，

---

① 《国家网信办启动网络生态治理专项行动　剑指12类违法违规互联网信息》，中共中央网络安全和信息化委员会办公室网站，http：//www. cac. gov. cn/2019－01/03/c_ 1123942483. htm，最后访问日期：2020年3月5日。

② 《全国“扫黄打非”办公室组织开展网上低俗信息专项整治》，中国扫黄打非网，http：//www. shdf. gov. cn/shdf/contents/767/396295. html，最后访问日期：2020年3月5日。

③ 《国家版权局等四部门启动“剑网2019”专项行动》，中华人民共和国国家版权局网站，http：//www. ncac. gov. cn/chinacopyright/contents/518/398151. html，最后访问日期：2020年3月11日。

优化产业结构与布局，促进经济发展。

2019 年 8 月 11 日，广电总局颁布《关于推动广播电视和网络视听产业高质量发展的意见》（以下简称《意见》）。这一文件为我国网络视听产业向高质量发展提出了指导性意见，并从优化产业布局、完善市场体系等多个方面提出了具体要求。

同时，《意见》对网络视听产业结构优化和布局发展提出期待。《意见》期望京津冀、粤港澳、长三角等地区协同发展能力进一步增强，同时鼓励部分企业形成产业引导，成为促进文化产业繁荣的强大动力。相应地，2019 年 5 月 10 日，《关于推动国家广播电视和网络视听产业基地（园区）建设发展的通知》颁布，从产业基地建设角度，布局产业发展，促进网络视听产业与相关产业深度融合，带动相关设备商的产业集聚发展，形成产业规模，对本地区和周边区域经济发展发挥示范引领和辐射带动作用。2019 年 8 月 30 日，国家广播电视总局、国务院扶贫办联合发布《关于进一步做好广播电视和网络视听精准扶贫工作的通知》，推动网络视听产业与贫困地区经济发展的融合，充分发挥网络视听在产销助农、品牌强农等方面的作用，精准扶贫，助力贫困地区产业发展，促进“脱贫攻坚”事业发展。

在党和国家“精准扶贫”事业号召下，各代表企业积极响应，发挥各自优势，促进贫困地区经济发展。如优酷等企业通过网络直播、网络自制剧等方式挖掘贫困地区特色旅游资源及农产品资源，助力当地通过“互联网 + 扶贫”的方式形成良性发展，带动广大互联网用户深度参与扶贫项目，培养扶贫意识，营造扶贫氛围。①

（三）关注青少年健康发展，进一步加强未成年人保护

网络视听行业与未成年人联系密切。近几年来，以未成年人作为主题、嘉宾或受众的网络视听节目越来越多，为了规范包括网络视听在内的各类未

① 《2019 上海网络视听产业周，带你去看看 5G 时代下的未来》，腾讯网，https：//xw. qq. com/cmsid/20191213A0BGOV00，最后访问日期：2020 年 3 月 5 日。

成年人节目，充分营造未成年人健康发展的环境，自2019年4月30日起，《未成年人节目管理规定》施行。这是广电总局首次颁布专门针对未成年人节目管理的部门规章，对未成年人作为主要参与者或以未成年人为主要受众的广播电视节目和网络视听节目进行了统一规范，建立了法定监护人同意、未成年人保护专员、公众监督举报、未成年人节目评估委员会等一系列保障制度，明确要求相关节目不得含有渲染暴力、血腥等内容，并明确了主管部门的监督责任和违规者的法律后果。

2019年两会期间，中华全国青年联合会提出对未成年人担任网络主播做出明确的禁止性规定的提案。中华全国青年联合会指出，直播平台的进入门槛较低，内容参差不齐，青少年辨别能力有待提升，担任网络主播可能会对青少年健康发展产生不利影响，因此建议做出禁止性立法规定。

在国家政策法规引导下，企业也行动起来，积极建立平台内的未成年人保护规则。3月28日快手、抖音等平台上线青少年防沉迷系统。① 其后，多家平台均上线了“青少年防沉迷系统”。② 截至2019年10月中旬，国内已经有53家主要网络直播和视频平台上线“青少年模式”。③

（四）关注新技术应用，积极面对新技术带来的新法律问题

网络视听行业依托互联网技术产生并发展，也将进一步促进新技术发展。同时，新技术在网络视听产业中的应用布局，也会促进这一行业发展。5G、AI等技术的更新迭代为网络视听行业的未来发展提供了新的技术保障，同时也提出了新的法律问题。《关于推动广播电视和网络视听产业高质量发展的意见》中即指出，要“发挥国家科技计划和专项规划的引领支撑作用，加快大数据、云计算、人工智能、IPv6、5G、VR、AR等新一代信息技术在

---

① 《国家网信办组织网络短视频平台试点青少年防沉迷工作》，新浪网，https://news.sina.com.cn/gov/2019-03-28/doc-ihtxyzsm1168429.shtml，最后访问日期：2020年3月5日。

② 《国家网信办：网络视频全面推进“青少年防沉迷”》，央视网，http://jingji.cctv.com/2019/05/29/ARTI5QBPdPN0pjbSBOGzxtU3190529.shtml，最后访问日期：2020年3月5日。

③ 《国内53家主要网络直播和视频平台上线“青少年模式”》，腾讯网，https://news.qq.com/a/20191014/005453.htm，最后访问日期：2020年3月5日。

广播电视和网络视听节目制作播出和传输覆盖中的部署和应用”。2019 年 7 月 5 日，《视音频内容分发数字版权管理技术规范》发布。该规范的发布回应了新兴技术发展带来的数字版权问题，旨在“满足超高清内容在数字电视、IP 电视、互联网电视、互联网视频等业务场景下的端到端版权保护要求，为广播电视行业转型升级提供基础支持，保障广播电视和网络视听产业的健康发展”。

此外，《网络音视频信息服务管理规定》还特别关注了虚拟现实等新技术下的非真实音视频信息问题，明确要求这类信息应当以显著方式标识，不能基于上述技术传播虚假新闻消息。新技术的发展带来了新的法律问题，政策法规及时对新问题进行了回应，积极用法律手段解决新技术带来的新挑战。

二　网络大电影、网络剧和网络综艺等

2019 年，网络大电影（以下简称“网大”）继续“提质减量”。根据爱奇艺发布的《2019 年网络电影行业报告》，该年度网络电影上线数量同比下降 49%，共 789 部。但播放量总体提升，累计正片播放量提升 24%。截至 2019 年 11 月，爱奇艺、优酷平台共有 34 部影片票房突破千万元，其中《鬼吹灯之巫峡棺山》分账票房更是超过 3000 万元，成为 2019 年网络电影当之无愧的爆款。

网络剧（以下简称“网剧”）方面，根据《电视指南》杂志、传媒内参联合发布的《2019 年网剧行业调研报告》，该年度共上线网络剧 221 部，数量和质量均有所提升。[①]《陈情令》《长安十二时辰》《庆余年》等成为 2019 年度话题作品，其中《陈情令》还探索出一条出海之路。

网络综艺（以下简称“网综”）方面，根据《电视指南》杂志、传媒内参联合发布的《2019 年网络综艺行业调研报告》，2019 上线网综 49 档，以音乐、养成类节目为主。诸如优酷《以团之名》《这！就是街舞 2》，腾

---

① 《2019 年网剧行业调研报告》，“电视指南”微信公众号，https：//mp. weixin. qq. com/s/nRiOjBEI－UBFjHUlwqNBiw，最后访问日期：2020 年 3 月 5 日。

讯视频《创造营2019》《明日之子3》，爱奇艺《青春有你》《中国新说唱2019》等，都是年度表现抢眼的网综节目。①

（一）网大、网剧和网综等政策法规详解

1. 内容监管仍是重点，备案要求升级

纵观2019年网大、网剧和网综等领域的政策法规，内容监管仍旧是重点，强监管态势有增无减。根据《关于网络视听节目信息备案系统升级的通知》，重点网络剧在制作前，需由制作机构备案节目名称、题材类型等，在获得规划备案号后才能进行拍摄，即在节目与观众正式见面之前，需要经过两次备案和两次公示方可。通过增加正式上映前的审核次数，保证重点网络剧内容从源头符合行业监管要求。

《关于停止播出影视剧项目非法集资类广告的通知》（广电总局2019年4月10日发布）和《关于进一步加强青少年控烟工作的通知》（国家卫生健康委员会等八部委2019年10月29日发布）两份文件，从微观层面进一步加强了网大、网剧和网综等领域的内容监控，分别关注了以投资影视剧项目名义宣传非法集资广告和青少年控烟问题。此外，为加强行业引导，广电总局积极开展“网络视听节目精品创作传播工程”，通过遴选优秀网络剧、网络电影和网络纪录片，引导网络视听行业健康有序发展，弘扬主旋律。

2. 重申抵制不当炒作明星、天价片酬

《关于网络视听节目信息备案系统升级的通知》要求，在重点网络影视剧摄制工作完成后，制作机构应将节目拟播出平台、实际投资、演员片酬等在相关系统中登记。演员片酬作为登记信息，反映了广电总局持续通过各种方式保持对天价片酬问题的高压态势。

2019年4月19日，中国广播电影电视社会组织联合会电视制片委员会发布《关于严格执行电视剧网络剧制作成本配置比例规定的通知》，重申

① 《〈2019年网络综艺行业调研报告〉发布!》，“电视指南”微信公众号，https://mp.weixin.qq.com/s/3R95wERLaxGmfKscBolqnA，最后访问日期：2020年3月5日。

"限薪令"，若片酬超标无正当理由或对此隐瞒不报者，一经查实，视情况采取暂停直至永久取消剧目播出、制作资质等处罚措施。同时要求各单位从政治高度意识到天价片酬、不当炒作造成的不良影响，对存在的问题立即整改，坚决抵制拜金主义，坚守底线，传播正能量。

（二）热点事件及案例评述

1. 行业多次倡议网络电影精品化、专业化，推动网络视听健康有序发展

2019 年 10 月 21 日，优、爱、腾等九家公司发出倡议，倡议营造良好的行业环境，规范行业规则，遵守行业道德，推动影视行业健康发展。①

两天后，中国电影家协会网络电影工作委员会联合优酷、腾讯、爱奇艺在首届中国网络电影周开幕现场，倡议网络电影从业人员坚守初心，持续加大对青年电影人才的扶持力度，推动网络电影精品化、专业化发展，同时建议网络视听平台要不断提高审核标准、优化结构内容。

2. 版权保护意识仍有待加强

2019 年底，知名网络小说改编的网剧《庆余年》上线。该剧一经上线，即成为热映作品。随后，片方推出超前点播功能，在网络上引发了热议。

基于版权获取收益，是《著作权法》赋予著作权人的基本权利。片方推出超前点播功能，也是考虑到网络上盗版横行，压缩了版权方合理收益。但是，超前点播付费功能上线后，引发部分网友不满，使得大量潜在用户转投盗版怀抱，反而造成了进一步的权益损失，这是片方始料未及的。

在内容付费时代，付费点播已逐渐成为广大网络用户的习惯。但在盗版行为在网络依旧猖獗、公众版权保护意识仍有待进一步加强的时代，如何增强人们尊重版权的意识，培养内容付费习惯，仍然是摆在各方面前的一道现实难题。版权保护是网络视听行业健康有序发展的重要基石，2019 年 6 月，全国打击侵犯知识产权和制售假冒伪劣商品工作领导小组印发《2019 年全

---

① 《各视频平台联合倡议：加强影视行业自律促健康发展》，搜狐网，https：//www.sohu.com/a/348350547_114941，最后访问日期：2020 年 8 月 24 日。

国打击侵犯知识产权和制售假冒伪劣商品工作要点》，强调推进互联网领域侵权假冒治理，加大对网络影视等领域的版权监管，强化对大型网站的版权重点保护。

3. 打击恶意刷量，打破唯流量论，避免不当利用流量损害行业生态

2019 年 6 月 28 日，上海知识产权法院审结了“视频刷量第一案”——爱奇艺诉飞益公司、吕云峰、胡雄敏视频刷量不正当竞争案。本案中，被告因承揽视频刷量服务，在爱奇艺网站上造成 9.5 亿余次虚假访问，严重损害了爱奇艺及消费者的合法权益，被责令承担相应的法律责任。视频播放量关系着版权方与平台的营收分配，是重要的数据指标。虚假刷量行为，严重损害了行业生态健康发展，属于《反不正当竞争法》等法律应予规制的行为。①

行业越来越感受到“流量造假”带来的危害，自广电总局发布《关于进一步加强广播电视和网络视听文艺节目管理的通知》提出要正确看待、合理运用收视率（点击率）数据，坚持把社会效益放在首位，坚决反对唯票房、唯收视率、唯点击率之后，各大平台纷纷支持响应，越来越多的平台选择告别“唯流量是瞻”，试图打破“唯数据论”“唯流量论”。2019 年初，继爱奇艺关闭前台播放量后，优酷也宣布关闭前台播放量，表示不能以播放量这一简单指标来评价作品质量。②

不论是打击恶意刷量，还是告别唯流量时代，均旨在避免不当利用流量的行为损害整个行业的生态秩序。避免这些不当利用流量行为，已逐渐成为主管部门、平台、版权方和网络用户的共识。

三　网络短视频

根据《QuestMobile 短视频 2019 半年报告》，截至 2019 年 6 月，短视频

① 上海知识产权法院，（2019）沪 73 民终 4 号民事判决书。

② 《重磅！爱奇艺、优酷、今日头条等关闭前台流量数据》，搜狐网，https://www.sohu.com/a/290003014_351788，最后访问日期：2020 年 3 月 5 日。

行业新安装用户接近1亿，用户规模超8.2亿，短视频市场规模达到467.1亿元；[①] 在2019年10月8日发布的《平潭影视政策二十条（修订版）》中，相关部门特别指出要将平潭国际岛打造成为短视频拍摄“网红地”，并对符合条件的短视频发布者奖励10万至20万元的奖金。一系列的事实与数据表明，短视频确已成为互联网红利增长的重要入口。

但是，短视频作为互联网内容生态的重要组成，仍面临着失范现象频发、行业无序竞争、平台失责等问题。2018年有关部门对短视频行业展开了前所未有的监管风暴；2019年相关部门则在严格执法的基础上，针对行业乱象陆续发布了新的法规政策。《网络短视频平台管理规范》和《网络短视频内容审核标准细则》的颁布，进一步细化了相关规范。

（一）网络短视频政策法规详解

1. 短视频内容规范要求进一步细化

《网络短视频内容审核标准细则》（以下简称《细则》）在《互联网视听节目服务管理规定》《网络视听节目内容审核通则》的基础上进一步细化了内容审核规范。《网络短视频平台管理规范》《网络音视频信息服务管理规定》也有部分条文涉及短视频内容规范。总体而言，对短视频内容的规制主要涉及以下几个方面。

第一，涉及国家制度、社会稳定等方面的内容。主要包括短视频不得出现攻击我国政治制度及法律制度、分裂国家、损害国家形象等方面的内容；对于宗教、民族等涉及国家制度和社会稳定的话题须慎重发布。

第二，涉及历史及经典名著内容等方面的内容。短视频不得歪曲历史，如违背历史定论、恶搞历史；此外，短视频内容也不得歪曲名著精神、颠覆名著人物人设。

第三，涉及人物的内容。对于正面人物，不得歪曲、损害其形象；对于

① 《QuestMobile 短视频 2019 半年报告》，QuestMobile 网站，https：//www.questmobile.com.cn/research/report－new/58，最后访问日期：2019年3月4日。

反面及负面人物，不得美化，如宣扬其正面形象、对其歌颂功德；对于普通人物，则不能侮辱、贬损。值得注意的是，在短视频中正面展现解放军形象时不得过度夸张。

第四，涉及社会公德及国家主流价值观等方面的内容。如淫秽色情、暴力血腥、消极颓废人生观、封建迷信等话题均不得在短视频中出现。

第五，对未成年人的保护。除了上述内容外，前述规定还特别针对未成年人设置更为具体的标准。如不得出现未成年人早恋、未成年人抽烟酗酒、对未成年人有不良影响的造型等内容。

第六，对虚假内容、不合规内容的规制。部分短视频内容可能并未违反上述规定，但内容本身即为不合法。如该内容属于虚假内容，或其传播了国家尚未批准播映的电影片段。

短视频内容的规制始终是法律问题聚集的重灾区，因此保证短视频内容的合法合规至为重要。上述法律法规明确了短视频内容的红线，为规范短视频制作、传播秩序提供了重要依据。

2. 短视频平台责任要求不断加强

对于短视频平台责任，《网络短视频平台管理规范》（以下简称《规范》），从多个方面对短视频平台应尽的义务做出了要求。此外，《网络音视频信息服务管理规定》（以下简称《规定》）又进一步对管理网络音视频信息服务提出具体要求，短视频平台也应据此受到法律规制。《规定》明确了网络音视频信息服务提供者和技术支持者的责任，并从管理对象、管理机制、行业自律等方面提出了总体要求。前述法规政策从以下几个方面对平台责任进行了规定。

第一，平台资质与业务范围。《规范》要求短视频平台应在具备相关资质的基础上开展许可证所规定的业务；对机构注册账户上传节目的（以下简称“PGC”），平台应当监督其上传的节目是否在许可证规定的业务范围内。

第二，短视频内容合规性。《规范》要求，对于PGC机构上传的节目，若该机构未持有《信息网络传播视听节目许可证》，则其必须得到节目授权，在平台审查通过后方可作为节目素材进行使用；同时，《规范》对部分提倡与禁止的短视频内容做出列举式规定。《规定》则更加注重内容真实性，其要求平台建立辟谣机制、以显著方式对虚假信息予以标识、采取虚假信息配套处置措施。

第三，内容合规配套制度建设。《规范》要求平台建立管理制度，施行先审后播。《规定》更为具体，要求从多个方面落实平台的主体责任。

第四，平台与用户的权责关系。《规范》针对用户实名、平台与用户合作协议、短视频内容审查和业务范围、违法违规上传用户库等方面做了原则性规定。《规定》则更为细致一些，要求平台进行用户真实身份信息认证，与用户签订服务协议。从用户实名及服务协议来看，两个规定有异曲同工之妙。

第五，平台技术管理要求。《规范》从智能推送程序、新技术手段、未成年人保护机制三方面对平台做出了具体要求。《规定》要求平台采取措施，保证网络安全。在相关部门执法工作中，平台必须提供必要协助。

第六，监督管理制度。《规定》还涉及短视频平台的监督管理制度，包括短视频平台应自觉接受社会监督、配合开展监督管理执法工作等。

目前来看，短视频平台已陆续推出家长控制模式等防沉迷措施，但其在内容监管、身份准入方面仍存在不少问题。相关法律法规将陆续针对内容规制、主体责任、身份认证、用户投诉机制等内容做出规定。

（二）热点事件及案例评述

1. 短视频侵权纠纷将持续增加

短视频生产成本低的特点带动了内容创业的高潮，一些平台或用户以技术中立的名义将他人版权作品放进短视频平台或将其作为短视频素材进行剪拼、二创、三创、饭制、鬼畜使用，这些行为严重侵犯了他人的知识产权。但短视频作为知识产品，本身也有被侵权的可能。

（1）“知乎回答”短视频案

2016 年 11 月 24 日，辛先生在“知乎”回答了问题“有哪一瞬间让你觉得被撩到或者成功撩到别人?”而后其发现该文字回答被改编成短视频在新浪微博中进行传播。辛先生认为这一行为侵犯了其依法享有的摄制权及信息网络传播权，遂将相关主体诉至法院。

2019 年 6 月 14 日，法院对该案做出判决。法院认为，尽管该文字回答篇幅较短，但仍具备独创性，应被认定为文字作品。短视频与文字回答已构成实质性相似，构成侵权。①

目前短视频最主要的侵权形式仍是平台或用户将他人作品拆分为若干片段组成短视频，进而向公众提供。尽管短视频来源素材并不仅仅是视频，但二者仍存在实质性相似的可能，该案着重论述了实质性相似判断的过程，具有较大的指导意义。

（2）全国首例广告使用短视频侵权案

2018 年 1 月，刘牧雨独立创作完成一段与自驾和崇礼滑雪相关的视频，并以摄影师刘牧雨的名义将涉案视频发表在国内专业的影视创作人社区“新片场”。而后，一条公司未经刘牧雨许可将该视频用于为沃尔沃汽车进行商业广告宣传之用途。据此，刘牧雨认为一条公司侵害了其依法享有的署名权及信息网络传播权，将其诉至北京市海淀区人民法院。

2019 年 4 月 26 日，法院对该案做出判决。法院认为，著作权的享有不以作品长度为要件，“视频的拍摄和剪辑体现了创作者的智力成果，涉案视频虽时长较短，但属于具有独创性的类电作品”。在确认刘牧雨依法享有著作权的情况下，一条公司被判定构成侵权。②

据悉，这是全国首例广告使用短视频侵权案，该案与以往短视频侵权案件不同的地方在于，使用人将短视频作为广告宣传并产生了市场价值。法官在认定涉案作品是否具有著作权时淡化了作品的“量”（视频长度），更加注重“质”（独创性），在认定赔偿额时着重参考了“市场定价”，为后续短视频侵权案件提供了有益指导。

2. 平台责任与内容规范仍是执法重点

一方面，相关法律政策不断出台，执法部门也不断加强对短视频内容及

---

① 北京市海淀区人民法院，（2018）京 0108 民初 17683 号民事判决书。

② 北京市海淀区人民法院，（2018）京 0108 民初 34939 号民事判决书。

平台的监管。如，2019 年 4 月开展的“剑网 2019”专项行动，明确对“短视频平台继续强化版权治理”。2019 年 5 月 28 日召开了第七届中国网络视听大会开幕式暨主论坛，中宣部副部长、广电总局局长聂辰席亦提出“强化对短视频的引导管理”。

但另一方面，网络的隐蔽性、规模性、迅捷性为各类失范现象提供了巨大窗口。在流量竞争的单一导向下，消费残疾人等弱势群体、实施高风险行为、以揭示真相为旗帜的虚假信息等内容成为吸引流量的典型案例。这些内容对观看视频的目标群体产生了巨大影响，严重时甚至会对相关行业及社会稳定产生危害。

海量视频给各平台及执法部门带来了极大压力，这是法律法规尚不能触及的盲点。此外，如今的监管格局仍以政府为主，平台及用户发挥的作用甚微。在未来短视频的发展过程中，预测政府将深化各部门联合执法，同时引入平台、用户机制，形成多元治理格局。

四　互联网直播

根据《QuestMobile 2019 直播 + X 洞察报告》，2019 年度，互联网直播用户规模已 4 亿有余，直播内容涉及多个方面，加上 BATZ 几大系的深度争抢，各个平台内部形成了庞大的私域流量。网络直播的即时性、参与性、双向共存、去中心化增强了用户的实际体验，直播让用户“所见即所得”，成为注意力经济的重要组成部分。[①]

（一）互联网直播政策法规详解

2019 年，以李佳琦为代表的“直播带货”，为互联网直播开辟了一条新出路。为回应这种新兴互联网直播形式，有效预防潜在法律风险，保障消费

---

① 《QuestMobile 2019 直播 + X 洞察报告》，QuestMobile 网站，http：//www. questmobile. com. cn/research/report - new/73，最后访问日期：2020 年 3 月 4 日。

者合法权益，维护网络清朗环境，2019 年 10 月 29 日，国家广播电视总局办公厅发布《关于加强“双 11”期间网络视听电子商务直播节目和广告节目管理的通知》(以下简称《通知》)。《通知》要求，电子商务直播应遵守广告管理法律法规、符合网络视听节目管理相关规定。坚持把社会效益放在首位，大力弘扬社会主义核心价值观，加大公益广告播出力度，积极传播正能量。同时，各服务机构、各政府部门也要严格落实企业主体责任、属地责任，规范电子商务直播行为。

(二)热点事件及案例评述

1. “直播 +X”模式引发关注

随着直播行业的发展，“直播 + X”模式成为当前潮流。游戏直播、体育直播、直播购物等模式已风靡网络。但问题也随之而来，游戏、体育赛事的直播是否构成侵权？抑或是构成著作权法上的合理使用？这些问题在理论与司法界争论不休。随着矛盾的激发，司法实践也不得不对这些问题做出回应。

(1) 首个游戏直播行为禁令

2018 年 11 月，因西瓜视频招募游戏主播，直播《王者荣耀》，并提供打赏渠道供用户打赏主播，腾讯将西瓜视频诉至广州知识产权法院。2019 年 1 月 31 日，法院做出禁令，裁定“西瓜视频”立即停止直播《王者荣耀》。①

据悉，该案是首个游戏直播行为保全禁令。对于有一定剧情的网络游戏而言，主流意见认为其构成类电影作品，因此直播平台对游戏内容进行直播时，应遵循相关著作权规则。该案适用诉前行为保全禁令，对后续案件具有积极示范意义。网络游戏直播具有即时性，因此在诉求方具有事实和法律依据的情况下，可向法院申请行为保全。

(2) 游戏直播侵权问题司法认定

网易公司发现 YY 游戏直播等平台直播、录播、转播游戏《梦幻西游 2》，其于 2014 年 11 月 24 日向广州知识产权法院提起诉讼。2019 年广东省

① 广州知识产权法院，(2018) 粤 73 民初 2858 号之一民事裁定书。

高级人民法院做出终审判决。

该法院认为，游戏直播不属于广播权与信息网络传播权控制的范围，但其“交互式传播”的方式更有利于作品传播。举重以明轻，游戏直播行为应根据著作权法“其他权利”做出调整。判断对游戏直播行为是否属于合理使用，应充分考虑被诉时的技术创新背景和社会发展水平，兼顾作品权利人、作品传播者和社会公众的利益，综合权衡各因素具体分析。①

本案彰显了司法对于知识产权保护的力度，用判决形式填补了合理使用制度在法律上的空白，对游戏直播行业具有标杆意义。

2. 平台主体责任成为司法关注点

（1）平台的审查与监管义务

2017 年 11 月，某网络直播平台主播在进行高楼攀爬直播时意外坠亡，主播家属认为平台未尽到合理的审查和监管义务，将直播平台诉至法院。

法院经审理认为，网络服务提供者具有审核、告知、删除、屏蔽、断开链接等安全保障义务。直播平台与主播共享打赏收益，理应承担相应安全保障义务。对于直播高危性行为的视频，在符合一定条件时直播平台应对上传的危险视频采取删除、屏蔽、断开链接等措施。②

尽管主播系完全民事行为能力人，但平台应尽到一定审查与监管义务，规范主播行为，推动直播行业健康发展。

（2）主播“陪伴式”直播或构成不正当竞争

央视国际发现新传在线、盛力世家未经其许可采用“陪伴式”直播形式，直播奥运赛事，认为其行为构成不正当竞争并诉至法院。

法院从虚假宣传、商业性使用、原告正常经营活动、实质性替代等角度进行阐述，认为新传在线、盛力世家破坏了体育赛事直播行业的行业惯例，违反了诚实信用原则，属于不正当竞争行为。③

---

① 广东省高级人民法院，（2018）粤民终 137 号民事判决书。

② 北京市第三中级人民法院，（2019）京 04 民终 139 号民事判决书。

③ 北京市东城区人民法院，（2016）京 0101 民初 22016 号民事判决书。

该案已于2020年9月经过二审开庭，其结果我们拭目以待。体育赛事直播是否构成作品，目前仍存在较大争议，因此通过《著作权法》寻求救济存在较大不确定性。但包括本案在内的多则案例说明，《反不正当竞争法》不失为规范未经授权的体育赛事直播行为的新选择。①

（3）“避风港规则”失灵下的平台责任

2018年2月14日，网络主播冯提莫在斗鱼平台直播时播放了歌曲《恋人心》，待直播结束后，冯提莫将此次直播视频保存至平台供用户随时回看。中国音乐著作权协会认为该行为侵犯了其享有的信息网络传播权。

法院认为，尽管斗鱼公司与主播之间并无劳动或劳务关系，但主播是为斗鱼公司创作涉案视频，斗鱼公司作为涉案视频的权利人，在涉案视频中存在侵权内容的情况下，其应当对该行为承担侵权责任。同时，平台与主播之间就涉案视频是否存在收益分成，不影响侵权行为的认定及侵权责任的承担。② 科学合理界定平台责任有利于推动互联网平台经济的良性发展。在类似案件中，平台往往通过“避风港规则”规避法律责任。本案通过平台与主播签订的直播协议明确了直播平台的性质，对平台责任界定提供了指导——电子商务平台应合理划分其与注册用户之间的权利义务，对直播成果的合法性承担更高的注意义务与审核义务。

3. 通过主播黑名单制度维护行业秩序

主播的自由性常常使直播内容不可控，因此规范主播行为成为监管直播行业的重要部分。2019年，中国演出行业协会网络表演（直播）分会多次在其微信公众号上公布主播黑名单。主播黑名单制度对净化网络直播环境有一定作用。可以预见，未来直播行业对主播行为的规制将愈发严格，相关政府部门、行业协会、直播平台将联动发力，共同维护行业发展秩序。

---

① 除本报告案例外，支持采用《反不正当竞争法》规范未经授权的体育赛事直播行为的案例还包括：北京市第一中级人民法院，（2014）一中民终字第3199号民事判决书；广东省深圳市福田区人民法院，（2015）深福法知民初字第174号。

② 北京知识产权法院，（2019）京73民终1384号民事判决书。

五 趋势展望

在国家经济转型，文化产业蓄势待发的背景下，接下来若干年，以网络视听为代表的文化产业，会继续高速发展的势头。在此背景下，一些既有的政策方针会长期持续下去，也有一些政策，会随着产业的变化而随时变化调整。总体而言，笔者认为未来网络视听政策法规发展主要有以下几大趋势。

第一，监管态势持续高压，执法力度继续增强。网络视听领域正在经历从野蛮生长到精耕细作的过渡时期，主管部门对这一行业的监管将持续保持高压态势，监管涉及版权保护、内容合规、未成年人保护、不合理薪酬等多个方面。同时，主管机关也将继续借助网络视听平台，弘扬社会正能量，积极引导建设健康有序的行业生态环境。

第二，借助网络视听产品，推动中国文化出海。不论是《陈情令》出海，还是李子柒在海外大热，借助网络视听产品，促进中国文化出海，让世界了解中国文化，已成为大势所趋。主管部门未来将进一步明确相应具体措施，推动优秀网络视听产品走出国门、走向海外。

第三，引导网络视听与新技术积极融合，同时积极解决新技术带来的新法律问题。5G、区块链和人工智能等新兴技术勃兴，与网络视听产业深度融合趋势明显。未来政策法规将重点关注新技术下网络视听产业的发展，从软硬件两个方向促进两者的有机融合。

第四，在具体领域，将继续按照既有原则，加强政策法规引导。网大、网剧和网综方面，“减量提质”仍将持续；短视频作为爆款产品，将继续细化监管立法和执法，可能面临更为严格的监管；互联网直播领域，监管细化和执法严格化也是大势所趋。

B.7
2019年“直播+带货”研究报告

司 若　章之遥*

摘　要： 2019年“直播+带货”的模式风靡互联网，在电商“双十一”期间爆发出了不俗的力量，全面拉动了成交额的增长，在这种生态之下，各类直播达人和MCN也如雨后春笋般迅速发展起来，头部的达人们也不断地创造一个又一个带货奇迹，而机会与风险并存，在这种生态下暴露出来了很多亟待解决的问题，而在未来的发展中，“人、货、场”三个元素都会进一步地发展与融合，随着MCN机构和渠道供应链的进一步沟通融合，MCN机构也会更多地电商化、直播达人也会进一步个人品牌化等，而直播内容的质量也会随着业态的发展进一步地精品化和规范化，形成良性的循环。

关键词： 直播达人　电商营销　“直播+带货”

一　“直播+带货”模式的行业概述

2016年，被大家习惯性地称为“直播元年”，彼时，蘑菇街、淘宝等电商平台已经上线了网络直播服务，随后快手、陌陌、抖音的平台也纷纷开通

* 司若，博士，清华大学新闻与传播学院影视传播研究中心研究员，博士生导师，主要研究方向为影视产业、网络视听和新文化研究；章之遥，清华大学新闻与传播专业硕士研究生。

并完善了直播功能，不到三年的时间，各平台都纷纷感受到了直播带来的收益以及其强大的发展潜力，2019年，“直播+带货”模式在各平台爆发出了巨大能量，各平台也根据自身的优势不断完善直播生态，业内人士把2019年称为“直播电商元年”。

2019年淘宝“双十一”全天，淘宝直播带动成交额近200亿元，有50%以上的商家参与了直播。据统计，“双十一”期间有超过10个直播间的引导成交额过亿元，100个直播间的引导成交额过千万元，头部的直播间更是成绩斐然，作为淘宝直播中的两位头部主播，李佳琦和薇娅在“双十一”预售开启前一晚，直播间的观看人次就已超过3000万，而薇娅在“双十一”当天的销售额达到3亿元。

近年来，随着直播模式的进一步成熟，直播电商这一模式展现出了惊人的爆发力，直播的内容覆盖了家居、3C、母婴、快消等几乎所有品类，由于其产品呈现之直观、互动气氛之强大以及交易链路之便捷，成功实现了“人、货、场”的匹配。电商巨头淘宝在2019年推出了淘宝直播App，淘宝直播这一模式通过极低的获客成本和高转化率，成为“双十一”主流的带货方式。中国直播电商发展历史概览见图1。

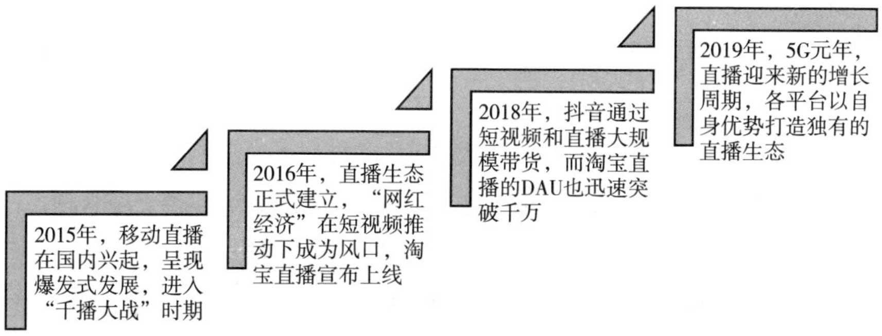

图1　中国直播电商发展历史概览

艾媒咨询数据显示，2019年中国直播电商行业总规模达到4338亿元（见图2），预计2020年将翻一番，随着互联网技术的进一步成熟，各平台直播生态的进一步完善，“直播+带货”这一模式会成为一种标配，在未来爆发出更大的增量。①

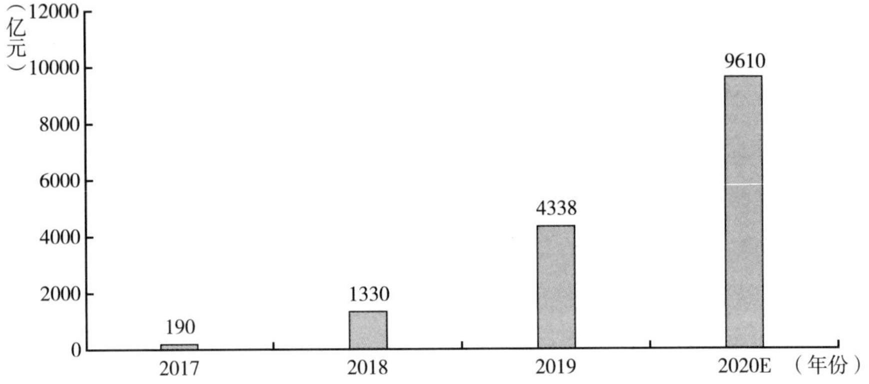

图2　2017~2020年中国直播电商市场规模及预测

注：“E”含义为预测。

二　“直播+带货”模式的达人类型

如果说电商直播是一个高速运转的流量机器，那么进行电商直播的达人，就一定是最核心的发动机机芯，每一场电商直播的成功，都离不开达人的功劳。他们通过自身的影响力，把产品精准地推荐给兴趣用户，并将用户转化为粉丝沉淀下来，从而形成一个有效的闭环。而在这一闭环中，一方面通过卖出商品，获取CPS（Cost Per Sales，一种以实际销售产品数量来计算广告费用的广告模式）的分成佣金；另一方面也提升了自身的影响力，形成社交资产，创造出自身、平台、品牌方的三方共赢局面。

目前，以李佳琦、薇娅、辛巴等为主的头部达人仍凭借其强大的带货能力，使得品牌方趋之若鹜。李佳琦曾有着5分钟卖出15000支口红的销售纪录，薇娅在2019年“双十一”期间的销售额，超越了她在2018年全年的销售额——27亿元，而快手的第一网红辛巴在2019年的成交总额也高达133

① 艾媒咨询：《2020—2021年中国直播电商行业分析报告》，2020。

亿元。这些傲人的成绩几乎让所有品牌方眼红，但由于合作费用的高昂，选择这些达人进行合作的，还是以有一定体量的品牌为主，很多中小厂家只能望而却步，退而求其次选择流量和带货能力处在腰部和尾部的达人。虽然腰部和尾部的达人拥有较高的性价比，但是在流量和转化上与头部达人相比，还是相形见绌。作为成长中的生力军，由于缺少流量支持以及内容生产的技能支持，腰部和尾部达人想要成长为头部达人还稍显困难，头部达人依靠天时地利人和而产生的成功案例，其实是难以复制的。“双十一”当天淘宝直播热度 TOP 15 见图 3。

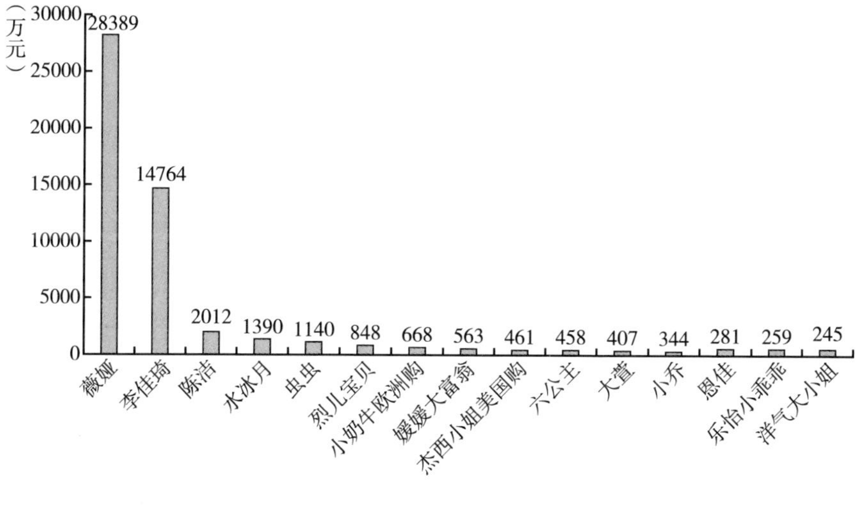

图 3　“双十一”当天淘宝直播热度 TOP 15

除了职业的主播达人以外，诸多明星也纷纷试水直播行业，曾经的湖南卫视“一姐”李湘是最早进行直播试水的明星之一，一方面这标志着“直播＋带货”模式引入了一股新生力量，另一方面“明星当网红”的现象也在社交平台上遭受了粉丝以及大众的质疑。从最终直播的效果来看，既暴露出了很多问题，也出现了不少机遇。李湘在卖貂皮大衣时成交量为零，并且这一直播行为还引发了动物保护者的指责，这暴露了明星在介入直播模式时，在选品端出现了问题，没有深入了解和探究选品的逻辑。但另一方面，李湘凭借自身主持人的功底，在美的空调的直播中，获得了2小时引导成交额过亿元的成绩。

而“明星+主播”的合作“种草”方式，也备受瞩目，2019年11月4日，朱一龙做客李佳琦直播间，这一话题迅速登上热搜榜首，李佳琦的强势安利和朱一龙的惜字如金，这颇具戏剧性的互动使得直播间热度居高不下。当达人的专业素养遇上明星的粉丝效应时，产生的化学反应令大家眼前一亮，无疑也为明星带货的模式开辟了一条新的道路。不同类型的直播达人类型的特征比较见表1。

表1 不同类型的直播达人类型的特征比较

达人类型	优势特征	劣势特征	达人代表
主播达人	直播内容质量过硬、了解电商逻辑、对产品熟悉度高	比较依赖流量分发，难以累积粉丝获得稳定流量	李佳琦、薇娅
明星达人	粉丝基础强大、具有一定的专业实力	对于电商直播的内容以及平台较为陌生，转型有困难	李湘、李响
“明星+主播”模式	既能依靠明星吸引流量，也能靠主播创造优质内容	直播的效果好坏容易取决于达人之间的互动关系	朱一龙、李佳琦

三 “直播+达人”模式的MCN机构

MCN（Multi-Channel Network）是舶来品，是一种多频道网络的产品形态，将PGC内容联合起来，在资本的有力支持下，保障内容的持续输出，从而最终实现商业的稳定变现。[①] 在中国，MCN的市场规模整体达百亿级，并呈现上升态势。[②] 而根据MCN从事的业务类别来分，MCN又被划分为短视频MCN、电商MCN和直播MCN，而和“直播+带货”这一模式强

① Neil Davidson，“Can a Multi-Channel Network Boost Your YouTube Marketing Success?”，https：//www.sitepronews.com/2013/03/08/can-a-multi-channel-network-boost-your-youtube-marketing-success/ March.

② 克劳锐指数研究院：《2019网红电商生态发展白皮书》，2019。

相关的MCN类别，也被称作电商MCN，这种机构的特点是通过孵化优质达人并进行直播内容生产和运营，从而获取流量，并通过整合渠道供应链，通过电商渠道完成产品和消费者的连接，完成商业化变现（见图4）。而在MCN的专业性团队的共同努力之下，运用科学的策略为直播达人赋能，也更容易让达人在这种模式下获得更好的成效。直播电商带来的这种超强红利，促使很多MCN机构转变了业务模式，纷纷开始向直播MCN模式靠拢。

“直播+带货”这一模式具有独特的商业闭环，即从商品供应链的整合、直播货品的挑选，到网红主播的孵化和成长、直播内容的策划，再到利用平台的流量分发逻辑将目标消费人群与直播间进行连接，完成商品的售卖，进而获取商品售卖的利润或者商家的销售分成。

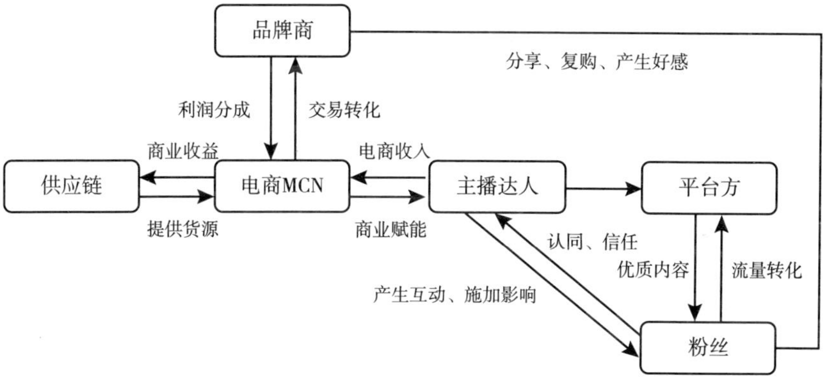

图4　电商MCN商业运作流程示意

在这种模式下，对电商MCN的要求也就会有所侧重，首先，需要具备所有类别MCN都必须拥有的对于网红孵化、内容创作的经验和模式，对于电商直播来说，网红的人格魅力以及对货品的专业度会显得尤为重要。李佳琦在直播之前，曾是一名柜台导购，在对口红极为了解的前提下，加上其导购、直播中训练出的强大口才，才能诞生出如今的奇迹，所以如何选择有潜力的网红，并探索正确的孵化网红的方法论，用专业的模式将其培养成适合做电商主播的人才，是MCN的核心竞争力之一。

其次，对于 MCN 的选品能力、供应链整合能力，也有较高的要求。和大部分内容消费和广告植入不一样，直播的模式更强调依靠对货品的卖点了解来对消费者进行讲解和“安利”，这一内容的特点就要求 MCN 需要有对市场全局的判断，能够挑选出有潜力的爆款产品，并与主播策划直击痛点的内容，从而唤起消费者的购买欲，让消费者进行买单。除此之外很多 MCN 还有自有品牌的货品，不用依托于跟品牌方的分成获利，而是通过供应链的价格优势，直接获取商品的售卖利润，在这种模式下，拥有强供应链整合能力的 MCN 无疑就拥有了更多的主动权，也更容易凭借有较强产品力的货品和高性价比的产品获得消费者的青睐。

由于直播背靠电商生态，所以对于 MCN 来说，电商的运营能力也必不可少，尤其是需要具备对数据的敏感度，例如 MCN 机构需要判断出消费者的购买意向，指导团队对货品进行选择，在直播过程中，也需要通过消费者的行为和言论判断出他们对货品的态度，作为今后的选品指导方向，直播结束过后，也需要通过对直播数据的判断来进行内容方面的调整。此外，每一场直播都会有不少消费者被主播吸引，沉淀为主播的粉丝，所以对粉丝的管理和互动也显得尤为重要，不仅需要更多地与粉丝交互和联结，还要通过一些优惠和利益增加他们对主播的忠诚度，成为 MCN 的隐性资产。

以上是在“直播 + 带货”模式下对 MCN 的能力要求，也是评判 MCN 是否优质的一个标准，作为电商直播生态中必不可少的一环，电商 MCN 机构无疑为这一生态的发展提供了巨大的推动力。

四　“直播 + 带货”模式中存在的问题

（一）因直播虚假宣传而产生信任危机

2019 年 9 月初，李佳琦和其助理在直播间推荐了一款名为“阳澄状元蟹”的产品，在直播的过程中，李佳琦强调此款产品为“阳澄湖的大闸蟹”，而消费者在收到货时反映有“挂羊头卖狗肉”的嫌疑，事实上卖出的大闸蟹并非出自阳澄湖，并且存在无法预约、退货困难、货品质量差等多方面的问题。后来李佳琦也在微博承认了直播时的失误以及产品发货的问题，表示和商家沟通信息时出现了误差，导致直播中误把“阳澄状元”大闸蟹说成“阳澄湖大闸蟹”，并进行道歉。而此前，李佳琦也在另一场不粘锅的直播中出现失误，针对此款锅“不粘”的卖点进行演示，而在直播过程中却发生了粘锅现象，虽然李佳琦一直强调“不粘”，想挽回直播局面，而在接下来的演示中仍旧频频翻车。此次事故过后，李佳琦在后续的采访中也解释了此次直播事故的原因，归结为“操作不当”，未按照说明书标准进行操作，而导致了粘锅事件的发生。

这两件事在一定程度上显示出了在电商直播过程中，一些主播会在直播中有夸大其词、虚假宣传的嫌疑。由于电商直播本身的导购性质较为明显，在这种模式下，直播的内容势必会向“导购风”靠拢，有时候为了更好的直播效果，主播会在直播过程中不经意间夸大了其作用，更有甚者，部分主播还会为了增加商品的销售量，刻意编造与产品本身功能不符的卖点，或者以“擦边球”的方式引导消费者错误理解，这些夸大其词的内容在一定程度上都会影响到消费者的决策，而消费者在下单购买后，遇到的退款退货的不便利、收到货品时与想象中有较大差距等问题，无疑都会削弱其对主播、直播平台乃至直播本身内容形式的信任度，产生恶性循环。

（二）直播形式和内容的重复度过高

2019 年“双十一”期间，有超 10 万个商家开通了淘宝直播，而直播内容本身需要具备较强的导购属性，这也导致直播内容形式千篇一律，大多数直播内容与早年间的“电视导购”较为相似，主播会更多地会突出自身的语调和声调，通过高频度的语句以及一些比较猎奇的动作，来引起消费者的注意力，事实上并未对产品进行深度的研究，也没有很好地贴合消费者洞察，更没有对直播的内容，尤其是整体的直播节奏做一个非常良好的规划。

在内容方面，主播们通常还是对产品进行重复性的描述，并强调折扣的力度，在这样的情况下，也就很难输出有质量的直播内容，也就是可以真正地将“内容”与“导购”相结合的内容，而当电商直播真正从蓝海过渡到红海时，消费者必然会对内容进行选择性接触，届时直播内容是否优质一定会成为消费者选择的关键因素之一，所以在当下对直播内容进行深度的规划和优化也变得刻不容缓。

（三）头部网红孵化的模式难以复制

头部的直播达人虽然既拥有极高的粉丝热度，也拥有高效的商业化变现能力，但是这些达人仅仅占据整个直播达人中很微小的一部分，可以说是凤毛麟角，而在各 MCN 机构公布的财报中，也不难发现这些头部达人几乎是凭着一己之力撑起了大部分 MCN 机构的利润。

2019 年 4 月 3 日，头部直播达人张大奕所在的如涵控股（RUHN）在纳斯达克上市，旗下签约了 100 多位达人，而 2019 财年前三季度的收入占比显示，张大奕一人就占 53.5%，这也显示出了头部达人与其他达人之间的差距。2019 年无疑是直播发展的黄金年，在这一年里无数新生力量涌入，各个平台的直播生态都变得成熟起来，但是占据头部位置的达人依然未发生变化，无论是新进入的平台还是原有的垂直类目的直播达人，依然没有发现新晋的头部达人，在一定程度上也预示着头部达人的成功是难以复制的，在这种现实环境下，各大 MCN 机构都还在摸索一个正确的孵化直播达人的模式，以求为直播生态注入新的推动力，而这个模式具体需要什么样的因素和变量，以及它是否可以被量化出来，都还有待研究。

（四）品牌与达人合作时遭遇困境

“直播 + 带货”模式初见成效之后，各大品牌都跃跃欲试，当发现传统广告在现今的新媒体环境下逐渐乏力之后，他们开始探索新的可以为品牌赋能、为销售引路的方式，而直播就是他们选择的方式之一。

通过直播的方式，品牌取得了不菲的成绩。跨国品牌飞利浦在 2019 年七夕节和薇娅合作推出的联名款吹风造型梳，上架 2 分钟就全部售罄，国内家纺行业巨头水星家纺，在李佳琦的直播中完成 8000 套新品的秒杀。直播带来的效果是显而易见的，然而很多问题也被暴露出来。李佳琦在直播中推销兰蔻套装时，发现自己拿到的销售价格比同为头部主播的薇娅贵 20 元，立马呼吁粉丝退货，并在直播间宣布“永远封杀兰蔻”。百雀羚在“双十一”期间找到了李佳琦进行合作，在社交媒体上进行了预热和推广，而意外的是，最终进行百雀羚直播的却是薇娅，但这一乌龙惹怒了李佳琦粉丝，开始对百雀羚品牌口诛笔伐，对品牌造成了不少负面影响。

此外，品牌在选择直播达人作为推广和品牌代言人时，也需要深度的思考决策，例如肯德基请斗鱼主播冯提莫进行代言时，就受到了不少网友的诟病，部分网友会觉得请网红、主播等为大品牌进行推广和代言会损伤品牌形象，引发了广泛争议。品牌在与“直播 + 带货”生态进行结合时，无疑还面临着不少困境。

五 “直播 + 带货”模式的未来趋势

（一）未来“直播 + 带货”市场规模有望进一步扩大

2019 年，中国直播电商行业的总规模达到 4338 亿元，而将来规模会进一步扩大，预计到 2020 年规模将翻一番。而在新的互联网技术加持下，必定会催生新的直播生态，在内容和产品展现上都能给用户带来新的体验。而电商的红利期进一步爆发，也会催生出更多的达人和 MCN 机构，在模式上也会更加成熟，这也为“直播 + 带货”市场规模的进一步扩大提供了可能性。从 MCN 机构近期的发展态势以及目前的市场状况来看，有望在 2020 年突破 28000 家企业（见图 5）。而直播也会逐渐成为电商平台、内容平台的新增长动力。

据国家统计局统计，2019 年全国居民人均可支配收入为 30733 元，扣除价格因素实际增长 5.8%；全国居民人均可支配收入中位数为 26523 元。这预示着我国居民的购买力有了一定程度的提高，在这种状况下，花

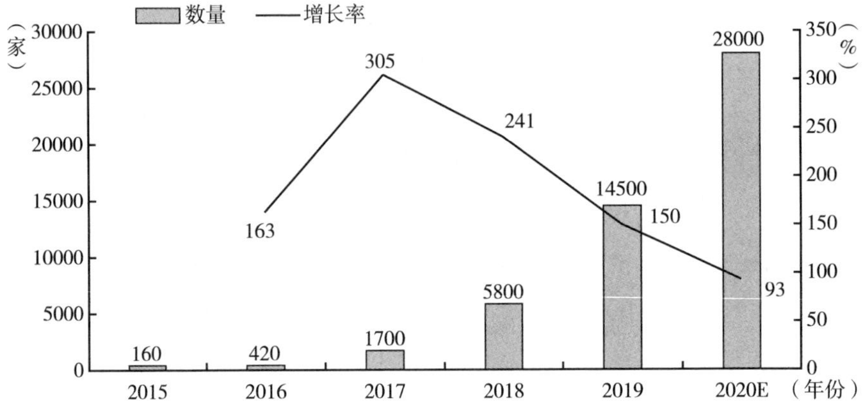

图5　2019年中国MCN机构数量及预测

资料来源：艾媒咨询。

费更多的费用来提高生活质量的行为会逐渐成为常态，而直播这一模式无疑可以刺激消费，直播平台提供了一个将内容与产品融合的场所，由直播达人通过直播的方式将用户需求与产品进行匹配。而在相关机构采访消费者在未来参与直播购物的意愿时，只有6.74%的消费者表示出了消极态度（见图6），不难推断，大部分消费者对于未来花费在直播中的费用还是较为乐观的，未来的电商直播领域，无论是市场规模还是用户规模都有望进一步扩大。

（二）直播达人逐渐形成个人品牌化

“直播+带货”这一模式，非常依赖达人本身的个人魅力以及专业能力，而达人在高曝光、高热度之下会备受瞩目，尤其是在打造成功案例之后，更易聚集粉丝，进行私域流量的积累。从货品端的选择来考虑，比起跟大品牌的合作，ODM和OEM的供应链模式更符合直播逻辑，通俗来说就是达人的团队会直接跟供应链进行接触，在工厂进行采买，甚至自己有代工厂进行制作。因为直播的受众在购买决策中更容易表现为高价格敏感度的人群，所以通过供应链的优势来打造高性价比的货品变得

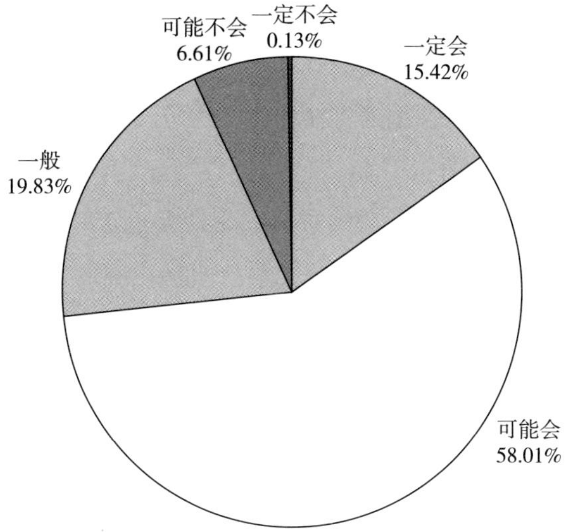

图6　2019年受访用户未来参与直播购物的意愿分布

极为重要。

而由于产业链的垂直化，比起和其他品牌进行合作，这种模式也更容易让达人和团队获取利益，在这种方向下，达人以及MCN机构也会越来越注重供应链的相关能力，形成自己的核心竞争力，而在这样的直播模式下，达人也容易进行个人品牌的积累，打造出属于自己的个人品牌，并将拥有的粉丝流量进行变现，形成良性的循环发展。

（三）直播内容的垂直化与精品化

目前“直播+带货”模式常规的类目还是以服装、家居用品等为主，未来随着平台进一步扩大，“直播+带货”规模的进一步扩大，消费者的需求也会进一步下沉与细分，更多的垂直化的内容也会产生，例如此前快手的直播中，出现了三一重工直播1小时卖出31台压路机的成绩，除此之外，“基地直播”的方式也在试行中，所谓的“基地模式”指的是以供应链为中心，搭建自己的直播基地，招揽直播达人进行直播，这样一来，很多处在长尾的类目也可以享受流量带来的红利，从而进行销售转化，例如玉石、海产等不太常见的类目。

当消费者熟悉了直播电商的模式之后，会对千篇一律的“电视导购风”的内容产生抗拒，所以也会倒逼直播内容生产方对内容的精品化把控，直播的内容也会朝着“内容消费”与“商品推荐”二合一的模式进行发展，单一的导购内容再也无法满足受众的胃口，受众会追求越来越有价值的内容，而在规章制度、平台治理逐渐规范化之后，直播内容的价值观导向甚至会成为评判内容质量的标准。

（四）在新技术加持下产生直播新业态

2019 年不仅被称为“电商直播元年”，还被称为“5G 元年”，5G 技术将成为未来互联网产业发展的重要驱动力，而在 5G 时代来临时，很多技术也将投入新的应用，如 AR、VR 等备受电商直播行业关注的技术，这也势必会催生更多的直播新模式。当 5G 技术与 VR、AR 技术有机地融合时，消费者不仅会在内容方面感受到不一般的临场感，在产品的体验上也会更加直观和具象化。

而人工智能和大数据的赋能大家早已不陌生，抖音的去中心化式的审核机制大家早已耳熟能详，而这些技术在电商直播上的应用范围也已逐步扩大，例如通过消费者对直播的浏览机制为消费者打上兴趣标签，从而为消费者推送最合适的直播内容，这样的一种内容匹配机制应用在直播上，不仅可以增加流量匹配的精准度，在一定程度上还为长尾直播内容的消费提供了强有力的技术支持。

（五）直播生态的规范化和诚信化

作为一个高驱动力的新业态，规范化一定是它良性发展的重要因素，在国家颁布的法规上也不难看出，未来的“直播 + 带货”的模式会进一步规范化、诚信化。从内容端来看，2019 年“双十一”期间，国家广播电视总局办公厅发布的《关于加强“双 11”期间网络视听电子商务直播节目和广告节目管理的通知》，要求在“双十一”期间加强网络视听电子商务直播节目和广告节目服务内容规范，禁止夸大其词，不得欺诈和误导消费者，这类对直播内容进行要求和管控的条例，无疑会促使直播的内容进一步规范化。

另一方面，目前众多平台百家争鸣，在这样的竞争态势下，加强对直播内容的管理和对商品质量的管控，是争抢消费者的关键，只有严抓内容质量，管控商品质量，才能增加消费者的信任度，从而进一步增强消费者对平台和主播的黏性。而这也对主播有了更高的要求，在直播主播接近饱和的情况下，想赢得消费者的青睐，不仅需要极为优秀的口才和内容策划能力，还需要具备对货品的专业性。可以将商品不添油加醋地描述给消费者，配上不带有虚假宣传的描述，匹配消费者的需求，促进消费者进行购买决策，才是评判主播好坏的关键。

在诸多直播内容的轰炸之下，消费者也逐渐洞悉直播背后的内容，在发生虚假宣传、退换货困难的情况下，也会合理进行维权，例如，通过电商平台进行申诉，或者利用社交媒体作为武器捍卫自身的权利，这样的行为也标志着消费者维权意识的进一步觉醒，这也在一定程度上倒逼直播内容的规范化，并且也要求相关平台、部门进一步提高对产品质量的审查标准，以打造更规范化的直播生态。

B.8 新媒体时代粉丝文化变迁驱动网络视听行业变革

陆芳草 陈 鹏*

摘 要： 随着互联网的不断发展，以偶像为中心的粉丝经济驱动了网络视听行业的变革与发展，成为文化产业发展中不容忽视的重要部分。与在传统媒体时代不同，新媒体时代，粉丝有更多的自主性，主动参与偶像明星的养成过程。这种“粉丝劳工”为网络视听行业带来了新的挑战和风险。粉丝文化变迁在带动网络视听行业强劲发展的同时也衍生了难以管理、资源稀释等问题。本报告介绍了粉丝文化在媒介技术发展过程中不断变迁、驱动文化产业发展的过程；分析了粉丝经济背后粉丝成为“免费劳工”的心理因素；并揭示了偶像产业风险所在及新的发展趋势。

关键词： 粉丝经济 网络视听产业 新媒体

无论是在传统媒体时代，还是在新媒体时代，明星的追随者带来的经济价值，是文化产业中不可缺失的重要组成部分。而随着互联网技术的发展，粉丝话语权提升，其潜藏的经济价值也受到越来越多的关注与追捧。可以预

* 陆芳草，香港城市大学媒体与传播系博士研究生，研究方向为媒介效果、青少年网络行为、健康传播等；陈鹏，南开大学新闻传播学院副院长，硕士研究生导师，主要研究方向为传媒经济制度研究、媒介营销等。

见，“粉丝经济”已经进入了快速增长期，借助移动互联网的发展，“粉丝经济”带来的低成本与高效营销必将成为大势所趋。

当一个国家的人均 GDP 突破 1 万美元时，文化产业将迎来快速发展，而作为文化产业的重要组成部分，偶像产业也随即将迎来重大发展机遇。目前，我国正处于这个关键阶段，偶像产业迅速发展，预计在 2020 年总规模或能突破 1000 亿元。核心音乐层（以音乐、演唱会、衍生品等为主）或可达到 495 亿元的总规模，其中，粉丝带来的经济贡献或在 50% 以上。此外，偶像产业衍生层（包括电影、网络剧、网络大电影、综艺、广告、游戏等）亦会产生 505 亿元左右的总规模。①

本报告就粉丝实践的文化变迁进行了系统化梳理，分析粉丝经济背后的消费心理，希望能够客观呈现正在蓬勃发展的粉丝经济，也希望能就此提出如何把握住粉丝经济红利，规避粉丝经济所带来的潜在风险的建议。从新媒体时代粉丝经济的发展方面对网络视听行业的变革做出诠释。

一 粉丝实践的文化变迁

粉丝实践的文化变迁背后展现的是日益掌握话语权的受众。他们是不断驱动文化行业产生变革的重要动力。关于媒介粉丝实践最早的关注起源于对于《福尔摩斯探案集》中福尔摩斯的粉丝的报道。当柯南·道尔在小说中“杀死了”福尔摩斯后，他受到了来自福尔摩斯粉丝的人身攻击，于是又在小说中让福尔摩斯“复活”。② 而在随后的 20 世纪 20～30 年代，杂志的出现与流行为粉丝们提供了一个开放的空间，让他们互相交流、分享对于媒介内容的看法与喜爱。这种交流使得粉丝与粉丝的互相联系、沟通成为可能。③ 即使现代

① 《艺恩咨询：2018 中国偶像产业迭代研究报告》，中国互联网数据资讯网，http://www.199it.com/archives/726690.html，最后访问日期：2020 年 6 月 5 日。

② Grann，D.，“The Devil and Sherlock Holmes：Tales of Murder，Madness，and Obsession，” *Library Journal* 58（2011）：28－28.

③ Jenkins，H.，*Fans，Bloggers，and Gamers*：*Exploring Participatory Culture*，New York：New York University Press，2006.

粉丝群体已经随着《星际迷航》等电视剧的热播而产生，这些早期的粉丝交流与粉丝行为由于媒体技术受到限制。直到随后的几十年，由于音乐电视和家庭录像机的产生，粉丝才拥有了自由创造与喜爱的文本、明星相关的视频或音频的能力。[①] 在这一阶段，粉丝群体的中心在于文本，集中于明星的音乐专辑或是电视剧、电影。粉丝在这些文本中单向地与明星建立关系，进行准社会互动（Parasocial Interaction）。在这些早期粉丝实践中，明星的作品最为重要。粉丝是"过度的读者"（Excessive Reader），所有的迷思都是基于作品。[②]

但随着互联网和社交媒体的发展，粉丝和粉丝社群以前所未有的方式紧密结合起来。这些原本各自着迷的热衷者，打破了时间和空间的边界，聚集在一起，互相交流、讨论。[③] 粉丝们聚集在一起，像一个严密的团体一般商量粉丝相关事宜，并自发地为粉丝社群贡献力量。[④] 这种粉丝参与和集体合作的特性强调了粉丝社群的组织价值。这种自愿的工作、自发的组织和恰如其分的管理方式使粉丝变成了"免费劳工"，前所未有地为文化产业增加价值。这种"粉丝劳工"的现象已经成了现代文化产业必不可失的一部分。[⑤]

"粉丝劳工"的出现，无论是对明星个人的发展，还是对其作品知名度与好评度，均带来一定的正面影响。"粉丝劳工"主要有以下五个方面的贡献：第一，粉丝们自愿地付出大量金钱购买偶像的作品；第二，粉丝们通过改编明星的作品或创作和明星有关的作品以扩大明星的知名度和影响力；第三，粉丝们通过资金帮助他们所喜爱的明星完成作品；第四，粉丝们集资支援偶像；第五，粉丝们选择他们喜爱的明星作品，并通过自我解读和分类，

---

① Bacon-smith, B. C., *Enterprising Women: Television Fandom and the Creation of Popular Myth*, Philadelphia: University of Pennsylvania Press, 1991.

② Fiske, J., "The Cultural Economy of Fandom," *In The Adoring Audience: Fan Culture and Popular Media*, London: Routledge, 1992.

③ Rheingold, H., *A Slice of Life in my Virtual Community*, Cambridge: MIT Press, 1993.

④ Milner, R. M., "Working for the Text: Fan Labor and the New Organization," *International Journal of Cultural Studies* 12 (2009): 491 – 508.

⑤ Gray, J., Sandvoss, C., Harrington, C. L., *Fandom: Identities and Communities in a Mediated World*, NYU Press, 2017.

将作品进行二次宣传。[①] 在中国，粉丝对于偶像的宣传支持尤为突出，帮助自家偶像“出圈”成为粉丝群体最为重要的目标。粉丝与偶像之间的关系也从以前的“以偶像为中心”逐渐变成了“粉丝参与造星过程”。[②] 他们不仅购买、收看明星相关作品，购买代言产品，成为流量基础的经济支持，更是主动成为网络视听行业的“免费劳工”，帮助宣传明星作品进行口碑传播，并用“刷榜”“刷分”等方式提升网络剧、网络大电影、网络综艺、直播、音频等的评分与流量。

例如，鹿晗的粉丝“芦苇”借助社交网络，形成了一个体系庞大、分工细致、目标明确的粉丝社群，对鹿晗的事业形成了强大的推动力。他们有严密的组织分工，共分为三大部门，分别是负责贴吧管理的吧务团队，负责文案、推广、投票、美工、视频等专业行动的工作组，以及遍布全国33个省市直接支援线下活动的分会。制定了严密的粉丝守则、新人教育机制等。粉丝扮演起了经营推广的角色，倒逼媒体和大众对鹿晗产生关注。例如，2015年10月，鹿晗的粉丝组织为鹿晗主演的电影《我是证人》进行推广宣传。10月31日中午，鹿晗吧31个分会组会在全国几十个城市进行包场观影，观影人数突破万人。[③]

粉丝与社群结合带来三方面的优势。第一，为明星打造一套标准化的工业流程，包括选拔、培养，到最后推出市场。若粉丝参与整个打造流程，作为明星产品的直接消费者，他们的选择可以帮助造星体系直接针对消费者需求修改、完善明星产品，可以有效降低明星产品的风险。第二，通过粉丝社群的集体努力，明星的诞生过程成本大大降低。在粉丝助推明星取得一定知名度后，经纪公司便可以高比例从B端（音乐作品、演出收益、衍生品等）和C端（商业代言、活动、片酬等）双重获利。拥有强大的粉丝，自带流量后，明星产品的盈利空间和潜力十分大。第三，这种粉丝群体自带的流量也

---

① Galuszka, P., “New Economy of Fandom,” *Popular Music and Society* 38 (2015): 25 -43.

② 《偶像产业研究——中国篇：千亿规模，会是谁的生意?》，网易，http://dy.163.com/v2/article/detail/DMCH2HJ105178JDS.html，最后访问日期：2020年6月10日。

③ 《鹿晗的粉丝帝国疯狂外表下，她们是严守制度的信徒》，虎嗅网，https://www.huxiu.com/article/134791.html，最后访问日期：2020年6月10日。

是泛娱乐布局的重要组成部分。坐拥强大的流量，偶像能够实现 B 端 + C 端、影视剧、衍生品、音乐、综艺、电影等多个领域的突破，是泛娱乐布局的良好黏合剂。作为产业链的聚合者，带有强大粉丝群体的明星在流量聚合、转化变现上均具有优势，成为文化产业泛娱乐化布局的重要切口。

以近年来爱奇艺首推的偶像养成类网络综艺节目《偶像练习生》为例，节目首创“全民制作人”的概念，将粉丝的参与贯穿节目的全过程，联合商业品牌，增加粉丝投票渠道。通过投票、偶像广告时间、合作应援等多种方式，将粉丝群体转化成消费者，粉丝不仅自己投入时间、金钱、精力帮助偶像赢得比赛，更通过不断的宣传形成流量价值，带来了大量的 C 端收入。粉丝群体所带来的巨大流量使得艺人可以在影视剧、综艺、游戏、直播等多领域均有表现，将新人明星的价值最大化利用，实现偶像、内容、用户和平台的全方位交融。此外，偶像明星是泛娱乐布局的黏合剂，节目平台和经纪公司通过合作的方式“共享经纪约”，有效联动偶像产业上中下游企业，打破行业壁垒。利用粉丝群体的力量，降低文化产品的制作成本，扩大市场，激活中国偶像及其上下游网络视听产业的更迭进程。

二 粉丝画像及粉丝行为背后的心理因素

新媒体时代下粉丝群体的付出与贡献对于网络视听行业以及文化产业布局具有重要价值。要借力粉丝群体，就必须了解粉丝群体的人口构成、文化产品消费习惯，以及消费心理。以此更好地吸引粉丝，夯实网络视听行业发展的重要基础。

根据中艺文化传媒的调研结果，[①] 追星群体正趋于年轻化。青少年学生成为粉丝群体里的主力军。在调研中，有约 70% 的“00 后”是追星族，在“95 后”这一群体中，追星族的比例为 50.82%，而在“90 后”群体中，追

---

① 《我国粉丝经济行业现状及未来发展趋势》，搜狐网，https：//www. sohu. com/a/308489418 _ 100021845，最后访问日期：2020 年 6 月 14 日。

星族的比例则锐减，占比仅有26.78%。而不同年龄段的追星族所喜爱的对象也各有不同。青少年粉丝所喜欢的对象主要是偶像团体、偶像明星。偶像团体在“00后”所喜欢的对象中占比超过60%。而与之相反，年纪越大的人对于偶像团体的喜爱也逐渐降低。他们将热情投入网红、网络主播等由社交媒体塑造的、更贴近生活的对象。另外，不同性别的粉丝群体对于追星的对象也有明显的差别。女性粉丝在追星中更加中意娱乐明星；而男性偏爱的明星类型则更为广泛，对于动漫形象、网红、网络主播、体育明星等类型的关注度均远远高于女性。

此外，根据问卷调查结果，69.04%的追星族都曾经为偶像投入金钱，有4.67%的追星族为喜爱的偶像花费平均每月都会超过5000元。65.7%的粉丝是因为喜爱才舍得为偶像花钱，其中30.56%的青少年粉丝甚至认为为偶像花钱是粉丝的义务，从不花钱的粉丝并非真爱。不同年龄段的追星消费也有不同，除了“80后”追星支出最少之外，以“80后”为中心，无论是年龄增加还是减小，追星的花费均呈现上线趋势，34.05%的“60后”和14.89%的“00后”每月追星的花费均大于5000元。特别是在“00后”群体中，有接近60%的青少年粉丝为偶像消费。

在过去的研究或产业报告中，对明星的喜爱与崇拜普遍被认为是粉丝行为最重要的产生因素。对于明星强烈的情感往往促使粉丝们愿意无偿地为他们所崇拜的偶像付出时间、金钱、精力。明星与偶像往往由媒体所创造，粉丝难有机会直接与明星产生互动；然而，当人们接触明星在媒介中呈现的形象的时候，往往觉得他们真正地与偶像产生了互动。这种错觉的互动被称为“准社会交往”。[①] 特别的是，偶像在媒介中经常直接对着镜头说话，说着看似需要观众互动的一些独白，以一种十分随意的方式进行互动。这使得观众觉得偶像或是在与他们进行交谈，促使他们做出回应，让他们产生了互动的错觉。因此，虽然偶像与粉丝之间的人际关系是单向的、不完整的，但粉丝

---

① Horton, D., Wohl, R. R., “Mass Communication and Para-social Interaction: Observations on Intimacy at a Distance,” *Psychiatry* 19 (1956): 215 - 229.

仍会觉得他们和明星产生了像熟悉的朋友一样的亲密感。[①] 因此，就像在真实的社会关系中一样，当粉丝们感受到了与偶像更亲密的关系时，粉丝就觉得自己有义务为偶像付出，并保持这种单向的情感。[②] 越亲密的人际关系需要越深的亲密度。粉丝们通过集体行为直接参与娱乐明星的发展过程，主动见证明星职业生涯的发展，推广、宣传并支持偶像的作品以增加销量，创作各种各样与偶像相关的作品等。[③] 这会让粉丝们共享偶像的生活与工作，获得更深的亲密感和更强的归属感。

除此之外，当人们在心理上和偶像发展出了更亲近的感情时，他们会想要了解更多关于这个偶像的信息。他们不但从大众媒介中获取有关于偶像的信息，更通过和他人的交流更多地去了解关于偶像的资讯。因此，当粉丝们发展出了对于明星更深的情感时，他们常常寻求粉丝社群来交流自己对于某个偶像的喜爱之情，并分享关于偶像的信息。[④] 更重要的是，粉丝对于某个偶像的喜爱往往不为非粉丝群体所了解，因此，他们更有可能加入粉丝社群去消解那些不被他人理解的孤独感。也就是说，明星和粉丝之间单向的情感变成了一个黏合剂，让不同的粉丝们聚集在一起，加入粉丝社群。通过在粉丝社群中的不断交流，他们对社群产生了认同感，他们觉得自己是粉丝社群的一分子，并且对社群中的其他成员有了较为紧密的联系。

当粉丝自觉成为粉丝社群的一分子的时候，他们的行为便会受到他们对于该社群认同感的影响。在社群活动中，作为一个社群成员，粉丝们的个人身份被模糊，而他们的社群身份认同得到凸显。因为社群身份认同的存在，粉丝们与社群相关的行为、看法、价值观等都会受到群体的影响。他们以集体中的行为与标准来指导自己的行为。在粉丝社群中，粉丝们分享着自己对

---

① Koenig, F., Lessan, G., "Viewers' Relationship to Television Personalities," *Psychological Reports* 57 (1985): 263-266.

② Rojek, C., *Fame Attack: The Inflation of Celebrity and its Consequences*, A&C Black, 2012.

③ Turk, T., "Fan Work: Labor, Worth, and Participation in Fandom's Gift Economy," *Transformative Works and Cultures* 15 (2014): 1-8.

④ McCutcheon, L. E., Lange, R., Houran, J., "Conceptualization and Measurement of Celebrity Worship," *British Journal of Psychology* 93 (2002): 67-87.

于明星的崇拜与喜爱之情，偶像明星的利益也是社群的最高目标。因此，在社群的影响下，粉丝们自发地为所喜爱的偶像贡献力量，在自己投入金钱的同时，通过帮助管理社群，组织、参与打榜，创作与偶像有关的创意内容等为偶像的发展贡献力量。

三　新形势下粉丝驱动的问题与前瞻

粉丝的集体实践在带来巨大经济价值的同时，也带来潜在风险。在传统媒体中被认为是媒介内容接受者的受众，在互联网论坛、微博、微信朋友圈等社交媒体中获得了“发言”渠道。他们可以通过网络平台直接评论、转发、回复等表达自己的观点。此外，这些受众利用日益普及化的网络技术、软件技术，以及自身技能对明星的形象进行新的阐释与塑造。相比于传统媒介中有限的传播范围，互联网的话语空间更为自由与活跃，受众作为信息的发出人、转发人、评论人、接受人，在明星消费中的主体地位被无限放大，拥有日渐有影响力的话语权利。他们的行为与话语，经由互联网的震荡，受到各方的关注。汇聚的目光越多，稍有差池，便有可能酿成明星的公关危机。

例如，2020 年 2 月 24 日，中国男明星肖战的部分粉丝发现知名同人网站 AO3（Archive of Our Own）的作品库平台中收录了有关于肖战的同人文作品。这些粉丝认为同人文作品对于肖战的形象造成了负面的影响。因此，他们向政府有关部门举报了收录或提供相关内容的网络平台，包括 AO3、哔哩哔哩、乐乎（LOFTER）、百度网盘等。同时，他们直接向中国网络监察部门举报。在粉丝的重重举报以及压力下，知名同人网站 AO3 无法从中国的 IP 访问，作品库也被封。这使得这些圈子的用户开始抵制、攻击肖战所出演的影像作品、代言的产品等。肖战粉丝们的集体举报、攻击同人文写手以及读者的行为形成了巨大影响。这些行为直接导致了肖战的影视作品在社交网站被恶意“刷低分”，商业代言的产品的相关平台亦收到了大量攻击肖战的留言。作为并没有直接参与，而是被维护的主角肖战，也不得不出面为自己粉丝的行为向公众道歉。[①] 其本人的公众形象也受到了毁灭性的打击。这次事件让畸形的粉丝文化暴露在了镁光灯下。不加管理与引导的粉丝集体行为会将所有负面影响加诸明星的形象本身。

（一）明星与粉丝群体捆绑“标签”

为应对新媒体时代粉丝实践的高度自由，以及粉丝实践所带来的巨大影响，明星经纪团队需要对粉丝群体的行为进行引导，合力经营明星形象标签。明星迎合一种社会中存在的人格典型，并放大形成人设。这样一种人设，是一套话语，是明星个人、其荧幕形象及其观众舆论的集合体。[②] 因此，尽管明星本人没有直接与粉丝行为挂钩，但一旦粉丝有负面行为，则是“粉丝行为，偶像买单”。大众很容易将媒体中所获取的粉丝行为带入明星人设形象，形成自己对于明星的看法和观念。特别是在当前泛娱乐背景下，明星的私生活和荧幕形象界限被打破，明星的公众形象由荧幕蔓延至所有的日常言论、私生活、相关人士（包括粉丝、经纪人、家属）行为等。由此，就可以解释为什么粉丝经济同时潜藏着明星公共形象的风险：明星展示给公众的是被塑造出来的形象，公众接触明星总是通过媒体或经由他人介绍，在新媒体时代下，推广偶像知名度是粉丝行为的一大目的，公众很有可能是透过粉丝行为了解明星，因此便可能将粉丝行为投射在明星身上。

塑造一个积极正面的明星形象，与粉丝的行为密不可分。通过与粉丝社群组织者的沟通，明星经纪团队可以与粉丝群体共同打造一个积极向上的明星标签。不论明星团队选择如何的“人设”，积极正面的形象均是不可或缺的一个明星标签。《电影产业促进法》第九条规定，“电影行业组织依法制定行业自律规范，开展业务交流，加强职业道德教育，维护其成员的合法权益。演员、导演等电影从业人员应当坚持德艺双馨，遵守法律法规，尊重社

① 《肖战粉丝偷袭 AO3 始末》，电影工厂微信公众号，https：//mp. weixin. qq. com/s/zAKDkm2YOrbddM_ pa9H7OQ，最后访问日期：2020 年 6 月 14 日。

② 〔英〕理查德·戴尔：《明星》，严敏译，北京大学出版社，2010。

会公德，恪守职业道德，加强自律，树立良好社会形象”。① 此外，正面积极的形象也是各行业协会艺人的自我需求，如北京演出行业协会成立道德自律委员会，发布了《北京演艺行业道德自律行为规范》和《北京市演艺界慎独自律倡议书》，呼吁明星应争做德艺双馨艺人，讲信用、讲诚信。② 明星在进行自身形象经营的同时，粉丝的行为也是其积极正面形象的重要组成部分。例如，在慈善类公益活动中，越来越多的年轻明星参与活动，成为公益事业中的重要力量，不仅如此，他们影响了更多的粉丝去了解并参与其中，成立了粉丝基金会。在身体力行践行社会责任的同时，塑造了积极正面的公众形象。根据基金会中心网统计，截至 2019 年 10 月 14 日，共有约 19 个专项基金是由明星独立或联合发起成立。③ 这些粉丝爱心基金通过对公益行动的坚持与付出，在表达自己对偶像贡献一份力的同时，更为偶像的正面公众形象添砖加瓦。最典型的例子是在 2006 年成立的李宇春的玉米爱心基金。这是我国首个由歌迷捐款设立并命名的专项基金。截至 2019 年 3 月 12 日，该基金已累计接收近 1700 万元。这些款项除了救助白血病、听障儿童之外，也用于重大疾病救助项目、灾区救援与重建等。④ 这对李宇春的正面人设打造有不可替代的正面影响。

（二）核心粉丝基数有待拓展，海外成熟偶像产业市场竞争

在现阶段我国偶像产业市场竞争中，日韩偶像占据了市场中非常重要的地位。根据百度贴吧数据，中国粉丝对于日韩偶像排名前 20 位的关注人数总计 2546.3 万人。同时，核心付费粉丝大约占粉丝总群体的 20% ~40%，

① 《中华人民共和国电影产业促进法》，中国政府网，http://www.gov.cn/xinwen/2016-11/07/content_5129785.htm，最后访问日期：2020 年 6 月 14 日。

② 《北京演艺界承诺：不录用不组织涉“黄赌毒”艺人参加活动》，搜狐网，https://www.sohu.com/a/252705060_419351，最后访问日期：2020 年 6 月 15 日。

③ 《数说基金会丨看这些青年 icon 如何玩转专项基金》，搜狐网，http://sohu.com/a/349067188_247771，最后访问日期：2020 年 6 月 15 日。

④ 《玉米爱心基金》，百度百科，https://baike.baidu.com/item/%E7%8E%89%E7%B1%B3%E7%88%B1%E5%BF%83%E5%9F%BA%E9%87%91/8438151?fr=aladdin，最后访问日期：2020 年 6 月 15 日。

规模不到2000万人，二八定律分布明显。[①] 对比中日韩三国的粉丝经济，可以发现我国娱乐工业体系目前尚不成熟，还处于早期阶段，偶像产业结构尚待优化。日本的偶像产业拥有悠久的历史，早在20世纪70年代就已经产生。目前发展十分成熟，涵盖了选拔、培训、企划、制作、宣发、粉丝运营等完整的体系。目前典型的偶像运营模式主要有两种：第一种是杰尼斯事务所，以“会员费+衍生品消费+大众娱乐”方式进行盈利，打造男艺人和男性偶像团体；第二种是48系，经营养成偶像，以“剧场+握手会+总选举”的方式衍生出多个亚洲女子偶像团体。日本的偶像产业完全建立在养成模式上，年轻偶像在驻唱、生活表演中快速迭代，经过进步和成长，再进军电视节目，扩大受众群体。而韩国的模式则是直接诉诸粉丝，最大限度地动员消费者的能动性。韩国打造了精英偶像培育机制，经纪公司在素人选拔、作品制作、资源调动等方面占据主导地位。工业化程度很高，进行偶像的流水线式操作。主要由练习生海选、培训、淘汰、出道、单飞或退出等阶段组成。特别的是，韩国偶像产业积极出海，每年均有全球招募活动，迎合全球粉丝市场。[②]

对标日韩百亿的市场规模，我国的偶像产业在未来或能达到千亿级别的市场规模，接下来的几年则会是高速发展期。目前正是布局偶像产业的重要时期。从网络视听行业的粉丝基础出发，目前的布局方向大致可以描述为以下两个方面：第一，粉丝的巨大流量来自偶像，因此直接经营偶像艺人经纪是最切中核心需求的布局；第二，偶像艺人带来的粉丝红利需要上下游公司联动收割，因此偶像艺人经纪发展的上下游产业链，包括版权、直播、视频网站等也可以大力发展。同时，面对我国核心粉丝基数有待拓展的问题，亦可以参考日韩模式。目前，我国并没有产生完善的偶像产业链，对比日韩式“偶像”高性价的盈利方式，仍处于偶像产业探索初期。无论是日本的“养

① 《偶像产业研究——中国篇：千亿规模，会是谁的生意?》，网易，http://dy.163.com/v2/article/detail/DMCH2HJ105178JDS.html，最后访问日期：2020年6月15日。

② 《偶像经济，中日韩三种模式哪家强?》，百度，https://baijiahao.baidu.com/s?id=1652023061249660311&wfr=spider&for=pc，最后访问日期：2020年6月14日。

成偶像”低成本，快速迭代路线，或是韩国的高成本、高利润模式，他们的共同点都在于低成本、高性价比、快速迭代、瞄准目标受众，激发狂热的粉丝群体与追星行为。目前我国的练习生制度正处在不断完善的过程中，偶像打造呈现专业化、工业化的趋势。同时，核心粉丝市场正在逐渐成熟，偶像产业的上下游经济链将不断延长。这些也是我国偶像产业进入成熟工业化生产时代的重要目标。

（三）各路资本涌入稀释资源，造星需走向高质化

自从2005年《超级女声》一夜爆红之后，中国的文化产业始终在探索一个成熟的综艺造星体系。从传统电视平台的《超级女声》，到台网联动的《燃烧吧少年》、再到网络综艺的全面爆发带来《中国有嘻哈》《明日之子》《偶像练习生》等，由平台主导的综艺造星体系成了主流方式，有着周期短、效率高、产业链拓展、商业价值高等优势，引领造星体系迈入新纪元。但也正因为看到偶像产业的潜力，各路资本纷纷涌入，大大稀释了资源。[①] 偶像养成并非一朝一夕，优质的偶像需要经过一年、两年，或更久时间的练习，在海外甚至需要延长到四年及以上的练习时间。但当整个文化市场看中偶像产业的经济效益蜂拥而上时，由于练习生的数量有限，就有可能利用更短的时间速成一些素人，就将其推向市场。这样短期培养、质量较低的偶像养成可能会带来生命周期短、活跃时间短等问题。

因此，偶像养成需要走向高质化，延长培养周期，打造优质练习生，同时了解、开发粉丝需求。一方面，随着国内偶像产业的不断成熟、工业化，国内练习生制度需要不断完善。在成熟的练习生培养中，这些练习生们的整体艺能水平会带来一定提升。同时，由于艺能水平的提高，这些练习生们出道后也往往会有更优秀的表现，用实力持久输出优质作品，带来更长的活跃周期。同时，在成熟的偶像养成体系中，经纪团队需要不断拉近偶像和粉丝

---

① 《网络时代的偶像养成》，百度，https：//baijiahao. baidu. com/s? id = 1601985803696359517&wfr = spider&for = pc，最后访问日期：2020年6月14日。

的距离，增强互动。在出道后的养成过程中注重提升偶像给粉丝带来的陪伴感，对粉丝的需求不断开发，将会整体延长偶像的活跃周期和演艺生命。

（四）新冠肺炎疫情后面临的新形势与挑战

自新冠肺炎疫情发生以来，各行各业均受到重创，传媒行业尤其受到重大影响，面临剧组停工、综艺录制搁浅等问题。但随着疫情的逐渐收尾，我国整体经济逐步恢复到正轨。灾难过后，人们在补偿心理的影响下，对消费和娱乐有了更大的需求，从而即将刺激更大的消费增长。经历了两年调整又遭遇疫情冲击的视听行业即将再次洗牌，重构行业新格局。

在全球面临新冠肺炎疫情所带来的负面影响下，经济放缓成为必然。然而经济越疲软，文化娱乐消费的需求反而会逆市增长。每当经济不景气时，人们都会降低对于收入和未来的预期，于是会率先削减房子、车子、旅游等大宗消费。因此，反而可能会比正常时期多出一些“闲钱”购买一些虽然廉价但并不是必须的物品。因此，在经济疲软时期，这些廉价而非必要之物的消费反而能够逆势而上。例如，在 20 世纪 90 年代中后期东南亚金融危机爆发之后，日本诞生了现象级艺人团体岚和早安少女；而韩国则开启了以 H. O. T 为代表的韩流 1. 0 时代。在 2007 ~2009 年全球金融危机之后，日本诞生了国民级偶像团体 AKB48；而韩国也借此进入了韩流 2. 0 时代，产生了东方神起、Super Junior、少女时代等极具影响力的偶像团体。正如关于电影行业的讨论中提到的中国电影可以借“口红效应”找到逆市的机会，网络视听行业亦可以倚借“口红经济”，利用粉丝群体的付出和流量能力在经济疲软时期从中获益。

与此同时，新冠肺炎疫情期间尝试的电影在线首播、“云综艺”、“云录制”等创新模式为网络视听行业提供了冲出重围的途径。如何将新媒介时代下粉丝的驱动力灵活地与网络视听内容的内容与形式融合亟待思考。例如，2020 年 2 月 4 ~8 日，摩登天空在哔哩哔哩直播间发起了“宅草莓不是音乐节”的线上演出活动。播放了约 73 组艺人的历年演出录像或部分全新的音乐内容，将大型音乐节以线上直播的方式放上网，收效立竿见影，吸引了 20 余万观众。这启示了在网络内容创新的同时，粉丝群体作为基本受众在吸引流量方面表现出了强大的驱动力，成为凝聚人气的基石。针对粉丝群体线上化的娱乐需求打造网络视听节目品牌正成为趋势。此外，这种网络节目的独特之处在于亲近核心年轻粉丝群体，特别是平台的选择，哔哩哔哩的年轻粉丝群体有很强的社区文化，能够精确触达用户群，在粉丝群体的震荡下守住每一位受众的注意力。

B.9 2019年网络电影年度热点梳理及未来展望

任治俐　窦黎黎*

摘　要： 2019年，网络大电影正式更名为“网络电影”。网络电影经过了5年的发展，在相关指导政策成熟、产量回落而品质提升，以及5G和AI的一些新技术产生后，新类别的内容产品也在探索，陆续出现了竖屏电影、互动电影等尝试。2019年是网络电影沉淀、自我更新并加速精品化的一年，也是真正迎来了网络电影转型的起点年，从业者也将迎接全新的市场。在不断地自我更新和迭代后，网络电影从草莽的“跑马圈地大乱斗”，进入了一个规范有序的新阶段。2020年，是机遇，更是挑战，期待行业的继续革新和自我突破。

关键词： 网络电影　视频平台　网络营销

经过了5年的发展，2019年网络大电影正式更名为“网络电影”，在相关指导政策成熟、产量回落而品质提升之后，真正迎来了网络电影转型的起点年，从业者也将迎接全新的市场。

---

* 任治俐，资深营销专家，现就职于北京爱奇艺科技有限公司，主要研究方向为院线电影和网路电影的市场发展和创意营销；窦黎黎，北京米和花影业有限公司创始人、CEO，历任凤凰网电影主编、爱奇艺电影主编、爱奇艺影业项目投资部总经理、爱奇艺网络电影开发中心总经理。

在指导政策方面，从曾经的视频平台自审，改为合作方自主备案，建立优秀网络视听节目创作研评机制，对优秀的网络电影给予鼓励。2019 年整体上线量同比下降 49%，但播放表现仍稳步提升，全年累计正片播放同比提升 24%。以爱奇艺、腾讯、优酷为重要代表的视频平台对网络电影继续加大重视力度，在统计收入的平台中，截至 2019 年 12 月，爱奇艺共有 25 部影片票房收入突破千万元，相较 2018 年同期数量提升 33%；截至 2019 年 12 月，优酷共有 12 部影片票房收入突破千万元。在内容题材上，出现了《大地震》《北京女子图鉴》《小镇车神之五菱漂移》《毛驴上树》《我的喜马拉雅》等以前较为少见且口碑较好的现实主义作品，在网络电影的类型边界上做出了进一步的突破和探索。在营销方式上，短视频平台贡献了值得参考的导流及曝光方式，同时，视频平台也为网络电影的营销做出了积极的探索，爱奇艺与重点项目片方一起联合营销，从平台资源和营销方式上给予指导和支持，阿里推出的“灯塔”计划，帮助影片整合短视频营销资源，实现营销效果最大化。同时，由于 5G 和 AI 的一些新技术的产生，新类别的内容产品也在探索中，2019 年陆续出现了竖屏电影、互动电影等尝试，虽还不成熟，但也迈出了努力的第一步。

一　政策指导

2019 年对于网络电影行业来说，最大的变化莫过于由平台自主备案，更改为由广播电视节目制作机构提交信息进行审核备案。在 2019 年以前，网络电影只需拍摄完成后提交视频网站上线申请，视频网站根据自身对于内容的判断及政策的要求，做出是否准予上线的结论，申报备案主体为各大视频网站。视频网站为待播出项目进行申报，为这些影视内容上线后造成的影响负责。对于制作机构来说，此前无须通过节目信息的提交，只需要完成拍摄和制作，就可以申请上线。

2019 年 1 月，国家广播电视总局网络视听节目管理司指导监督网络视听节目服务机构，以全面反映网络视听节目的导向意义、社会价值和影响力为目标要求，规范节目综合评价行业行为，维护健康清朗的网络空间。

继爱奇艺发布声明，宣布告别“唯流量时代”，正式关闭显示前台播放量，逐步以“内容热度”代替原有的播放量数据之后，各方坚定支持回归以内容为核心，积极落实网络视听节目综合评价体系。

2019 年 2 月 15 日，重点网络影视剧（包括网络剧、网络电影、网络动画片）信息备案主体正式由网络视听节目服务机构改为广播电视节目制作机构。各视频平台纷纷修改申请上线流程，以适应新要求。

2019 年 3 月，国家广播电视总局提出《关于推动广播电视和网络视听产业高质量发展的意见》。该意见提出“到 2025 年，广播电视和网络视听内容创作生产更加繁荣，作品质量更加精良，不断推出更多符合新时代要求，既能在思想上、艺术上取得成功，又能在市场上受到欢迎的精品佳作”。

2019 年 4 月，国家广播电视总局建立优秀网络视听节目创作研评机制，对立意好、质量高、反响佳的节目予以通报表扬，引领网络视听行业风向。

2019 年 10 月，为推动网络电影在新时代承担新责任，中国电影家协会网络电影工作委员会联合爱奇艺、腾讯、优酷三大网络视听平台向全行业发出联合倡议——倡议全行业凝聚共识，以“网络电影”作为通过互联网发行的电影的统一称谓。

至此，网络电影经历了五年的发展，不断地自我更新和迭代，从草莽的“跑马圈地大乱斗”，进入了一个规范有序的新阶段。

二　内容热点

2019 年全网共上线网络电影 723 部，比上年同期的 1241 部减少 41.7%。其中，爱奇艺全年共上线 390 部独播网络电影，优酷共上线 164 部独播网络电影，腾讯视频全年共上线 141 部独播网络电影。网络电影市场经历了 2016 年、2017 年的爆发式增长后趋于平静，尽管 2019 年整体上线量同比下降将近一半，但播放表现仍稳步提升，2019 年全年网络电影累计正片播放48.2亿次，同比提升24%。截至2019年12月，爱奇艺共有25部影片票房收入突破千万元，相较2018年同期数量提升33%；截至2019年12月，优酷共有12部影片票房收入突破千万元。腾讯视频《天剑修仙传》《李白之天火燎原》两部影片异军突起，正片播放均突破9000万次。

综观分账过千万元及播放量靠前的影片中，不难发现，网络电影卖座影片类型集中，古装、怪兽、玄幻、冒险等类型仍然是主力队员。但与前几年同质化题材扎堆、粗制滥造的制作相比，2019年的头部影片品质有了一定的提升，平台也进一步提高了评估门槛，涌现出了类似优酷《大汉十三将之血战疏勒城》、爱奇艺《大地震》、腾讯《李白之天火燎原》等收入和口碑都不错的影片。而即便是怪兽片，如优酷2600万元分账的《水怪》等，也在制作上做出了艺术探索。

小说、影视IP改编的网络电影，在2019年成为一个亮点。由于知名小说IP版权费用较高，在网络电影起步阶段，鲜有改编。2016年爱奇艺《老九门》番外网络电影取得较高的收入之后，越来越多的小说IP进入网络电影改编行列。2019年爱奇艺分账最高的影片为小说IP改编的《鬼吹灯之巫峡棺山》，为3470万元，而在腾讯独播的《鬼吹灯之怒晴湘西》，也取得了4014万播放量。《陈情令之生魂》在全网掀起热议后，紧跟网剧在爱奇艺上线，获得1969万元分账收入的好成绩。而根据影视IP改编的“季播电影”《北京女子图鉴》由于制作讲究，也获得了较好的口碑。

同时，在前几年网络电影题材类型同质化较为严重的情况下，2019年涌现出一批叫好又叫座的现实主义题材影片，2月优酷与共青团中央联合出品的《大汉十三将之血战疏勒城》收入为1271万元；7月爱奇艺《陈翔六点半之重楼别》收入为2232万元；9月在爱奇艺上线的《大地震》获得1663万元收入，并得到《人民日报》发文好评；9月北京广电重点网络视听项目、基金扶持项目《毛驴上树》在爱奇艺获得1150万元收入。

2019年是网络电影沉淀、自我更新并加速精品化的一年，越来越多的专业人才和制作团队加入创作行列，同时一直坚守艺术品质的团队在市场的锻炼中得到提升，网络电影逐渐摸索出一条与市场、与用户彼此自洽的道路。

三　新技术探索

2019年6月，工信部向中国电信、中国移动、中国联通、中国广电四家企业发放5G商用牌照，7月，爱奇艺发布IVP互动视频制作插件；2019年5月31日，腾讯上线首部互动网络电影《画师》；11月，优酷推出AI“观影情绪模拟”全链路数据服务（播前内容优化、营销内容策划、播后内容复盘等）。

笔者作为在互联网行业工作了将近十年的老兵，不但见证了网络电影从无到有、从网络大电影变成网络电影，还见证了视频网站的爆发式增长。亲身感知了由于4G时代的到来，视频网站崛起，大家看视频更方便，卡顿减少，体验更好，这也为视频网站会员付费业务发展带来了机会，更多人愿意付费观看视频。同时手游业务兴起，游戏体验更好，也为游戏行业带来了巨大的红利。再后来，短视频开始与长视频网站争夺流量，短视频平台崛起，主播带货、直播平台的发展，这一切的蝴蝶效应，或许都与网络提速的一次振翅有关。那么即将到来的5G时代，我们在内容创作上面，可能带来哪些变化？

从技术层面来说，5G给内容行业带来的影响是显而易见的，4K、8K、杜比音效和3D等效果，从制作层面上来说，已经比较容易实现，但目前观影最好的体验场所还是电影院。5G普及后，相信家庭影院会大有作为。

此外，5G会极大地提高采编剪辑工作效率，当未来传输这些素材只需要几秒钟的时候，那么我们的制作效率将大大提高。同理，现场直播的新闻赛事、突发事件，包括垂类的个人需求比如典礼、会议等会更加便捷，人与人之间的距离进一步缩短了。

游戏的体验更加丰富，游戏的线下互动和沉浸感更强，VR场景的应用更多，AI智能设备的响应等待时间更短，游戏有更多空间与线下场景相结合。如果说4G内容的创作是让用户立足线上的话，那么5G或许会让用户从线上回归线下。很多曾经设计的科幻场景都变成了现实，比如人脸支付的普及、人工智能家居的应用等，当年觉得遥不可及的事情，现在全都变成了日常。随着科技的进一步发展，5G与AI的结合，会加速科技在日常生活中的应用，我们有时候会焦虑，因为电影是在造梦，我们觉得想象力不够用了。做内容关注的是人，是人的情感和命运，在科幻片都成为现实的时候，或许我们也应该从造梦回归到现实，5G和AI为我们提供了更多这样沉浸式和互动的可能，我们不再被动地接受剧情，而成了剧情里的参与者，从旁观者变成了故事的主角。非常期待在互联网进一步提速的当下，看到更多突破原来内容的体裁，更能连接人的情感的内容。

四　平台助力

自从2014年爱奇艺首推“网络大电影”概念以来，其帮助很多年轻的专业团队成功迈出了电影制作的第一步，经过多年的发展，爱奇艺、腾讯视频、优酷等平台都推出了扶持政策，覆盖项目前中后期，利用自身的优势资源助力网络电影的发展。

2019年，爱奇艺率先提出网络电影“联合营销”概念，爱奇艺从A级网络大电影中选取具备商业潜力和口碑潜力的影片，主动发出联合营销合作邀约，投入专项百万级现金并提供头部营销资源与营销团队服务。最后根据播放类指标、用户互动类指标和营销周期表现指标等维度判定是否通过营销分成。对于潜力项目，爱奇艺将从项目成立之初即进行合作邀约，并根据项目需求，为其匹配资金、主创、演员团队和前置的营销服务。值得一提的是，爱奇艺向合作片方开放多维营销数据，通过爱奇艺号可以直观看到影片预约数据变化趋势，并在影片上线后，获知预约观众转化率。开放用户画像，不仅能了解影片观众的详细年龄、地域分布，还能与预约观众画像进行对比。新增舆情表现和指数中心，更加全方位了解站内外的影片舆情与热度。网络电影《陈翔六点半之重楼别》与爱奇艺一起联合营销，电影上线首日用户主动搜索带来的流量高出同期上线A级网络大电影4.6倍，荣登电影乐搜榜第一名，豆瓣评分7.1，票房分账收益突破2200万元。

阿里影业的“灯塔”计划是2018年为电影片方和宣发公司提供的营销整合服务，包括可视化数据驱动、规模化资源投放、可量化宣发效果等服务，首期6个工具分别为热力站（广告规模化投放）、口碑宝（社交媒体矩阵）、票补通（定向票补工具）、八爪鱼（舆情监测系统）、爆米花（全网热度指数）和试金石（真实用户调研）。通过这些工具，“灯塔”帮助电影宣发完成智能化升级，实现精准用户画像、域内外资源整合，并且给予片方在宣发方面更大的可拓展空间。2019年，优酷将“灯塔”的精细化营销能力接入网络电影领域，提升了优酷合作伙伴的宣发效率。

腾讯视频对于网络电影的支持除了营销以外，同时注重对前期项目的引导和投入，2019年通过参与出品和投资，确保了优质项目和平台用户属性的匹配，也帮助制作团队解决了一部分融资以及营销方式的选择问题。在2020年初，腾讯视频网络电影分账规则全新升级，从单价定价和推广资源配置上，为优质影片提供更强的支持力度，单次有效点击分账单价最高能达到4元，并协同腾讯众多其他产品线一同为影片的营销助力，票房数据也随着产品的推进更加公开化。

五　行业展望

经过2019年的沉淀，网络电影行业从一开始的热钱涌入、不注重口碑和品质的批量生产、同质化严重，到如今佳作频出、品质不断提升、从业者专业水平不断加强，年轻创作者拥有了展现自己的舞台，也涌现出了很多可圈可点的案例。但从整体发展来看，网络电影虽与网络剧、网络综艺处于同一起跑线，但目前还有许多值得提升的空间。从业者应该尊重艺术规律，把更多的精力放在剧本的打磨和制作的细节上。作为平台和制作机构，虽应当去研究用户，但不能全被用户的喜好牵着鼻子走，作为艺术创作者，应该去观察生活、做出艺术探索，在故事里反映生活、思考人性的复杂与温暖，在美学上给予观众惊喜、突破和升华。2020年对于任何行业来说都不是一个寻常的年份，国内国际的线下产业受到重创，短期内难以全面恢复生产。对于网络电影目前的从业者来说，虽是一个有利于自身发展的窗口期，但如果不实实在在地提高艺术品质，同样难以突破行业口碑，更难以面对更专业的电影制作者的降维打击。2020 年，是机遇，更是挑战，期待行业的继续革新和自我突破。

B.10
"短视频+",2019年数字营销的重要方式

尹 鸿 黄 莺*

摘 要: 2019年,短视频已经成为成熟的媒介形式,是人们日常生活、娱乐休闲、接受广告营销、购买商品、学习经商的主要方式之一,也是很多公共主体推广品牌化形象的重要途径。一年时间,"短视频+"这一与其他产业相结合的形式成为短视频产业中最主要的发展现象。本报告以"短视频+文旅""短视频+教育"为案例,分析"短视频+"在2019年的发展状态,并总结短视频对经济、社会、人的思维的巨大影响。

关键词: "短视频+" 文旅 教育

根据We are social 2019年1月的全球互联网数据报告,全球76.76亿人中有50.11亿人使用手机,有43.88亿人使用互联网,其中34.84亿人是社交媒体活跃用户、32.56亿人是手机社交媒体用户。[①] 相较于2018年的相应数据,每一项都呈上升态势,其中手机社交媒体用户增长最多,增长率达到10%。从全球不同地区的互联网用户比例来看,北美、北欧互联网用户高达95%,西欧94%,南欧88%,东欧80%,南美73%,大洋洲69%,西亚

---

* 尹鸿,清华大学教授,澳门科技大学特聘教授;黄莺,澳门科技大学电影学院2017级博士研究生。

① We are social, Digital 2019 China, http://wearesocial.cn/digital-2019-china/,最后访问日期:2020年3月1日。

66%，中美洲63%，东亚60%（见图1）。其他地区的互联网用户与总人口的比例，皆低于60%。可见，东亚的互联网用户数量仍有很大的上升空间。

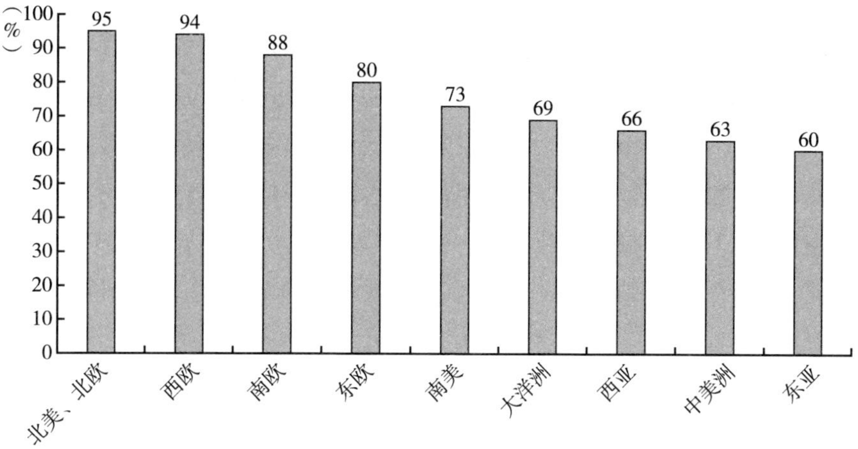

图1　全球不同地区互联网用户占该地区总人口比例

从中国的情况来看，手机注册用户有15.43亿，是总人口的109%（说明有大量用户不止拥有一台手机）。网络活跃社交媒体用户10.07亿，手机社交媒体用户同样也是10.07亿。中国人每天使用任意设备访问网络的平均时间是5小时52分钟，每天使用社交媒体的平均时间是1小时57分钟，观看视频的平均时间是2小时44分钟，在网络听音乐的平均时间是1小时10分钟。中国手机App用户下载榜单，按照名次分别是：抖音、拼多多、爱奇艺、腾讯视频、微信、头条、淘宝、百度、QQ、支付宝。手机APP按照收入排行分别是：腾讯视频、爱奇艺、快手、优酷、QQ、QQ音乐、陌陌、喜马拉雅FM、全民K歌、探探。

在互联网不断发展的大背景下，中国短视频产业在2018年异军突起之后，每年用户数量都处于增长状态。QuestMobile的数据显示，2019年上半年，中国在线视频用户规模为9.64亿，短视频用户规模超过8.2亿。[①] 可

① 《QuestMobile短视频2019半年报告：总量赶超长视频》，快科技，2019年8月6日，https://baijiahao.baidu.com/s?id=1641082484877858285&wfr=spider&for=pc。

见，短视频与在线视频活跃用户的规模差距进一步缩小了。

根据列夫·曼诺维奇对新媒体的解读可知，新媒体是受算法控制的，新媒体内容中的图像、声音、形状、行为等不同的媒体元素都是由更小的像素、体素、文字、数字构成的，且可以通过编程来进行调整。例如我们可以将一个有趣的名人表情从原图中截取出来，配上不同的背景和文字，构成一个具有新的文化意义的整体。曼诺维奇认为互联网文化使用的是数据库逻辑，即对“无数的没有结构化的图像、文本和其他数据记录”进行存放、组合和使用。① 短视频正是数据库逻辑的产物，用户可以用非常简单的方式将不同的音乐、视频、文字、图片进行剪切、拼贴，形成属于自己的新创作。

短视频内容的易制作性、观看场景的灵活性、传播的便利和快捷，使其成为众多产业运用的重要新媒体手段。本报告主要探讨“短视频”与其他产业的结合情况，具体使用短视频 + 文旅、短视频 + 教育、短视频 + 电商案例来进行阐述，以分析短视频对整个社会的影响力。

一　热门话题到文化现象：短视频 + 文旅营销模式

15 秒的基本时长、刻意加快的语速、图文与视听结合的形式让短视频成为当代中国社会具有高传播度的媒介形式，也成为人们分享生活的新渠道。旅游体验是人们分享生活的重要内容之一，短视频让分享用户更完整地传递自己旅游中“高光时刻”的感受，也让其他接受信息的用户更迅速且直观地了解旅游地的特色。因此，短视频 + 文旅的营销模式成为近两年旅游营销中不可或缺的一部分。

2019 年，仅抖音短视频，就有超过 1.8 亿用户在这个平台上记录并分享自己的旅行生活。2017 年，永兴坊摔碗酒的视频在抖音走红之后，2018 年超过 50 万游客在西安参与过喝酒摔碗活动。据西安市文化和旅游局统计，2018

① Lev Manovich, *The Language of New Media*, Cambridge, MA: MIT Press, 2002, p. 219.

年五一期间西安市接待游客同比增长69%，旅游总收入同比增长达139.12%。2019年11月9日，有抖音网友发布了西安"大唐不夜城不倒翁"的视频，该话题迅速登上了抖音热搜榜第一名，网友们争相前往西安大唐不夜城打卡"不倒翁"景点。截至2020年3月1日，以"大唐不夜城不倒翁小姐姐"为话题的视频有2508个，播放量达9262.2万次，以"大唐不夜城不倒翁"为话题的视频有40000个，播放量达25.5亿次。西安这两次短视频营销的成功在于其挖掘了西安景点和城市背后所蕴含的故事性，让人们产生情感共鸣之后引发旅游意向。但是这一类热点话题式的营销手段只是短时有效，互联网中的信息量极为巨大，人们对一个热门话题的消费时间并不长。

木心先生的诗《从前慢》中写道："从前的日色变得慢，车，马，邮件都慢。"而我们现在常常用"高速发展社会""加速社会""时间饥荒""失控的世界"来形容所处的当今社会。[①] 社会学家认为，时间是一种社会实体，是由人类与世界互动的集体节奏所形成的。[②] 也就是说，人们在社会中行为的改变会影响人们对时间的感知。技术改变着人们的社会行为，也就改变着我们的时间观念。数字时代，人们可以一边刷手机新闻一边看综艺，一边办公一边听音乐。人们习惯在单位时间内多线程工作，时间的密度得以增厚。当人们对信息的速率有了越来越高的要求时，信息的淘汰周期也在不断缩短。因此，热门话题有了讨论的密度，却很难有讨论的持续度。要想持续让短视频+文旅的模式奏效，就要持续推出新的热门话题，并让旅游地具有吸引力的文化活动形成长期积极的文化现象。增加热门话题只是在品牌形象塑造上进行了点状发力，只有将足够多的点连接成城市品牌形象时，才能使人们留存下经得起时间考验的长期印象。就像《星球大战》是通过不断推出新的电影、电视、漫画等文化内容，形成具有强粉丝参与度的故事宇宙，才成为一个让人们印象深刻的文化现象的。短视频+文旅有助于旅游地形成

① J. Wajcman, *Pressed for time: The acceleration of life in digital capitalism*, University of Chicago Press, 2015, p. 1.

② J. Wajcman, *Pressed for time: The acceleration of life in digital capitalism*, University of Chicago Press, 2015, p. 2.

热门话题，但要形成长期的文化现象，就需要不断推出主题统一、周期合理、内容优质的话题，让热点逐渐形成影响面。

虽然短视频给用户自制内容提供了成为热门话题的机会，但是要形成影响更深远的文化现象就需要官方部门、公共机构、商户以及普通用户等不同层面支持、参与和互动。

地方政府层面开通短视频官方号，增加地方旅游宣传片的宣传平台，并有针对地推出专门为短视频平台订制的宣传视频，利用短视频直播功能进行旅游推广。政府与短视频进行官方合作能更好地引导其他层面的组织、机构及个人参与当地的宣传和互动。新疆哈密市人民政府与北京快手科技有限公司签订战略合作协议，通过“视频直播 + 旅游”的模式来宣传哈密文化旅游资源。双方共同推进哈密传统工艺工作站和顶级刺绣师开通快手账号，推广刺绣非遗技艺，形成对刺绣的品牌化经营。

旅游从业人员、旅游达人以及其他行业的名人使用短视频进行文旅营销具有很好的传播效果。旅游专业人员通过短视频可以把自己专业的旅游知识传递给更多的人，不仅宣传了旅游地，而且可以形成业务对接。导游周天送使用短视频平台进行张家界旅游营销后，由原来在旅行社一个月接不超过十单客户，到一个月接几十单甚至上百单客户。[①] 旅游达人房琪kiki 制作的贵州黔南州荔波县短视频在抖音播放量达到了 2.5 亿次，使 2019 年五一期间荔波县的旅游收入同比增长 68%。[②] 明星拍摄的影视作品中既有旅游地特色又有情感共鸣的片段很适合作为短视频进行文旅营销，是激发游客到旅游地拍短视频互动的好方法。例如抖音上有个话题叫“电影中的场景”，许多网友在旅游中拿着影片的场景照片来到当地进行照片与实景的合影，将《请以你的名字呼唤我》中埃利奥坐在街边椅子上仰望天空的照片放在意大利当时拍摄的街道上，将《神探夏洛克》中夏洛

① 刘发为：《短视频时代来了 深入生活为旅游业“添一把火”》，2019 年 2 月 14 日，http://media.people.com.cn/n1/2019/0214/c40606-30670451.html。

② 朱凌：《短视频解锁文旅营销新方式》，2020 年 3 月 8 日，https://www.sohu.com/a/378503119_234564。

克与华生在唐人街边走边说话的照片放在伦敦唐人街同一位置上，将《帕丁顿熊》中的熊刚到帕丁顿车站的照片放置在该车站同样的扶手梯上，将《奇异博士》在纽约街头打斗的场景也放在在同样的街道上。具象化地展现了社会景观与奇观相结合后所形成的富有旅游地概念的文化景观。

可见，当人们通过短视频而前往一个旅游地时，也希望在旅游地能拍摄相应的有自己记忆的短视频，既完成了旅游的目的，又开启了新一轮的旅游宣传。所以，旅游当地也应有承接视频中内容的场景、活动，并且官方、公共机构、商家应引导游客去挖掘新的传播点，增加旅游地形成文化现象的机会。

二　碎片化的短视频和反碎片化的教育：短视频+教育的跨界合作

教育从本质上来说是一个循序渐进、逐步深入并最终使学生达到融会贯通的过程。短视频采用竖向或横向翻看的形式，每条时间短且条与条之间关联度很小，这种碎片化的形式与反碎片化的教育有违和之处。但短视频仍可以作为教育的辅助工具，在知识传播、教育课程引流、打造知识性代表人物方面发挥很好的作用。

1. 短视频知识传播

抖音和中国传媒大学联合推出的《短视频社交与青少年教育研究报告》中认为，短视频通过简短的内容、多元的形式和便捷的渠道，可以将复杂的知识简单化、将专业的知识大众化，让知识的传播浸润到生活中，实现人们对知识的共同参与和创造。①

短视频平台已经构成了一定规模的大众知识传播体系。根据艾媒报告对

① 《抖音 & 中国传媒大学：短视频社交与青少年教育研究报告》，中文互联网数据资讯网，2019 年 6 月 27 日，http：//www. 199it. com/archives/897049. html? weixin _ user _ id = 65o6ETQjleLBPX2 - EcBeFfs7Agk 3LU。

用户偏好的短视频内容的研究数据，2019 年，搞笑幽默内容的关注率达 69.5%，生活技能内容关注率为 52.6%，新闻现场为 40.2%，时尚美妆为 36.9%，娱乐明星为 34.1%，美食为 32.2%，宠物为 20.9%，数码科技为 20.5%，网红 IP 为 17.9%，运动健身为 17.5%，其他为 5.9%。[①] 虽然没有直接出现对教育的需求，但生活技能、时尚美妆、美食、数码科技、运动健身都体现了用户从短视频内容中获取知识的倾向。用户使用短视频多以娱乐放松、快速获取信息为目的，为迎合用户需求，短视频制作者也以能迅速获取、掌握的碎片知识为主要传播内容。例如不会做饭也能学会的简单食谱、每天 4 分钟在家就能跳的健身操等。

2. 为教育品牌引流

除了碎片知识的直接提供以外，短视频也成了教育品牌的广告渠道。提供在线教育的平台面临的最大问题就是客源的获取，例如在线教育企业网易有道，2019 年 Q3 财报显示人均获客成本达到 974.6 元，这个数据和 2018 年同期相比增长了 37.6%。短视频开始成为在线教育获客的渠道之一。根据用户平日对短视频内容的关注度和点赞率，可以精准向用户推送相应在线教育广告。例如，一个人对语言类短视频拥有较高关注度，短视频平台会相应为其推荐语言学习网络课程的广告。用户可以通过广告中的链接进行课程的付款操作。

3. 知识型代表人物

平台若能拥有具有影响力的知识型代表人物，不仅能广泛提高平台含金量，而且能开创出新的价值获取渠道。例如与抖音同属字节跳动旗下的西瓜视频，虽然购入了大量影视作品充实内容库，但是依旧对知识型代表人物很重视。西瓜视频签约了中国人民大学附属中学的物理老师李永乐为创作人。截至 2020 年 3 月 3 日，他共在西瓜视频发布 403 个视频，拥有 945.2 万粉丝，其中 1 月 28 日讲解冠状病毒的视频累计播放量达 1763.4 万次。

---

① 《艾媒报告｜2019 中国短视频创新趋势专题研究报告》，艾媒网，2019 年 9 月 11 日，https：//www.iimedia.cn/c400/66047.html。

三 结语

2019 年，短视频经历用户自制内容为主的时期之后，开始显示更具商业价值的“短视频+”形态。“+”意味着短视频拥有了对其他产业的赋能作用，并对人们生活有了更广泛的影响。这一影响不仅体现在对经济的正面、负面作用上，而且已经并将继续改变人们的价值观和世界观。

（一）对经济的正负影响

1. 增加营销渠道

从用户使用短视频的最初目的来看，人们在短视频中获得了娱乐和放松，并且拥有更高的自主权力，这就为营销缔造了积极的氛围。从用户具体接受产品的方式来看，一方面，人们会从自己关注、喜爱的短视频制作者提供的内容中获取产品信息，人们对推荐的产品有较高的信赖度和购买意愿；另一方面，在大数据的协助下，短视频平台又可以将适合的产品直接推荐给用户。

短视频不仅可以直接促进商品的销售量，而且能够带动实体经济的发展。例如一些咖啡厅、民宿等实体空间会布置成具有主题性的场景，以供网红进行短视频拍摄、直播等。这些场景有些直接对拍摄者进行收费，有些则是免费提供场景，利用网红的影响力来扩大品牌传播范围。还有品牌方、希望对外进行传播的官方或者公共主体主动利用短视频这种形式，聘请有影响力的个人或团队拍摄短视频进行宣传。

2. 对线下、线上经济体的冲击

根据注意力经济，即使人能够同时多线程处理事务，注意力也是定量的。用户将短视频作为一种娱乐和消费形式之后，必定会带来对其他产业注意力的降低。例如越来越多的用户直接经过短视频链接进行消费，这对其他电商平台必定会产生负面冲击；人们使用短视频来休闲放松，短视频可能占据了他们前往实体娱乐场所或者其他线上平台的时间。

（二）对人们认知和思维能力的影响

1. 汲取信息和知识的新方式

互联网的普及，让身处不同地区的人可以通过互联网接收同样的信息和知识。例如身处二三线城市、村镇的人可以了解北上广深的生活状态，生活在一线城市的人也可以了解农村生活。

2. 碎片化的害处

首先，对碎片化信息和知识汲取的习惯一旦养成，会让人很难进行长时间、深度的阅读、观看、思考。根据英国《卫报》的报道，越来越多的研究者和教育者认为电子屏中碎片化的阅读和观看习惯，让学生越来越排斥对难度高、篇幅长的作品的阅读。学生对无聊的忍受度越来越低，对一个文本的深入理解能力也不断降低。①

其次，对信息和知识认知的广度和深度不够，会导致人们理性判断能力不足。当人们把简短、碎片化的信息作为真相依据时，也就将思考的主动性让渡出去，这不仅造成假新闻盛行，更使人的主体性遭到破坏。真相的获取需要深入调查、全面分析，而短视频在形式上与真相获取的流程相违背。

最后，思维的碎片化会直接影响人们表达、写作和认识自己的能力。当无法长时间进行深入且全面的思考时，也就缺少了全面、深度表达和写作的能力。更严重的是，碎片化不仅会影响人们对其他事物的批判性思考力，还会影响人们认识自己的能力。人对自我认识的缺失、偏差，会导致其在更多行为处事上的缺陷，例如一部分教男生追求女生的短视频，用毫无道理的道歉和送礼作为追求方式，这可能会造成一些人对男女相处方式的误解。

3. 对真实的重新界定

让·鲍德里亚认为，迪士尼乐园的建成，将影视中虚拟的人物、场景注入现实空间中，打破了虚拟与真实的界限。《黑客帝国》中，男主角尼奥用

① Maryanne Wolf, "Skim reading is the new normal. The effect on society is profound," 25 Aug 2018, https: //www.theguardian.com/commentisfree/2018/aug/25/skim - reading - new - normal - maryanne - wolf，最后访问日期：2020 年 3 月 4 日。

自己的网络模拟身份去拯救世界，这也隐喻了互联网时代人对于真实的全新理解。不仅是迪士尼式的虚拟刺入物理世界，也是个体主动刺入虚幻中，构成一个全新的身份。例如，短视频中有一个让肉身处于不同地理位置的人可以实现同屏合作的功能，两个音乐博主可以利用这个功能同唱一首歌，两个素不相识的人可以借此完成同一个任务。短视频有一种陪伴式滤镜——一个漫画式的小怪兽或者美男子环拥着使用此滤镜的人，人们会因为有这个滤镜而产生被陪伴的感觉，也可以与滤镜中的动漫形象进行互动生成新的短视频文本内容。这些超越物理位置、虚实形象的方式，直接影响了人们对真实的界定。

B.11
优酷视频在网络视听领域的多元生态布局

代舒涵 戴 维*

摘 要： 2019年以来，受宏观经济结构调整的影响，网络视听市场表现出行业监管不断加强、移动化趋势显著、用户结构和消费习惯呈现更大潜力、内容生产精品化多元化的特点。作为头部网络视频平台的优酷依托阿里文娱的支持，优化多元生态布局，推动供给侧和需求侧的双向发展。在用户运营上，发力以会员为中心，吸引不同行业的头部伙伴跨界合作；在内容生产上，坚持用精品化路线守住网剧阵地，深化网综IP全链开发，利用AI技术辅助电影成片剪辑，挖掘年轻化、女性化人文纪实内容；在模式开发上，打造内容开放平台，实现多渠道商业变现；在文化“走出去”上，继续造船出海，传播中国剧气质。此外，正值脱贫攻坚关键之年，优酷还立足自身的综艺节目发起“光明优酷乡村艺术教室”项目，以期为社会创造更多的精神文化价值。本报告从用户运营、内容生产、模式开发、文化“走出去”四个方面出发，结合优酷热播网剧《长安十二时辰》、热播网综《这！就是街舞》第二季，力图全面剖析优酷的多元生态布局，为在线视频行业的发展提供借鉴。

---

* 代舒涵，南开大学传播学系2019级硕士研究生；戴维，南开大学文学院传播学系副教授，硕士研究生导师，研究方向为广告学、公共关系、新媒体传播。

关键词： 优酷 网络视听 多元生态布局 《长安十二时辰》 《这！就是街舞》第二季

根据中国互联网络信息中心（CNNIC）的数据，截至2020年3月，网络视频用户规模达8.50亿人，较2018年底增长1.26亿人，占网民整体的94.1%，网络视频用户规模增幅达10%。与此同时，会员付费市场潜力可观。根据比达咨询调查数据，2017年中国在线视频会员付费市场规模已达到121亿元，2012~2016年，年均增长159%，在线视频行业处于人口红利期的末期，而付费率的提升将是行业会员收入增长的关键因素。在用户细分的时代，精准且优质的内容成为各大视频平台争夺市场份额的关键所在。依托阿里数字经济体，优酷在守住市场阵地的前提下，持续构筑多元生态布局，形成了独特的娱乐内容景观。

阿里巴巴集团2020财年财报显示，阿里巴巴集团的各项业务实现了强劲增长，其中数字媒体与娱乐业务取得了丰硕的成果。2019年1月至3月，数字媒体与娱乐板块实现收入56.71亿元，较2018年同期的52.72亿元增长了8%，该版块的收入增长，主要是由于优酷的订阅收入增加。而阿里巴巴集团2020财年第二季度财报同样表明，文娱领域在《长安十二时辰》、《这！就是街舞》第二季等一系列独家热门剧综的带动下，收入增长了23%，优酷视频日均订阅人数同比增长了47%，保持了强劲的上升趋势。另外，优酷的会员增速也保持在头部在线视频平台前列。基于优酷在网络视听领域的良好表现，本报告将从用户运营、内容生产、模式开发、文化“走出去”四个方面解读优酷的多元生态布局，为在线视频平台的发展提供借鉴。

一 用户运营：开启共享新时代

移动互联网时代，用户至上思维在数字产品运营推广过程中发挥着重要作用。用户至上，要求企业在设计、推广产品时要围绕用户需求，企业生产的产品只有满足用户需求才能占领市场。优酷采取关系共享、平台共享、场景共享等策略达到增加用户数量及提高用户活跃度的运营目标。

据了解，优酷会员权益消费的核心群体主要集中在三线以上城市的20~40岁人群，而作为国内三大电信运营商之一的中国移动拥有最全的亲情会员网络，其中1.5亿全球通用户是家庭中的付费决策者。正是基于两者在用户运营上的共同目标——覆盖更宽年龄段和更广的下沉市场，优酷与中国移动达成合作，共同打造全网首个亲情会员服务体系——和家享会员。通过该服务体系，所有购买了“和家享会员”服务的中国移动用户都可以将优酷的会员权益包免费分享给两位亲友，将个人权益延伸至共享权益，从而实现家庭关系链上的会员制共享。有数据表明，在当前网络视频用户规模趋于稳定的市场环境下，用户付费意愿将成为会员收入的关键因素。优酷的亲情会员服务一方面能够最大限度地带来新会员用户量的增长，另一方面能够满足用户在消费升级趋势下，降低消费成本的需求。这种共享关系是共享经济在数字产品领域的灵活运用。

除了关系共享外，平台共享是优酷用户运营的另一种策略。2019年6月，优酷与华为视频达成深度合作，在华为旗下所有智能终端的视频应用里开辟优酷专区，实现两个平台账号的双向互通，借助华为产品庞大的用户基数导流，用户可以无障碍地接触到优酷的内容，从而增加潜在用户，提高用户活跃度。

场景作为移动互联网的核心要素，有效地提高了信息传送的精确度，它以技术为支撑分析和预测用户需求的变化，注重差异化和个性化的体验，实现内容服务的有效适配。优酷与微博的合作，正是“视频”和“社交”两大移动互联网消费场景的深度融合。用户通过微博为优酷独家定制的正片入口体验精确化、贴切性的内容，享受场景所带来的优质服务。优酷则提供短视频内容满足用户在微博内分享动态的常态化需求，用户对内容的二次加工与创作更能带来内容的裂变式传播，收获意想不到的宣传效果。微博社区化的运营互动关系网加强了用户对优酷平台的黏性，推动了内容传播的智能化、创造化发展。

在优酷VIP会员七周年之际，优酷还通过线上线下的联动，打造会员品牌日。线下以优酷剧、影、综三条沉浸式体验街引起用户兴趣，线上则以分享优酷会员卡给好友可获取免费会员权益的方式调动用户积极性。活动期间，优酷累计为用户送出7亿小时会员时长。

二 内容生产：坚持多元生态协作

（一）网剧：持续开发精品内容价值

受市场政策因素的影响，国家对内容平台公司的管控更加严明，要求坚持把社会效益放在第一位，反对唯收视率、唯点击量、过度娱乐化等倾向。在这种情况下，优酷关闭了整个平台的前端播放量显示，并以热度指数代替原有播放量。同时，IP + 流量的剧集内容制作模式逐渐失效，一些新颖的、制作精良的网剧脱颖而出，获得好评。时至今日，内容为王依然是网剧发展中的重要法则。优酷认为，克服行业困境的唯一办法，就是回归价值、创造价值。阿里巴巴集团副总裁、阿里文娱集团CTO兼优酷COO庄卓然表示："这些价值不专属于年轻人和粉丝的世界，它是普世的。那么如何用新鲜的语言讲出这些永恒的价值？这既对影视内容生产者提出了更高的要求，也是影视叙事魅力之所在。今天，我们的服化道普遍更精致了、镜头语言更丰富了、类型化元素的运用更成熟了，但只有故事的价值内核站住了，才能引发足够的共鸣。"① 正是基于这样的认识，优酷继续寻求差异化的内容矩阵，在2019年推出了一系列具有中国文化特色的精品剧集。

1. 打造具有中国剧气质的自制剧——以《长安十二时辰》为例

什么是中国剧的气质？《长安十二时辰》《鹤唳华亭》《大明风华》的三位导演在回答这个问题时，不约而同地从自身的文化内部、从自己的根上去探寻。他们力求让观众看到真的故事、善的情感、美的服化道，还需要与

① 曲直：《优酷：坚守精品内容创造，弘扬"小真正大"的价值观》，《电视指南》2019年第24期，第46~47页。

自身血脉相连的本民族的精神文化产生共鸣。唐朝的长安、宋朝的江南、明朝的京城，三道不同时空的盛景，共同揭开了优酷中国剧系列的序幕。其中《长安十二时辰》收获了最为可观的流量与热度。

2019 年 6 月 27 日，《长安十二时辰》在优酷平台播出后，持续引发观众的热烈讨论。该剧上线后，在豆瓣影音版块评分中一夜之间获得了 8.8 分，截至 9 月，有超过 28 万人给该剧打分，评分保持在 8.4 分（见图 1）。《长安十二时辰》热播期间，剧中的服化道、演员角色频繁出现于热门搜索中，许多优质演员得到关注。阿里北斗星数据显示，演员热依扎的热度飙升了 7.4 倍，百度指数和骨朵热度均有明显提升。① 《长安十二时辰》的微博话题阅读量更是达 232 亿，“XX 十二时辰” 成为全民话题。剧中的“火晶柿子”“水盆羊肉”产生了显著的带货、种草效应，拉动了地方美食经济，使唐文化和古都西安刷足了存在感。在制作层面、视听艺术层面和营销层面，该剧都有着可圈可点的表现。

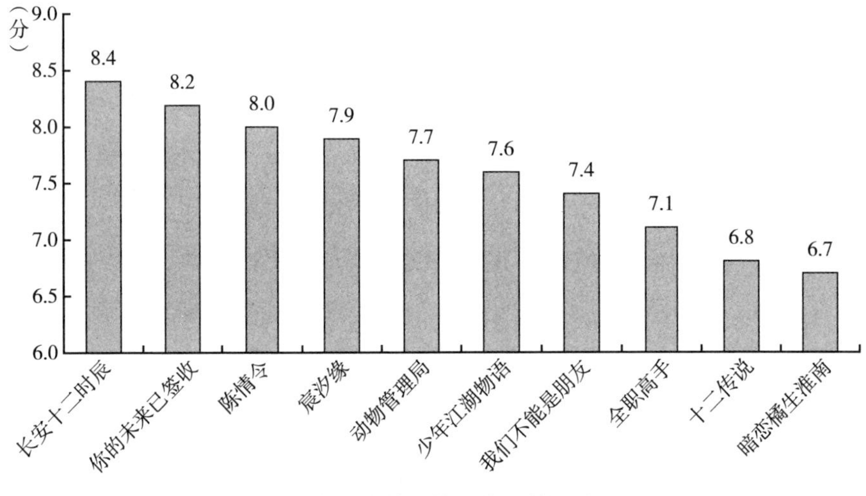

图 1　2019 年暑期档网络剧集豆瓣评分 TOP10

资料来源：骨朵数据。

---

① 《骨朵报告出炉：〈长安〉〈这街 2〉领跑，优酷成暑期档赢家》，2019 年 9 月 3 日，http://finance.sina.com.cn/roll/2019-09-03/doc-iicezzrq3225991.shtml。

《长安十二时辰》是一部根据马伯庸小说改编的古装与悬疑类型相结合的网络剧，其中杂糅了爱情、悬疑、动作等元素。该剧将背景设定在唐朝上元节前夕，长安城因突厥狼卫混入陷入危机，讲述了“罪人”张小敬戴罪执法，通过探案完成了整个故事“正义战胜邪恶”的主旋律建构。张小敬需要在限定的时间内缉拿恐怖分子的主线，辅之以闻无忌、萧规、张小敬为代表的第八团募兵情谊，太子、何执正等人之间的皇权争夺，张小敬对闻染的关爱，以及与檀棋之间的暧昧之情等副线，这种多线交叉并进式的叙事手法抓住了当下观众追求“爽”的看剧节奏。该剧甚至被网友们笑称为《长安反恐24小时》。

与古装剧偏爱写皇权威严、热衷于表现权臣内斗以及常用宫闱秘事、风花雪月的套路形成鲜明对比，该剧的亮点是其聚焦底层小人物的视角。[①] 狼卫首领曹破延在修面理发时被理发师季师傅发现里面的衣服浸湿，于是让自己六岁的女儿送来换洗的干净衣服，这份善心打消了曹破延灭口的念头，并勾起了他的思女之心。剧中对每个小人物的刻画都栩栩如生，充满烟火气息。这种底层人物的伟大充盈在长安城的寻常巷陌，夯实了这部网剧的文化价值底蕴。与优酷践行的内容价值观“小、真、正、大”——小人物、真英雄、正能量、大情怀也不谋而合。[②]

历史作品一定要有一种现实意义，或者说有一种现代性，这种现代性是能够真正让观众对历史感兴趣的手段，能够让传统文化在现代话语体系中发挥作用，消解文化障碍。《长安十二时辰》里的“大案牍术”、“望楼”与现代社会的“大数据”、GPS 系统形成呼应。“大案牍术”就是资料的整理集合，通过人脑记忆能够快速找出破案所需的信息；望楼则如现代生活中的定位系统，依靠鼓声和色板实现信号的传递。该剧以史实为纲，融入现代元素，给观众耳目一新之感。阿里巴巴集团副总裁、阿里文

① 陈友军:《网络剧走出娱乐洼地的有益探索——以〈长安十二时辰〉为例》,《中国文艺评论》2019 年 17 期，第 74～81 页。

② 曲直:《优酷：坚守精品内容创造，弘扬“小真正大”的价值观》,《电视指南》2019 年第 24 期，第 46～47 页。

娱集团 CTO 兼优酷 COO 庄卓然表示，根据大数据分析，优酷还调整了《长安十二时辰》的播放频次，从每周一更调整为每周两更，充分利用古今“大案牍术”。

该剧在还原唐朝真实的视听艺术上也下足了功夫，让马伯庸笔下的长安从书里走了出来。在服装方面，剧中长安的百姓和官员都穿着胡汉混搭式的“缺胯袍”，士兵则穿着实战中使用的龟甲背。据了解，李必的青色道士服饰是在中国道教协会的指导下最终确定的。浓郁的妆容是唐朝女性的流行之美，而剧中人物的眉形都严格依照壁画考究的“十眉图”进行设计。在色彩方面，以红色为主调，彰显大唐的繁华，整体饱和度偏低。李白诗词的大量引用与宫廷乐的搭配兼顾了传统意蕴与当代审美的平衡，在营造逼真历史感的同时调动起观众的观剧情绪。

依靠丰富的剧情线、与现代感的融合及精美的视听艺术，《长安十二时辰》实现了口碑、热度的双丰收。文学可以塑造和唤醒一座城市，作为古城遗址的西安，通过剧作与历史中的长安城形成了文化互动。观众观看剧作去了解这座城市，在剧中体验城市的历史和味道；城市也因为作品的演绎而更具活力。剧中开篇呈现的大唐西市，曾经是世界上最大的商贸中心，如今西安城的西市连名字都没有改变。而主角张小敬一边查案一边担任美食博主，开场没多久就端着一碗水盆羊肉，边走边吃，吃完水盆羊肉又点了火晶柿子当饭后甜点，形象地展示了西安人的美食生活。“火晶柿子的味道是什么”成为全国吃货最关心的问题。数据显示，《长安十二时辰》的播出对西安地方饮食、旅游和文化产业有明显的带动作用。包括大明宫国家遗址公园、大唐芙蓉园、陕西历史博物馆在内的西安历史类景点的周预定量同比增长 27%。北京水盆羊肉外卖订单量月增长率居全国之首，达到 133%。原著电子书阅读人数和纸质书销量分别增长了 818% 和 862%。[①] 该剧更深远的意义在于打通阿里经济体，形成线上、线下的联动，

① 《逾 1300 观众影院追〈长安〉大结局，优酷启动会员七周年活动》，观察者网，2019 年 8 月 12 日，https：//www. guancha. cn/ChanJing/2019_ 08_ 12_ 513120. shtml。

使历史与现实的结合释放出更长尾的传统文化效应，这也是优酷未来探索发展的有力方向。

2. 丰富经典独家片库

在打造自制剧的同时，优酷还积极引进海外优秀剧作。自 2013 年 4 月开创全网首个英剧频道以来，优酷一直与 BBC Studios 保持良好的合作关系，引进《神探夏洛克》系列、《灵界》、《超能少年》、《队列之末》、《爱玛》、《女人天堂》等 100 多部经典英剧，引领了中国最早的英剧浪潮，培养了大批观众。截至 2020 年 2 月，优酷累计拥有 430 小时 BBC 剧集，已成为全网英剧储备量最大的平台。

优酷秉承阿里巴巴集团“让天下没有难做的生意”的使命，也给港剧这门“生意”注入了新的活力。凭借独家同步 TVB 新剧，与香港老牌制作公司 TVB、邵氏兄弟等联手力推精品定制剧，引进经典老剧，等等，优酷已坐拥最全港剧资源。

英剧、港剧等剧种拥有不同的风格和美学范式，积累了忠诚扎实的观众群体，而服务好圈层文化群体是优酷长期所践行的。通过不断扩充自身的独家片库来沉淀圈层受众，未来优酷的矩阵化经营将更多元、更全面，让圈层用户在优酷找到自己的精神归属和兴趣爱好。

（二）网综：深耕圈层文化，赋能 IP 全链开发

受文娱产业大环境的影响，头部内容仍是平台决胜的关键。从受欢迎的网综题材来看，青年文化和偶像养成的竞演选拔类依旧最热门，聚焦婚恋交友的情感观察类真人秀收视率上升明显，备受欢迎的生活旅行类慢综艺热度依旧。优酷紧跟偶像经济的发展趋势，推出艺术研修教育类综艺《以团之名》以及偶像团综《少年威计划》。而在 2018 年以《这！就是街舞》《这！就是铁甲》《这！就是灌篮》为代表的一系列优质网综收获热烈反响后，2019 年优酷继续集中火力主攻头部市场，深耕圈层文化，不仅将目光投向原创音乐领域，打造《这！就是原创》，还继续探索街舞文化、篮球文化，并推出第二季的《这！就是街舞》和《这！

就是灌篮》。

有了第一季良好的声誉，《这！就是街舞》第二季播出后创下暑期档综艺热度、口碑双高峰，领跑暑期档。根据骨朵报告的数据，《这！就是街舞》第二季以网综中数量最多的130万条弹幕和“上线三小时豆瓣开分9.7”的成就，打破了综N代魔咒。①

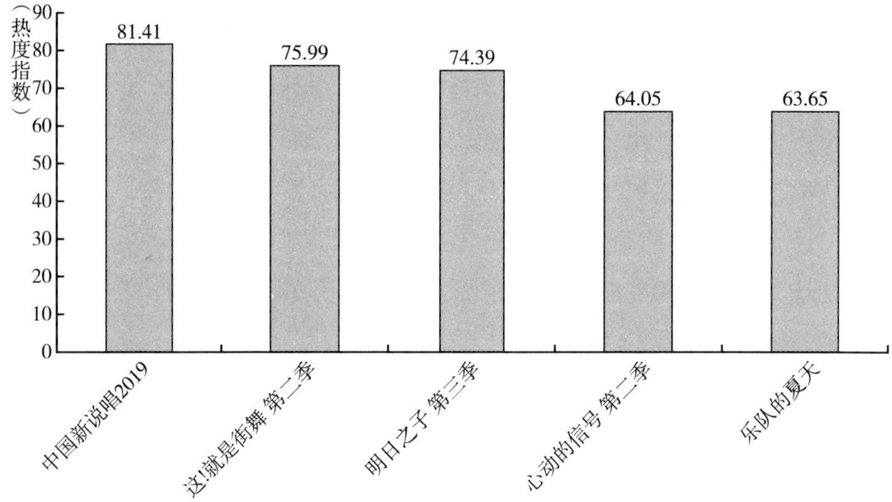

图2　2019年暑期档节目在播出期间骨朵平均热度TOP5

资料来源：骨朵数据。

对于综艺来说，圈层是基于某一系列的节目形成的一个有固定文化倾向和审美爱好的人群。用户的满足感从剧集的内容延伸到综艺节目外的交流，圈层文化就此产生。第一季《这！就是街舞》的成功验证了小众文化也有引爆大众圈层的力量。因此，优酷继续深耕垂直领域，在赛制优化、叙事模式、营销互动层面让街舞文化持续给观众带来新鲜感。那么如何让《这！就是街舞》第二季在第一季好感度的基础上取得观众的正面评价？导演陆

① 骨朵传媒：《骨朵报告出炉：〈长安〉〈这街2〉领跑，优酷成暑期档赢家》，中国经济网，2019年9月3日，http://finance.sina.com.cn/roll/2019-09-03/doc-iicezzrq3225991.shtml。

伟指出，第一季节目主要讲街舞，让观众了解街舞文化，第二季赛制的核心则是向观众展示街舞文化中各种细节的魅力。为此，沿袭第一季“明星”队长+“素人”的节目框架，《这！就是街舞》第二季用单对单街道对决形式取代了第一季一轮海选时的随机街道斗舞，通过减少毛巾的数量，让队长选择三位已拿到毛巾的选手去争夺公共毛巾，在激烈竞争中最大限度地激发选手的舞台斗志，为观众呈现高水平的顶级对决。进入100进50的环节，为了凸显抢位概念，节目组采用了同舞种齐舞对决的形式，提升舞台观赏性的同时让观众更清楚地感受到不同舞种的差异以及同组间的合作。每一个选手都是临时组合的一分子，要为团队荣誉而战，这种群体间的奋斗精神契合了当下年轻人的心理状态，颇具感染力。陆伟认为，好的节目首先靠优秀才艺本身吸引观众的注意，其次是才艺背后传递出来的情感和价值，注意力和共鸣感缺一不可。

赛制的改变在一定程度上能够反映节目的叙事方向，但作为一档舞蹈选拔类真人秀，综艺感也要兼而有之。《这！就是街舞》在第二季加入了队长抢人的游戏环节，即队长如果在比赛中获胜，节目组就会给他相应的道具，助力他获得选人优势。节目组还通过设置双重反转剧情，放大队长的反应、表情，大大增强了节目的综艺感。并且让队长参与选手的独舞和齐舞，放低老师的姿态，能够有效促进与队员的关系，使整个节目在一种放松舒适又不失激情拼搏的基调中进行。另外在舞美设计上，节目组选择了上海、北京、广州、成都这四个中国街舞文化最为繁盛的城市作为中国街舞的缩影，不仅打造各具城市特色的街道布景，还融入了一些粉丝创作的网络热梗，如罗志祥队长街道上的朱壁石珠宝商城、韩庚队长街道上的三庚食堂，于细节处平衡节目的专业性和综艺性。

为了更好地把握节目的节奏和竞技氛围，《这！就是街舞》第二季的团队通过不同渠道获取观众的建议，并及时做出反馈。第二季的第三集从头到尾都是不间断的舞蹈对决，观众反应没有喘息的时间后，节目组在第五集中加入了10分钟的幕后花絮以调和内容的充实感。有些画面加上花字后不方便网友截取表情包，节目组也会减少花字的数量并调整花字的位置。阿里的大数据平台是重要的反馈来源之一，优酷向节目制作团队提供每期内容的弹幕和评论，详细说明每分钟网友的退出、回看和拖拽比例，什么样的舞台表演观众会反复看、哪位选手更受观众喜爱，等等。根据这些数据，节目组会审慎做出调整。这种有来有往的互动方式一方面能够借力观众的智慧，不断优化节目内容制作，另一方面也会与观众形成良性互动，增强观众的节目参与感。

宣发难、成本高是综艺节目遇到的普遍难题，《这！就是街舞》第二季得到了阿里整个生态资源的支撑，宣发的精准度较以往更高。与第一季相比，第二季整体宣发效能不仅提高了四倍，而且在此过程中，优酷自身的综艺品牌合作纪录也不断刷新，已成为综艺节目的吸金风向标。

当然，《这！就是街舞》第二季的成功不仅在于口碑和流量的双丰收，更在于对 IP 内容的长尾价值的挖掘和探索。作为阿里文娱线上综艺与线下巡演相结合的首个案例，优酷联合大麦打造《这！就是街舞》全国巡演，实现了全链路赋能 IP 价值。此次街舞巡演历时 2 个多月，转战北京、上海、深圳、杭州四个城市，在线下掀起了一场激情对决战，最终 9 位舞者直接晋级《这！就是街舞》第三季的海选录制。大麦数据显示，四站演出几乎场场爆满，北京、深圳的门票更是开售后快速售罄。其中，女性消费者更青睐街舞文化，“这街女孩”消费力是男性的 2.7 倍。

用户观演热情的不断高涨，证明了街舞线下观演心智的初步形成。而与此同时，“这街女孩”的购买力不仅体现在由节目带火的线下街舞巡演上，还延伸至各类与街舞相关的潮流文化消费上，尤其是对淘宝、天猫等生态电商平台的反哺。据了解，由于街舞的实力出圈，2019 年天猫双十一，毛巾、帽子、鞋靴等街舞周边和潮流单品也成为“这街女孩”疯狂“剁手”的热门品类，掀起了一股双十一消费的新潮流。

对此，优酷《这！就是街舞》项目总负责人刘栋表示，IP 内容和电商场景的深度融合是文娱发展的必然趋势。基于现有的探索，优酷《这！就是街舞》第三季除了会在阵容、赛制、舞美等方面做全新升级，也将透过多元的文娱消费场景和电商生态，进一步深入开发街舞 IP，力求通过对产业上下游各环节的系统性思考和布局，为观众提供更优质的内容和更良好的体验。

从火爆全网的街舞衍生品筋膜枪到从线上“炸”到线下的街舞巡演，可以说，通过文娱内容与电商场景的深度融合，优酷在延续综艺热度的同时，也将其优质内容不断推向不同场景，探索了网综行业创新模式的更多可能性。

（三）网络电影：“新规 + AI”协助内容智能化升级

随着我国观众网络观影消费习惯的养成，场景因素在观影过程中的作用逐渐被弱化，呈现非线性的特点。在这一特点的影响下，内容的品质和用户的粘合度成为网络电影付费市场的重要考量因素，这对内容制作方提出了考验——如何在有限的成本中精准定位目标用户生产出精品化的内容。优酷所推出的网络电影分账新规，力图从收益上促成问题的解决。与 2018 年的分账规则相比，优酷 2019 年最明显的变化是推出了播前定级规则。相比其他平台，优酷在网络电影分账上最明显的区别是采取会员有效观看时长分账模式，即票房分账取决于有效会员观看总时长和内容定级单价。分账收益 = 内容定级单价 ×（有效会员观看总时长/固定时长）。在内容评级方面，优酷更注重用户的观看时长，所以此模式的分账会对优质的网络电影内容更加利好，鼓励片方创作更有新意的作品。在此之前，优酷对网络电影一直采用播后定级的分账模式，即按照“有效 VV（播放次数）”来确定等级，从而决定作品单价。而播前定级的形式，将不再统计“有效 VV”，取而代之的是大数据勘定和人工评估。这种变化，意味着网络电影“唯流量论”在优酷平台的彻底失效，也与优酷关闭全站前台播放量显示的决策相适应。[①] 根据优酷公布的最新分账公式，片方分账收益 = 内容定级单价 ×（有效会员观看总时长/许可作品正片总时长）。这一公式是将“会员时长”作为核心指标的全新探索尝试。用户对于视频平台内容是否点击观看取决于其自

① 马二：《［Mirror 头条］优酷网络电影分账新规解读：让收益生死与“绝对流量”脱钩》，2018 年 12 月 27 日，https：//m. sohu. com/a/284950657_ 99965449。

身的喜好和兴趣，而在某个内容中用户所停留和观看的时间长短则反映了该内容的价值高低。由此可见，新版规则倾向于制作专业、品相优良的口碑作品。它对平台方来说，可有效杜绝刷量的可能，推动更多类型的优质作品出现；对制作方来说，可实现质量与收益的平衡，避免优质作品被流量淘汰。

随着新版网络电影分账模式的实施，优酷独播的生物灾难网络电影《水怪》成为暑期档最受关注的类型。这部电影在上映6天内分账就破千万元，20天内的票房分账达1769.93万元，位列优酷、爱奇艺两大平台暑期档网络电影票房分账TOP1，并长时间霸屏骨朵网络电影排行榜榜首，热映近30天，仍稳居排行榜前三名。①

表1　2019年暑期档7月上线网络电影票房分账TOP5

片名	上线时间	分成金额(万元)	播放平台
水怪	2019年7月12日	1769.93	优酷
陈翔六点半之重楼别	2019年7月11日	1706.26	爱奇艺
捉妖大仙2	2019年7月4日	1645.37	爱奇艺
至尊先生	2019年7月25日	955.02	爱奇艺
古墓诡棺	2019年7月21日	588.34	爱奇艺

资料来源：骨朵数据。

此外，由优酷大数据智能预测平台北斗星团队研发的全网首个AI观影情绪模拟产品，已经广泛运用在优酷剧集、综艺项目中。该产品以机器智能学习技术为支撑，能通过视频中人物的表情、姿态、语气，甚至背景音乐、场景等信息，推测出用户观影时的情绪数据，帮助影片的成片剪辑。这意味着为用户提供满意的、需要的内容不再成为难题，而在符合和满足用户喜好与兴趣的基础上，为用户提供有价值的内容是优酷的一贯坚持。

① 骨朵传媒：《骨朵报告出炉：〈长安〉〈这街2〉领跑，优酷成暑期档赢家》，中国经济网，2019年9月3日，http://finance.sina.com.cn/roll/2019-09-03/doc-iicezzrq3225991.shtml。

（四）人文纪实：捕捉年轻化、女性化精神需求

2019年，优酷将文化、纪录片强强整合为“优酷人文”这一品牌，继续深挖人文资源优势。经过一年的发展，优酷已经成为纪录片领域的强劲力量，不但被国家广电总局授予年度纪录片播出机构称号，而且播出的质量和数量都有显著提高。数据显示，2019年优酷纪录片的播放总量超过700个小时，其中国产纪录片播放量接近500个小时，占比70%以上；原创纪录片播放量近260个小时，占比35%以上。相比海外引进的纪录片，国产纪录片创造的播放价值更高、用户观看时长更长。到目前为止，共有32部纪录片的豆瓣评分超过了8分，其中，优酷以自制、合制、版权合作形式播出的节目总共占据15席，文化类节目入围豆瓣高分的有6档，双双居新媒体平台第一。

优酷在人文领域的成功得益于其敏感地捕捉到了年轻群体、女性群体强烈的精神需求，连续推出了文化人谈社会事件的《圆桌派》、跟拍普通人生活的《可以跟你回家吗》、探访六国学校反思教育理念的《他乡的童年》、以女性视角解读社会困惑的《豫见后来》等系列节目。通过大量后台数据进行对比，这些节目的女性用户和年轻观众的占比达到百分之七八十，如观察类纪录片《他乡的童年》女性用户比例就高达76%。秉持“小人物、大情感、正能量”的创作原则，优酷发起“文化跨年”盛宴，集结了20多位文化名人，担当优酷文化人物角色，与观众进行互动，分享他们的人生思考。引人注目的是，严歌苓、陈数、饶雪漫、赵薇等女性的加入，构筑了一道女性多彩文化的风景线。

在根据目标用户进行内容创新之外，优酷高度重视提升纪录片的市场价值，借助阿里的生态营销链路，开发自制、合制、联合招商、平台分账等多种市场变现手段，拓宽产品的收益渠道。纪录片《做客中国》上线优酷后，观众可以在观看时实时下单购买节目中的同款“蜂蜜”，给产品销售带来极大便利，成为科技扶贫的一大良法。

三　模式开发：扩充产业链网络，助力多渠道变现

由于市场成熟、技术进步，网络视频行业从早期简单的内容制作方—网络视频平台—用户演变为开放多元的产业链，各种社会化媒体、泛娱乐平台、电商平台纷纷加入。用户在整个过程中占据更加主动的地位，特别对内容的生产产生积极影响。为此，优酷着力打造内容开放平台，为用户和制作方搭建需求—生产桥梁，将真正的优质内容转化为看得见的价值。优酷旗下内容开放平台的商业化产品有酷、知识付费产品新知已连通阿里生态，九大品类内容全部实现月度结款，缩短结算周期，缓解合作伙伴的现金流压力。

这两款商业产品旨在将不同形式的内容批量上传至优酷内容开放平台，该平台同步分发至优酷、淘宝、天猫、支付宝、口碑、钉钉等多个阿里生态入口，帮助内容方获得多重分账收益、增加曝光度。以往用户只能在优酷新知频道或有酷才能看到的内容，如今可以通过淘宝、天猫、支付宝等更多大流量渠道看到。在此之前，有酷曾联动饿了么为电影《水怪》量身打造"水怪小龙虾节"，迅速精准地帮助影片找到核心受众，将目标消费群从影迷拓展至生活用户，给该片带来了超过12亿次的曝光。

就用户黏性、品牌影响而言，优酷内容平台的剧场模式发挥了较好的厂牌效应。"剧场"是优酷平台内容出品方的自营品牌。在剧场模式下，合作厂牌将拥有自主运营的频道，定制专属的页面风格和内容排播，并利用大数据沉淀厂牌粉丝。这就好比商家入驻淘宝店铺，只不过它售卖的不是实体产品，而是内容服务。入驻剧场的淘梦创始人、CEO阴超表示，"淘梦入驻优酷剧场后，厂牌效应明显，观众开始将淘梦电影作为固定关键词检索，为品牌带来很好的赋能和传播作用。各类厂牌可结合视频内容，通过有酷平台，实现分账结构多元化——电商带货分账、付费点播分账、广告分账、会员分账等。阿里经济体生态网链的扩张，不仅使更多高价值用户入驻优酷平台，也为阿里经济体商家进行精准营销提供了重要阵地。作为优酷旗下的视频内容一站式合作平台，优酷内容开放平台将扮演越来越重要的角色。

四 文化“走出去”：造船出海，匹配区域差异化需求

2019年优酷积极响应国家文化走出去的号召，加大优质节目在海外发行推广，通过提升节目品质、创新表达中国故事，扩大优酷走出去的影响力。2019年优酷入选中宣部、广电总局、文化部、商务部、财政部五部委联合评选的“国家文化出口重点企业”，《了不起的匠人》《这！就是灌篮》入选国家文化出口重点项目。2019年4月优酷还被中宣部对外推广局和广电总局国际司联合评选为中国影视走出去十大突出贡献企业。

2019年优酷60多部1900多集剧集、综艺、文化纪实、动画等优质节目版权发行到海外，实现从东南亚到欧美乃至构建“一带一路”沿线国家，从电视台到Netflix、亚马逊、YouTube等国际有影响力新媒体平台的全覆盖。自2017年四季度优酷《白夜追凶》版权被Netflix买下，成为首部在海外大范围落地的国产网络剧集以来，优酷海外发行节目累计超过100部3000集。

2019年，优酷共有24部900多集剧集版权发行海外，其中包括现实题材《扑通扑通的青春》《最动听的事》《幕后之王》以及古装题材《长安十二时辰》《鹤唳华亭》《大明风华》等。《你是我眼中的山川和海洋》出口越南，《幕后之王》发行马来西亚、文莱、北美。《乡村爱情11》《强风吹拂》《等等啊我的青春》在YouTube上播出，《最动听的事》在Netflix上播出。在全球化浪潮下，中国电视剧的对外传播迎来了良好的机遇。自2019年播出以来，《长安十二时辰》已落地美国、新加坡、韩国等十余个国家，并在亚马逊、YouTube等十余个平台上线播出，成为第一个被澳大利亚主流电视台采购的中文剧。2019年7月，国家广电总局发文重点表扬了五部走向国际的电视剧，《长安十二时辰》位列其中，这是对优酷网剧走向世界的能力的肯定与见证。其他古装剧也有不俗的海外表现，《鹤唳华亭》于11月落地YouTube、亚马逊PrimeVideo等多个平台，实现了在200余个国家和地区与国内同步播出。《大明风华》自12月起在中国首播的同时，全球超

过 200 个国家及地区通过 YouTube 等新媒体平台可同步观看，其中亚州超过 10 个国家均为当地主流新媒体平台等，新媒体首播后，新加坡 StarHub、马来西亚 8TV，越南 HTV7 等电视台也陆续播出。

综艺节目发行海外近 20 部，其中包括《这！就是街舞》第二季、《这！就是灌篮》第二季、《挑战吧！太空》、《花花万物》第二季、《演技派》、《一起乐队吧》、《这！就是原创》、《以团之名》、《火星情报局》（第 1 ~4 季）、《青春京剧社》、《头号型动派》、《美味猎手》，分别发行到东南亚、北美和欧洲等国家和地区。由优酷线上直播的 2019 天猫双十一晚会更是在全球近 30 个平台同步进行，覆盖 106 个国家和地区。

十几部文化纪实节目也实现海外发行，其中包括《最美中国》（第 1 ~4 季）、《了不起的匠人》（第 1 ~4 季）、《激荡中国》、《他乡的童年》、《揭秘吧！太空》、《灌篮吧！兄弟》、《局部》第二季等纪录片出口欧洲、北美以及非洲等国家和地区。

动画片《京剧猫》（第 1 ~3 季）入选中国一带一路外宣交流项目，2019 年至今已在全球 70 多个国家和地区发行。《艾米咕噜》在英国、荷兰、比利时、芬兰、阿根廷、韩国以及中东、北非等全球近 30 个国家和地区播映。《杰力豆》在 YouTube 播出；《缇娜托尼》在俄罗斯、法国、巴西和 YouTube 播出。

优酷通过把自身倡导的“小、真、正、大”（“小人物、真英雄、正能量、大情怀”）内容价值观，结合国外观众的需求创新表达中国故事。研究跨文化传播活动的专家爱德华·霍尔曾提出“高语境文化”与“低语境文化”传播的概念。以中国为代表的东方文化是高语境文化，含蓄、内敛，但会遇到跨文化传播过程中文化折扣问题。优酷剧集、综艺、动画等内容致力通过影视语言的创新表达，通过国外观众喜好的英雄故事、青年故事、爱情故事、童话故事等讲述方式，结合优酷“小真正大”的内容价值观，提高跨文化传播的效率。例如，在讲好英雄故事方面，《长安十二时辰》讲述了张小敬这样的小人物如何拯救自己家园的故事。再如综艺节目《这！就是街舞》通过街舞这种世界语言，讲述中国青年自己的街舞故事和中国街舞文化。该节目因为赛制更紧凑、更强调团队感、选手更出彩、队长更有表现力等，在 YouTube 等平台上也吸引了大量外国观众，他们纷纷通过 Instagram、Facebook 等海外社交媒体分享自己的观后感，为自己喜欢的舞者、导师点赞。

案例分析

Case Analysis Reports

B.12 网络剧《庆余年》的热播影响因素分析

刘彦辰　徐　娜　刘忠波*

摘　要：《庆余年》在腾讯和爱奇艺拼播后，持续引发热议。截至2019年12月31日，该剧以52.3亿次的网络有效播放量位居2019年该榜单的第二名。在男频网文改编剧屡屡失败的背景下，糅合了穿越、嫌疑、科幻、权谋等因素的《庆余年》在豆瓣上的评分达8.0分。这使该剧成为网络剧创作的标杆。本报告以数据和行业观点为基础，通过对《庆余年》的内容制作、营销策略和受众画像等层面进行梳理和分析，以期为网络剧的持续创新提供借鉴和启发。

* 刘彦辰，南开大学传播学系2019级硕士研究生；徐娜，南开大学传播学系2019级硕士研究生；刘忠波，南开大学文学院传播学系副教授，硕士研究生导师，研究方向为纪录片理论与创作研究、影视传播研究。

关键词： 《庆余年》　口碑营销　反转剧情

相较于“冷静”的2018年剧集市场，2019年的网络剧市场进入了行业逐渐重塑、市场监管加强、观众审美提高的“调试期”。整体市场在不断调节中找到了合适的路径。[①] 在这种背景下，由腾讯影业、深蓝影业和新丽传媒等企业联合出品的男频IP改编剧《庆余年》，集权谋、宫斗、科幻、穿越、武侠、宅斗等元素为一体，兼具“爽剧”与“喜剧”的特点，在市场中有十分出色的表现。自开播后，该剧的播放量在猫眼、骨朵、艺恩数据、云合数据等权威榜单上，连续居于榜首一个多月；在话题方面，该剧共斩获114次微博热搜、29次抖音热搜，位居今日头条年度搜索榜单电视剧TOP 1，众多剧取向、价值取向的话题成功出圈；在评价方面，超过72万人为该剧打分，评分达到8.0分。《庆余年》成为同时具有“流量”与“口碑”的年度爆款。

一　制作层面

近年来，对大女主戏出现审美疲劳后，市场把目光投向了男频改编剧。尽管《斗破苍穹》、《武动乾坤》等男频玄幻小说是一代人的青春，但其同名改编剧的市场反馈都不如预期。这些男频剧之所以让观众不满意，主要原因有二：一是缩小或前置了世界观，让观众惊喜感全无；二是改掉了原著的爽文路线，一味拔高丢失了娱乐性。[②] 换言之，改编思路是否合理、剧集质量的高低是IP改编剧能否受到观众欢迎、获得观众好评的关键。

《庆余年》改编自著名网络作家猫腻的同名小说，豆瓣评分达8.0分，足以见得观众对《庆余年》的肯定。通过对与《庆余年》有关的143个热

① 王涵：《2019年网剧行业调研报告》，腾讯新闻网，2019年12月30日，https：//new. qq. com/omn/20191230/20191230A0RP3B00. html。

② 王雅莉：《长跑时间十余年的〈庆余年〉，为何突然火了》，娱乐资本论，2019年12月12日，https：//news. pedaily. cn/201912/449445. shtml。

搜进行词频分析，不难发现，该剧的人物、剧情及幽默的风格是观众热议的焦点。

（一）生动、立体的人物形象

《庆余年》沿袭了典型的男频小说所具有的“爽文”气质。完成影视化改编后，网络剧也明显带有“爽剧”的特征。重生到古代的男主范闲被设定为一个文武全才，颇受女性青睐，是京城子弟争相结交的对象。在他的成长之路上，有一群位高权重之人为他保驾护航，让他轻松收获了财富、权利、真爱、地位和名气。“一路开挂”的男主人设虽然有些俗套，但满足了年轻人在现实生活中的白日梦，具有强烈的代入感。

对观众而言，范闲不仅是令人艳羡的成功者，更是鲜活、丰满的正面人物形象。一方面，身在权力高度集中的封建王朝，范闲努力保持自己作为现代人的独立人格。范闲受到叶轻眉所言“愿终有一日，人人生而平等，再无贵贱之分”的激励，开始探寻被身居高位者操纵的死亡真相，努力追求“自己想做的事，为自己而活”。这种人设具有反抗权威、追求平等的理想主义气息，主角身上正直、义气、勇敢、善良等品质，使该剧在价值观层面与观众达成深度共鸣。另一方面，探求真相的路上危机四伏，范闲熟知人性、极富谋略而又巧舌如簧、幽默风趣，总能变敌为友、化解危机。这些特点使主人公“一路开挂”的剧情更合乎逻辑，其人设也更生动、真实。

由于《庆余年》拥有科幻、权谋、武侠、宫斗、悬疑等多种元素，该剧的其他角色类型也十分丰富，比如权臣、侠客、间谍、机器人等。通过深入挖掘每个角色的多重社会身份、勾勒其复杂的社会关系，《庆余年》中的众多角色脱离了“脸谱式”的单调与刻板。作为范闲的下属，王启年以超强的追踪、分析能力很好地扮演了助手的角色。他一面贪生怕死、唯利是图、狡猾刁钻，另一面有情有义，忠心追随范闲；一面畏惧妻子，藏私房钱，另一面呵护妻女，支撑家庭。这类灵动、丰满的配角为该剧增色不少。作为该剧中最大的幕后推手，庆帝并非毫无真情。他时时去别院凭吊逝去的爱人，为儿子范闲出使他国是否安全而担忧，但这一切都敌不过他对权势的渴望。为了开疆拓土、巩固皇权，他可以心思缜密地实施长达十余年的计策，可以不择手段地操纵他人性命，包括自己的妻儿。同一个角色的诸多动机使《庆余年》呈现了人性的多面性与可变性，即真实的人性，这是整部剧质量的基本保障。其他的人物形象，比如陈萍萍、范思辙、二皇子、长公主等人也都特点鲜明，受到热议。

在《庆余年》中，科幻、宫斗、武侠等丰富的元素都是看点，但最重要的是每一个角色都足够真实，为情节的推进提供了合理而可靠的内在动机。人物之间的互动，既有剑拔弩张的紧张氛围，有风趣幽默的搞笑时刻，也有令人热泪盈眶的感人画面，可看性十足。

（二）“爽”点密集与元素丰富的“反转”剧情

在主线剧情上，《庆余年》具有层层递进、节奏快、信息量大、反转多、小高潮迭起的特点。该剧以范闲为主角，讲述了他从默默无闻、渴望安稳度日的异乡少年成长为显赫一时、追求正义和平等的大人物。剧情围绕范闲寻找好友滕梓荆的死亡真相这条主要线索展开，中间穿插的各种矛盾使剧情层层深入却让人难以捉摸。主角的成长之路因这些戏剧冲突而风波不断，却始终有惊无险。矛盾中埋下的诸多伏笔为剧情的不断深入反转提供了逻辑支撑，使《庆余年》避开了以往诸多男频小说改编剧的逻辑缺陷。对于这批日常焦虑的年轻世代来说，娱乐向内容可以有效解压，获得生活休闲感。[①] 快节奏的叙事方式、密集的信息与主角屡屡化险为夷并惩治恶人的情节，为《庆余年》制造了密集的“爽点”，使观众有了宣泄情绪的出口并能从剧情中获得正向的满足感。

值得一提的是，宫斗、权谋、宅斗、武侠、科幻等诸多元素在主角成长之路上分别有所体现。尔虞我诈，身不由己的权谋争斗是看点；冰封醒来，神庙逃亡的科幻设定是看点；醉酒吟诵百余首诗词的文学外挂是看点；“十

---

① 郭吉安：《2020 大剧营销趋势洞察报告发布：从〈庆余年〉看剧集“巨变”》，娱乐资本论，2020 年 1 月 13 日，https：//36kr. com/p/5284506。

步杀一人、深藏功与名”的武侠打斗也是看点。《庆余年》成了一支容纳各种旋律的交响乐，使偏好不同题材的观众都能在剧中找到满足自己需求的内容。

在范闲追求正义、获得成长的主线剧情之外，该剧设立的众多分支剧情增加了故事的丰富性。范闲与滕梓荆的兄弟义气，与费介的师生情谊，与林婉儿的倾心相许；林若甫与林婉儿的父女真情；滕梓荆与妻子的鹣鲽情深……每段关系都具有丰富的情感内涵。角色之间的深情厚谊，成为观众将虚拟剧情和现实生活联系在一起的纽带，能够引起观众的情感共鸣。围绕主角所构建的人物关系网与丰富的分支剧情，激发了各类 CP 在社会化媒体上的诞生。“庆余年 CP 大赛”登上了微博热搜话题；B 站少见地设立了《庆余年》专区，鼓励 UP 主围绕 CP 进行创作。

（三）幽默与严肃穿插的风格

作为《庆余年》的主要元素，权谋、悬疑决定了该剧会朝着不断深入和反转的方向发展。要营造出权谋剧、悬疑剧特有的严肃氛围，从拍摄层面讲，剧组采用近景和中景拍摄相结合的方式，突出身处紧张氛围中的角色的情绪。整个剧的布光层次明显，以冷色调的滤镜烘托人物之间的猜忌、不信任的氛围。陈道明、吴刚等老戏骨则从演员层面奠定了严肃的基调。比如陈道明扮演的庆帝，角色心机深沉、性格复杂。他通过翻转手中馄饨、抬眼的动作和凌厉的眼神这短短几个镜头，就把人物特点表现得淋漓尽致。[①]

幽默也频频穿插在严肃的情节中，使该剧具有明显的“喜剧”风格。播放期间，该剧因搞笑的人设和频出的金句而成为微博热搜榜上的常客，激发了网友对用户原创内容（UGC）的热情。根据腾讯视频数据，网络观剧用户呈现明显的年轻化趋势。相比严肃向的议题，幽默段子和好玩的梗更容

---

① 黄青春：《〈庆余年〉是年轻人的白日梦》，虎嗅网，2020 年 12 月 17 日，https：//www.huxiu.com/article/331599.html。

易成为吸引年轻人持续追剧的“钩子”。[①] 这说明随着年轻人成为网络观剧的主要用户，一部网络剧能否受到他们的喜爱，除剧情的逻辑性和完整性、人设的丰富性和多样性、价值与情感的共鸣性等标准外，该剧的呈现方式是否符合网友的审美期待也应被考虑在内。为使《庆余年》在严肃中不失搞笑，剧组在台词、人物塑造及拍摄方式等方面均有所安排。

台词是《庆余年》显得幽默的关键。该剧的基本设定是拥有现代人记忆的范闲生活在古代。将现代话术放入古代语境，现代文明与古代文明的碰撞制造了喜剧感。“智商盆地”“内库”“肖恩”等梗为现代网友所熟知，古人却一本正经地琢磨“何为智商，何为盆地”。该剧的角色塑造同样值得一提。鲜活的角色固然离不开演员的出色表演，人设反差也是喜剧感的来源之一。比如范思辙既顽劣、傻气、天真，又精明、善良、财迷。这些看似矛盾的品质会集到一个人身上，使范思辙的每次出场都成为观众的欢乐源泉。该角色的扮演者郭麒麟也频频登上热搜。前期拍摄、后期制作也为该剧增添了幽默色彩。导演往往通过给角色面部特写以放大其情绪、突出其性格特点，在夸张中平添搞笑气息。该剧还以加快剪辑节奏、采用现代风格配乐的方式消解了谈判、审案等场景的严肃性，使人莞尔一笑。这些搞笑因素不仅使《庆余年》十分具有“网感”，也为偏好娱乐向内容的网友进行二次创作提供了丰富的材料，提升了《庆余年》的 IP 传播热度。

在《庆余年》的整个制作过程中，该剧组通过用心打造台词，精心塑造人物形象，细心完成前期拍摄，认真琢磨配乐、剪辑等后期制作，使《庆余年》成为在严肃和幽默中不断穿插、符合观众审美期待的剧集。

二 营销层面

在《庆余年》播放期间，《大明风华》《鹤唳华亭》《剑王朝》等大制

① 郭吉安：《2020 大剧营销趋势洞察报告发布：从〈庆余年〉看剧集“巨变”》，娱乐资本论，2020 年 1 月 13 日，https：//36kr. com/p/5284506。

作古装剧扎堆上线。在这种情况下，《庆余年》能凭借网络播放量和观众讨论度在众多同类型题材中脱颖而出，固然得益于其紧凑的剧情、立体的人设和精良的制作，当然也离不开合理的营销策略。

除了延续《延禧攻略》以来的引导式营销，即培养观众自发、持续参与营销过程的营销方式，纵观整个 2019 年，撤档换挡、播放之时腰斩、盗版风波等外部因素的影响，导致正能量的舆论维护不可避免地被纳入网络剧的营销议程。[①] 同时，根据剧集面临的用户圈层不同，在不同的渠道进行营销，也是 2019 年营销公司的一大重点。[②]《庆余年》全面覆盖微博、豆瓣、抖音等平台，营销与社会痛点相连接的价值观念，其成功表现在话题热度的提高和观众对该剧认可度的提高上。接下来，本报告将从以下几方面来分析《庆余年》的整个营销过程。

（一）循序渐进口碑营销

在影视 IP 泛滥的当下，许多影视作品还未开播就用铺天盖地的营销吊足了观众的胃口。开播后，若剧情不能达到观众的心理预期，期望就会变成失望，影响其口碑，营销效果也适得其反。与之相反，《庆余年》在开播前并为进行过多宣传，却在播出后凭借亮点十足的剧情吸引了大量的观众。低调上线 24 小时后，《庆余年》制作组才随着剧情的发展在微博等社交平台上展开了规律性的宣传。该策略高明之处在于，先降低观众的期望值，以高质量的剧情占领观众的心智并积累经得住市场检验的口碑后，才通过宣传提高剧集的话题度。这种循序渐进的营销方式，避开了在开播前过度营销的陷阱，以优质内容实现了市场突围，将原著粉、演员粉、编剧粉等原始受众基础转化为有效的播放量，十分符合讲究“内容为王”的影视市场营销规律。

---

① 宁飞虹：《按天推热搜，B 站投混剪，抖音带流量，2019 剧集营销面面观丨年终盘点》，娱乐资本论，2020 年 1 月 10 日，https：//mp. weixin. qq. com/s/utKWnNqCg91kMgGpgMzTaQ。

② 宁飞虹：《按天推热搜，B 站投混剪，抖音带流量，2019 剧集营销面面观丨年终盘点》，娱乐资本论，2020 年 1 月 10 日，https：//mp. weixin. qq. com/s/utKWnNqCg91kMgGpgMzTaQ。

（二）打破圈层，着力营销价值观

近年来，网络剧行业的外部风险逐渐增加。剧集定档之后撤档、播出之时腰斩、完结之后下线等情况时有发生，因明星、偶像参与拍摄而格外受到粉丝的关注，这种大环境让剧集引发的社会舆论是否正向成为制作方的关注点。《庆余年》的制作方在该剧热播期间精确地把握住了这一环境特点。

该剧的抖音和微博官方账号随着剧情的发展推出了以“范闲的价值观”“范闲滕梓荆兄弟情”“林婉儿的爱情观”“恋爱中出现信任危机怎么办”等为话题的短视频，从价值观、情感层面解读角色和剧情，促使观众在评论区留言互动，激发了观众的价值认同和情感共振。范闲酒后斗诗的情节，更是在多个平台引发了观众的传统文化自豪感，使话题具备了突破平台限制的能力。与此同时，《庆余年》官方微博还采取了和粉丝探讨剧情、分享个人生活、明星与粉丝互动等方式，精心运营了近万人的粉丝群。这种做法拉近了该剧和粉丝的距离，加深了粉丝对拍摄、剧情和角色的理解，使粉丝在该剧面临危机时主动维护其口碑、呼吁观众抵制盗版。除此之外，编剧王倦配合剧情的小高潮在微博上分享自己的改编思路、解析主要的人物形象，引发了观众的讨论。

突出《庆余年》价值观念和情感内涵，在规避了粉丝团体的争议和社会舆论的风险之余，还使关注剧情的观众从深层次与该剧实现了共鸣，为转化为豆瓣上的高口碑和达到突破圈层的热度奠定了基础。

（三）多渠道助力多维度话题发酵

除了过硬的质量和良好的口碑，《庆余年》利用微博、抖音、豆瓣、知乎、B 站、爱奇艺、腾讯视频、虎扑等社会化媒介平台开展了多形式、多角度、多渠道的营销，扩大了该剧的 IP 热度。其中，微博是《庆余年》的主要营销渠道，表现为制造微博话题并登上热搜。该剧在播出期间主打人物、剧情话题，比如郭麒麟笑点、滕梓荆之死、叶轻眉箱子被打开。有网友戏称：“看名字以为是历史剧，看五集以为是搞笑剧，看十集以为是穿越剧，看微博才知道是科幻片。”在非播出期间，该剧围绕碎片化话题，开展发散性营销以保持该剧的热度，例如庆余年口红色号、庆余年土味催更大赛等。除此之外，《庆余年》在抖音发布了幕后花絮；在知乎、B 站主要通过花式讨论人物、剧情，使网友纷纷打开脑洞创作“自来水”内容；在豆瓣通过打分和评论方式塑造了良好的口碑。

《庆余年》中生动、鲜明的人物是制作方在所有平台上的营销话题点。财迷范思辙、狼人陈萍萍、宝藏男孩王启年等角色及其扮演者都是热搜上的常客。以范闲为中心的丰富的人物关系，刺激了观众围绕多对 CP 进行二次创作和传播。同时，该剧独特的“喜剧”气息与众多的“喜剧”元素，为喜剧向话题的发酵提供了丰富的素材。“庆余年动物版”“张若昀的字”等热搜，充斥着强烈的梗文化，满足了观众热衷于恶搞的娱乐诉求。范闲的扮演者张若昀也在微博晒出了自己的真迹，称“剧组非给自己找字替”，本人“颜良而文丑”，引发了观众热议。除此之外，《庆余年》还随着剧情的发展频频登上热搜，使观众围绕剧情进度展开讨论，增加了观众对该剧的关注度。

（四）双向互动，引导观众自发营销

通过制作方的培养，观众自发营销不仅能节省宣发成本，还能凭借其持续性、活跃性等特点催生大量的二次创作内容和传播行为，为剧集创造话题，吸引各平台用户加入追剧行列，提升 IP 热度。《庆余年》播出期间，演员纷纷围绕剧情制造话题，与网友互动。比如，相声演员郭麒麟在微博、抖音上戏称自己扮演的角色是“我的钱半生”，说“张若昀的相声说的比我好”，引导网友关注其财迷属性并将角色和他作为人气相声演员的身份联系起来，激发了网友的多次讨论。此外，制作方还根据各平台的特点，让主创人员入驻不同平台，以直播的形式和观众互动。这让观众在和演员交流时，能获得更深层次的参与感和满足感。比如，B 站二次元文化发达，“沙雕代表”二皇子的扮演者刘端端则在 B 站和粉丝互动。司理理的扮演者李纯在男性受众居多的虎扑，回答剧迷的问题。

UGC 是检验人气的直观标准。演员的主动营销进一步激发了广大网友的 UGC 热情，形成了内外联动的传播局面，赋予了《庆余年》顶级的讨论度。仅B站UP主“逆转的桥”一人，围绕《庆余年》的角色所剪辑的一支现代商战视频，就在微博上引发了超过20万的转发量、超过2400万的浏览量。

三　受众分析

《庆余年》的火爆固然离不开优质内容和趁势营销。但受众是有需求的个人，他们的媒介接触活动立足于特定的需求动机，通过“使用”媒介，使这些需求得到“满足”。因此，要探讨《庆余年》热播的影响因素，就不能回避以下问题：受众到底想看什么？怎样做才能满足受众的需求？这些问题也是剧集制作、营销的底层逻辑。只有了解观众的心理和行为，才能制作出符合观众胃口的内容，才能通过合适的营销方式将剧集曝光给最合适的群体。要解决以上提出的问题，必须把握《庆余年》的用户特点。

（一）地域分布

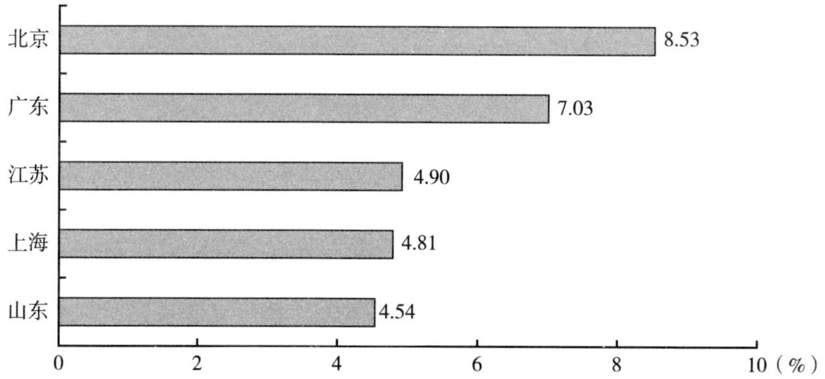

图1　《庆余年》活跃用户地域分布（前5名）

资料来源：云合数据。

如图1所示，北京地区观看《庆余年》的用户比重最高，约占9%。此外，广东、江苏、上海、山东等地的受众也比较活跃。由此可见，观看《庆余年》的受众多分布在一、二线城市。

（二）人群分布

在年龄分布上，《庆余年》的主要活跃用户是 20 ~ 29 岁的 90 后，占比约 59.85%，19 岁及以下的 00 后也占有较大比重，约为 26.1%。这两部分用户共占比近 86%，可见年轻人是《庆余年》的主要受众（见图 2）。

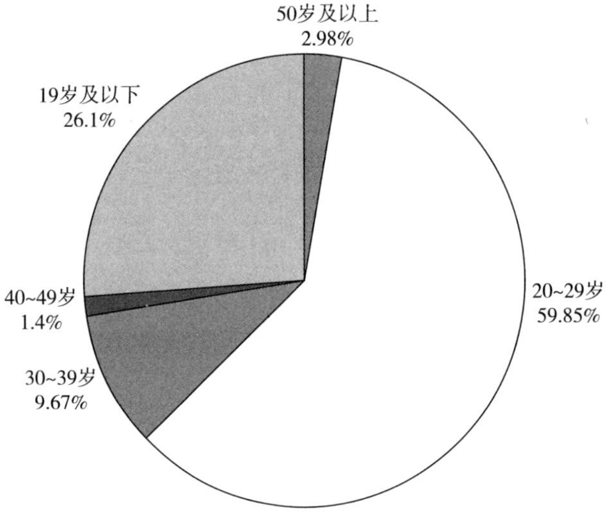

图 2 《庆余年》活跃用户年龄分布

资料来源：云合数据。

在性别维度上，该剧的女性观众居多，占所有观众的 83%。作为一部具有鲜明“爽文”气质的男频剧，《庆余年》吸引了大量女性观众。

（三）兴趣分布

相比地域、性别和年龄等比较外化的数据，具有相同爱好的人更容易聚集成一个团体。除了美食、旅游、时尚，该剧的观众喜欢追星，爱看视频，爱听音乐，热爱游戏、动漫等二次元的内容，喜欢娱乐、搞笑、幽默的风格。这种偏好与腾讯视频发布的报告不谋而合：年轻用户具备显著的娱乐化属性。

作为互联网的原著民，90后在日常的观影体验中形成了自己的内容偏好和审美能力，习惯通过互联网获取信息、交流观点以寻求归属感，偏好符合自己表述习惯的娱乐化话语风格。在这种情况下，仅凭流量明星、大制作和夸张剧情就想立足于网络剧市场的剧集，很难再获得十分亮眼的播放量和良好的口碑。除了制作要精良、剧情要精彩、角色要生动，对于这批日常焦虑的年轻世代来说，只有娱乐向内容才可以有效解压，使他们获得生活休闲感①，并发挥其挖掘、传播喜剧向话题的特长。

在满足了观众对制作、剧情、人设的期待后，《庆余年》具备的“喜剧”风格正好契合了这批年轻观众想要娱乐放松、缓解压力的心理。该剧的制作方也围绕观众的心理和行为特点，在《庆余年》开播期间开展了营销，引发了观众的UGC热情和超高的话题度。

四　结语

在《武动乾坤》《斗破苍穹》等男频IP改编剧的表现均达不到市场预期的背景下，《庆余年》的质量是该剧能够热播的根本原因。热门文学IP的影视化改编是对制作方能力的极大考验。《庆余年》通过塑造具有丰富性和多面性的众多角色、打造具有逻辑性和完整性的剧情、营造严肃与幽默交织的多变风格，满足了年轻一代观众关注娱乐性和释放压力等受众观剧心理。在精准划分用户的前提下，采取循序渐进的口碑营销战略，围绕内容在多渠道进行发散性传播，实现剧方营销与UGC联动，《庆余年》扩大了自身的热度，引发了观众的广泛讨论。由此可见，打磨内容、顺势营销、洞察用户心理这三点，是《庆余年》能获得如此亮眼的市场表现的关键。希望未来的男频IP改编剧能借鉴《庆余年》这些成功的市场经验，打造出更多的精品。

---

① 郭吉安：《2020大剧营销趋势洞察报告发布：从〈庆余年〉看剧集“巨变”》，娱乐资本论，2020年1月13日，https：//36kr. com/p/5284506。

B.13

网络综艺《乐队的夏天》案例分析报告

李宜　周晓宇　梁小建*

摘　要： 根2019年网络综艺首次迎来产量下降，共上线网络综艺139部，较2018年下降14.2%。在众多网络综艺节目中，《乐队的夏天》脱颖而出，取得了不俗是播放成绩和网络热度，成为2019年当之无愧的“爆款综艺”。其节目内涵和宣扬的摇滚精神影响深远。本报告将从节目特色、市场反馈、商业孵化以及后续影响四个角度进行分析，探究《乐队的夏天》将分众化内容面向大众，实现热度、口碑、经济三丰收的终极秘诀。

关键词：《乐队的夏天》　网络综艺　内容特色　商业孵化

2019年，中国网络综艺市场较2018年的爆发态势略有回落，进入更为稳定的结构转轨期。爱奇艺、优酷、腾讯、芒果TV等网络视频平台的自制综艺依旧占据了网络综艺市场的重要份额，并且依照平台调性的不同，逐渐发展出了不同的综艺类型偏好：爱奇艺自制音乐类综艺热度高涨、优酷喜剧类综艺独树一帜、腾讯视频竞技类综艺优势显著、芒果TV观察类综艺亮点频出。

在2019年网络综艺热度、话题排行中，“综N代”依旧保持优势，占据头部地位，同时不少新型综艺也以其独特的题材与精良的制作杀出重围：

* 李宜，南开大学传播学系2019级硕士研究生；周晓宇，南开大学传播学系2019级硕士研究生；梁小建，南开大学文学院传播学系副教授，硕士研究生导师，研究方向为报刊理论与实践、数字出版理论与实践。

在题材类型方面，小众题材日益展现出强大的影响力："乐队类""职场类""潮流经营类"等题材的综艺纷纷出现并热播。在原创音乐类的网络综艺市场中，《乐队的夏天》凭借独特的选题、新颖的赛制、精良的制作顺利在2019年的网络综艺市场中占有一席之地。本报告将从节目特色、市场反馈、商业孵化以及后续影响等角度出发，对网络综艺《乐队的夏天》进行剖析，探究促使其成为"爆款"综艺的内在因素。

一　节目简介

《乐队的夏天》是一档由爱奇艺和米未传媒联合制作出品的原创音乐网络综艺节目，该综艺从1000多个乐队中遴选了31支具有代表性的乐队参赛：新裤子、刺猬、旅行团、斯斯与帆、痛仰、面孔、盘尼西林、九连真人、反光镜、Click#15等。邀请了国内知名的明星艺人马东、高晓松、吴青峰、张亚东、乔杉等作为超级乐迷。通过不同的赛程比拼和音乐演绎来争夺HOT 5乐队席位。该综艺共包含12期节目，自2019年5月25日起，每周六晚20：00在爱奇艺全网独播，播放周期长达三个月。

节目开播后热度一路攀升，斩获豆瓣8.0的评分，被评为"2019年新生代综艺收视冠军"。节目收官后热度依旧不减，还时常有人在节目弹幕中表示会"二刷""三刷"等，节目播放量与讨论度始终保持在较高水平。

二　节目特色：故事性与参与感兼具，实现跨圈层式传播

《乐队的夏天》是爱奇艺对乐队竞技类节目的一次全新尝试。作为一档新型综艺，创新的元素必不可少，它在播出与宣传过程中表现出了许多自身特色。

（一）参与感与现场感交织

在《乐队的夏天》的评审制度中，为了让线上线下的受众获得充分的参与感。节目组在录制现场邀请了100位大众评委，他们有直接决定乐队票

数、进而决定乐队去留的权利。而在网络平台观看节目的观众，也有机会参与节目流程。在这档节目中，有一个“复活赛”的机制，观众有为淘汰乐队争取复活机会的权利。通过“投票”助力自己喜爱的乐队进入复活榜单，就有机会重新在舞台上看到他们的表演。若“踢馆”成功，该乐队就能顺利晋级。每一期结束后被淘汰的乐队就会开启爱奇艺助力通道和优酸乳轰趴馆两种投票复活通道，观众可以为自己喜爱的乐队投票，排名前三的乐队进入复活赛。同时与节目合作的 QQ 音乐、酷我音乐同样上线《乐队的夏天》人气歌曲投票，每周会放榜展示人气歌曲排名。

这些投票的形式使节目观众的参与感大大加强，观众会产生一种自己正在决定乐队命运的感觉，从而会更为卖力地支持自己喜爱的乐队。而节目组也通过这种投票机制再次收获了一批热度与讨论度。事实证明，观众的投票也确实起到了影响节目最终结果的作用。通过复活赛选拔出的痛仰乐队、Click#15 乐队，最终在“HOT 5”中占有一席之地。

（二）故事性与专业性融合

“人”是米未传媒在进行综艺节目制作时一贯的关注点。相比于对纯粹音乐效果的追求，他们更倾向于讲述“人物”的故事。不论是回忆 20 年前乐队初建时的场景还是谈论队友之间的离散与组合，这档节目的故事性非常强。在大众的刻板印象中，摇滚乐队的成员往往是桀骜不驯又直接坦率的，所以当多个乐队齐聚在同一档综艺节目中时，会不可避免地发生矛盾。而《乐队的夏天》在对这种矛盾冲突进行呈现时，并没有刻意地截取片段来表现强烈冲突，而是选择真实呈现乐队成员之间的日常沟通与真实状态，将他们从冲突到磨合的整个过程在节目之中展现，促使观众对乐队成员有一个更加全面、立体的认识，能够更好地了解乐队文化。

这种故事性的展现也为节目增添了许多亮点，就如同将观察类节目融入音乐类节目，既能展现音乐内容的专业性与小众性，又能展现观察类节目的真实性与真故事性。米未传媒创始人马东在接受采访时表示：“《乐队的夏天》不是音乐节目，而是‘人的节目’，乐和队是一个词，但在我们心中，队大于乐。”这种对于“人物”与“情感”的重视理念贯穿了整档节目的始终。《乐队的夏天》在保证音乐质量的同时，非常注重对故事与情感的挖掘，强调以情动人，进而收获了不少观众的掌声与眼泪。

（三）多平台渠道宣传互通

作为一档网络自制综艺节目，依托爱奇艺的媒体资源，《乐队的夏天》在网络上的宣传十分出彩。除了在该节目独播平台爱奇艺进行宣传外，该综艺在新浪微博平台、微信公众平台、微信朋友圈等多种渠道也投放了宣传资源。

在推广策略方面，除在新浪微博平台开设账号“乐队的夏天”与观众和网友实时互动外，“复活赛”的投票机制使粉丝群体奔波于多个平台进行投票，助力淘汰乐队复活，从而提升了节目的用户活跃度与互动性。同时，在《乐队的夏天》的每期正片中，都会根据该期所播放的情节和内容出示相关的提示。比如在介绍刺猬乐队的短片中，鼓手石璐和主唱赵子建在组建乐队 12 年中，有 6 年是情侣关系，有 6 年是朋友关系。在该片段播出时，屏幕下方出现了提示上知乎搜索“分手后还能一起工作吗”的字幕，联动知乎来增加热度。

该节目在宣传方面还有一大特色：“实名安利”。通过观众在朋友圈、微信群等渠道的实名安利，促使这一节目在熟人圈子中进行传播。在 2019 年的夏天，每个人的朋友圈中都或多或少的被《火车驶向云外，梦安魂于九霄》《雨夜曼彻斯特》《莫欺少年穷》《再见杰克》等乐队原创歌曲刷屏。在公域流量池进行宣传后，节目充分利用朋友圈中的私域流量，基于熟人群体之间的相互信任关系，对节目进行宣传，大大提升了宣传转化率。通过整合多平台、多圈层的媒体资源，对节目进行充分而全面的宣传，最终累积达到系列宣传效果。

三　市场反馈：热度与口碑齐备，小众文化成功“破圈”

《乐队的夏天》在 2019 年打造了一场万人瞩目的音乐盛宴。在百度发布的“2019 百度沸点”榜单中，《乐队的夏天》入围“2019 百度沸点年度综艺”以及“2019 百度沸点年度关键词”两项重量级榜单，展现了不俗的大众影响力。《乐队的夏天》在“乐队”这一小众题材上成功突围，可以说热度与口碑齐备，实现了良好的传播效果。

（一）流量为王，热度出圈

评价一档综艺节目成功与否，最直观的评价标准是观察市场的反应。从这个角度看，《乐队的夏天》的表现在 2019 年的网络综艺市场中绝对是十分抢眼的。自播出以来，《乐队的夏天》多次登上微博热搜榜、知乎热榜榜首等。

根据云合数据统计的“2019 年全网综艺全舆情热度 TOP 30”，《乐队的夏天》在 2019 年全部网络综艺中的舆情热度排名第四，在新型网络综艺中排名第一。同时，自节目开播至 2019 年 8 月 10 日，该节目百度指数峰值为 845825，整体日均值为 43765，成为 2019 年上半年上新综艺中单日搜索指数最高的综艺。

截至 2020 年 4 月 16 日，微博话题“乐队的夏天”阅读量达 47.1 亿，讨论量达 479.1 万次，原创人数达到 22.5 万人次。此外，《乐队的夏天》也是 2019 年豆瓣评分人数最多的综艺，评分人次达 10.4 万，豆瓣评分 8.8 分，共获得 31860 条有效短评，获得第六届豆瓣电影年度榜单中评分最高的大陆综艺提名。这样的成绩可以说是热度与口碑齐备了。在节目正片的播放量这一指标中，《乐队的夏天》也有不凡的表现。根据猫眼专业版的数据，《乐队的夏天》历史最高热度达到了 9058.23，节目正片有效播放量达 8.6 亿。

凭借这档节目，乐队文化进入了大众视野。“新裤子”“盘尼西林”“痛仰”等乐队在节目播出后，人气均得到了不同程度的上涨：冠军乐队“新裤子”乐队的微博粉丝由 4 万增至 123 万；Click#15 乐队的演出费涨了 3 倍，但门票依旧在十几秒内售罄；“乐队的夏天 HOT 巡演”全国巡演门票在多个城市一秒售空。

巨大的流量曝光和讨论热度让《乐队的夏天》这一小众原创音乐节目成功“出圈”。新裤子乐队主唱彭磊和庞宽将个人魅力辐射到了艺术界。彭磊和庞宽均毕业于北京工业美术学校，二人在北京 798 举办了个人艺术展“生命因你而火热”。Click#15 乐队与房地产公司阿那亚 Aranya 合作，接受阿那亚专访，为海边社区带来春夏限定歌单。痛仰乐队破圈创作 MV《世界会变好》，整支 MV 纪念了文化、影视、体育、科学、商业、医学、艺术等多个领域的英雄和艺术家，以“愿爱无忧　愿世界变好”为主题向英雄致敬。Click#15 乐队接受《时尚先生》的专访，在时尚界探讨自己的音乐态度和穿搭潮流，其主唱 Ricky 在比赛中的穿衣搭配在 2019 年夏天掀起了一阵热潮。

（二）制作精良，口碑极佳

一档爆款综艺的诞生，总要兼顾热度与口碑的双重标准，而《乐队的夏天》在这两个标准之间很好的达到了平衡。《乐队的夏天》在豆瓣评分逐渐攀升至 8.8 分，似乎也印证了这一观点。凭借精彩的现场表演与精良的节目制作，《乐队的夏天》的豆瓣评分由开播时的 7.4 分迅速上升至 8.8 分。

从内容制作层面的“硬实力”来看，作为一档音乐类节目，《乐队的夏天》在音响与舞美方面颇为用心，选用的是超高水准的舞美设备。并且邀请了北京奥运会开幕式的音响工程师金少刚负责节目的音响效果，保证节目的视听体验。在制作过程中，节目方对现场的音响和表演效果十分注重。在节目的第一期中，为了满足 VOGUE 5 乐队主唱摇滚风格的愿望，金少刚特地给他准备了对应风格的耳机，力图打造最完美的现场音效。

从赛程规则上看，《乐队的夏天》弱化了竞争力，宣扬了热爱和情怀。节目中没有设置专业权威的评价人，只设置了热爱音乐的超级乐迷、专业乐迷和大众乐迷。投票的标准也绝不是音准和专业度，而是是否喜欢乐队的演出。在晋级赛中还设置了“女神合作赛”环节，邀请了毛衍七（VAVA）、周洁琼、欧阳娜娜、范丽娜（Cindy）等明星来助唱，进一步提升了节目热度。

从节目剪辑上看，节目采用了饱和度较高的动漫画面和多样化、丰富性的剪辑相配合的方式来呈现。通过彩色字幕、画中画切换、倒带回放、重复特效、声音重叠等多种剪辑形式营造综艺效果。在节目的开头设置贴心的节目时长提醒，在播报比赛规则时采用动漫构造的画面，既生动又形象。在节目进度条上呈现每一期节目的精彩看点，如“痛仰乐队连环怼马东”“黑撒乐队校园恋曲催泪”“盘尼西林致敬朴树”等吸引了受众的注意力，制造了兴奋点。

从新颖的选题到精良的制作，从精心的设计到用心的包装，《乐队的夏天》在2019年为受众打造了一场以“怀旧音乐情怀”为主题的音乐盛宴，收获了观众的掌声和眼泪。在新浪微博平台，对《乐队的夏天》第二季的呼声越来越高，其中微博话题“乐队的夏天第二季”已获得了575.9万次的浏览量。

四　商业孵化：赞助与品牌相融合，热度与红利共攀升

（一）五大金主赞助，果果昔拿下独家冠名

《乐队的夏天》在开播前就拿下了五大赞助商的赞助，其中伊利旗下的优酸乳品牌果果昔成为该综艺的独家冠名赞助商，以“浓郁果果昔，满满水果力”为主打宣传口径的果果昔在该综艺每一期片头无缝植入，即使是爱奇艺会员也难以抵挡“果果昔”的冲击。联合赞助商vivo花重金获取片头植入广告果果昔后位播放的展位，“夜太黑，总有人用vivo拍照比你美”，vivo X27主打夜摄主题，在该综艺中成为选手拍照展示的必备产品。以年轻女孩为主要消费群体的卫生护理品牌七度空间，以“酷女孩”“摇摆”为产品卖点，加入摇滚和金属乐的综艺属性，通过捆绑旺福乐队来植入演绎性广告，旺福乐队的乐风充满了复古怀旧的欢乐感，使以“欢乐”“感染力”“喜感”为特色的旺福乐队从节目一开播就成为人气乐队。七度空间萌睡裤正是看中了旺福乐队的这一属性，联合乐队一起将年轻、活力、

欢乐、潮流的特性注入产品的品牌形象中。

在棚内录制节目时，由于场地的限制，汽车品牌的宣发往往成为一大难题。在《乐队的夏天》录制过程中，别克 v6 的植入成为链接场内场外和赛前赛后的空间切割点：每个乐队在上台进行演绎前都会乘坐别克 v6 前往参赛场地，在选手乘车前后都会有车体的 logo 和外形展示，选手们也会采用口头台词表述的形式再次强调，时不时的召唤别克 v6 出场。此外，车载采访也是别克 v6 植入的形式，在《乐队的夏天》第二期中，节目组通过车载采访乐队来构造故事情节：面孔作为成立了 32 年的“老炮儿”乐队是节目构造经典怀旧和情感共鸣的亮点；Click#15 作为一支年轻新晋乐队，更多的代表了当代青年人不服输、敢作敢为的音乐生活态度。Click#15 乐队在资历、经历、名气上都与面孔乐队有一定的差距。节目组在这两支乐队的车载采访中提问相同的问题来对比“新老乐队 pk”前后的心理，为后面跌宕起伏的故事情节埋下伏笔。

模拟音乐节现场、助力品牌方“搭棚”设计形象是《乐队的夏天》在商业孵化中的新形势：该综艺在录制棚外的场地中，与各大品牌方共创品牌“帐篷”模拟音乐节现场氛围，乐堡啤酒作为赞助商在场外篷内发放印有乐堡 logo 的各式啤酒饮料和毛巾物料，配之节目特写镜头和后期制作的广告植入形式，塑造了“酣畅淋漓，嗨唱不停”的媒介形象。

（二）IP 衍生塑造节目品牌，全套综艺打造“流量收割机”

除了正片《乐队的夏天》外，该综艺还以乐队 IP 为核心商业点，推出衍生综艺产品《乐队我做东》，该综艺是一档由爱奇艺出品、米未制作的真人秀衍生节目，该节目由兼具节目主理人和超级乐迷两个身份的马东和马东的朋友们“做东”，以组饭局、喝酒聊天的形式营造轻松畅快的氛围，力图撕掉“真人秀”的标签，还原乐队成员最真实的一面，展示他们的思想情感和热血生活。当然也会时不时地穿插“爆料”等娱乐情节，呈现乐队成员鲜为人知的一面。

为了全方位走进乐队、了解乐队、宣传乐队，爱奇艺还推出了衍生节目

《乐队零距离》《乐队路透社》《乐队福利社》《乐迷的夏天》《乐队抢先看》，不仅能够让乐迷了解组建乐队的心路历程，还展露了每一个音乐人饱满的人物性格和人格魅力。在该综艺中“刺猬”乐队的女鼓手石璐因其精湛的技艺被乐队圈封为“中国第一女鼓手”，这个称号也成为该综艺后期联动宣传的话题，荣登新浪微博热搜。在2019年6月13日播出的《乐队零距离》中，通过幕后视频的形式让观众看到了“中国第一女鼓手”石璐的练习过程，让乐迷和粉丝大饱眼福。同时播出了刺猬主唱赵子建女友探班的情节，让乐迷们认识到刺猬的主唱不仅有台上那个摇滚范儿十足的硬汉形象，在台下和幕后也有一份铁汉的柔情。

表1 《乐队的夏天》IP衍生节目

星期一	**乐队福利社** 默契大考验— 痛仰回忆荒岛经历	**乐队福利社** 默契大考验— Click#15 队友变球友	
星期二	**乐迷的夏天** 吴青峰自爆经常忘词， 现场与歌迷互怼	**乐队福利社** 默契大考验— 斯斯与帆默契满分　自曝从来不排练	《再见杰克》混剪剧情版
星期三	**乐迷的夏天** 张亚东向斯斯与帆 狂放彩虹屁	**乐队福利社** 中文大挑战— Mr. WooHoo 现场学中文	爱撩专访 吴青峰:在混沌中找寻灵感
星期四	**乐队预告片** 超级乐迷行使复活权， 马东大呼像决赛	**乐队福利社** 默契大考验— 鹿先森变身建筑天团，开拓荒岛	**乐队福利社** 默契大考验—和平和浪队 内怼不停，默契值 UP!
星期五	**乐队预告片** 现场淘汰残酷， 高晓松当场喊停求复活	**乐队抢先看** 重磅乐队隆重登场，燃炸舞台	
星期六		**乐队纯享版** 一秒魂穿乐队完整版 LIVE 表演	**乐队的魔方** 新裤子乐队： 彭磊的微信没朋友 **乐队有新番** 九连现场街头叫卖， 南无乐队自扇巴掌
星期日	**乐队路透社** 吴青峰谈与旺福的 创作故事	**乐队零距离** 新老乐队幕后彩排揭秘	**乐队我做东** 马东、臧鸿飞与各大 东队聊背后的故事

以《乐队的夏天》为主打的一系列 IP 综艺产品成为 2019 年夏天小众乐队音乐的品牌印象，让爱奇艺和米未传媒收割了满满的影视流量。《乐队的夏天》在 2019 年的热播网络综艺中冲出了自己的一片天，根据百度指数，该综艺节目自 5 月 25 日开播后百度搜索指数一路飙升，截至 2019 年 8 月 31 日，节目共出现 7 次百度搜索指数的峰值，日均值为 43765。

（三）综艺热度下沉，乐队选手斩获“商业红利”

《乐队的夏天》在播出期间，节目热度和实时搜索度一路飚升，节目热度带来的商业效应直接体现在乐队以及选手身上：根据百度指数统计，“新裤子乐队”在 2019 年 5 月至 7 月的平均搜索量为 2596，而在 2018 年 5 月至 8 月的同时段，平均搜索值仅为 266。新裤子乐队在参赛前的微博粉丝数不足 5 万，节目播出后，新裤子的新浪微博官方账号累计粉丝量达到了 123 万，日均阅读量达到了 10 万 +，有了自己的粉丝站、打投站以及新浪超话后援会。新裤子乐队主唱彭磊直言，他们的出场费已涨了近 20%。作为热门乐队，刺猬乐队在综艺播出前的生活也经历了种种困难，更多的是经济上的捉襟见肘，被生活、成长、经济、社会等各种压力夹击，乐队曾一度面临解散。三名乐队成员不得不在工作日上班来维持乐队的开支，主唱赵子建坦言，自己平时是公司的一名程序员，周末才能守护自己热爱的音乐。综艺播出后，刺猬乐队获取了“HOT 5”中的一席之地，除了日常的演绎收益，乐队进行衍生品的开发，倾力打造周边产品，获得了可观的商业收入。

2019 年《乐队的夏天》开始全国巡回演唱会，在首站（武汉站）的门票售卖中，1 分钟内 4000 多张门票售卖一空，巡演现场人气爆棚、座无虚席，在快节奏、躁动的现场，一名骨折男子挥舞拐杖跟随音乐律动，被称为“史上最硬核”乐迷。除了商业演出之外，乐队们还与各大赞助商进行双向合作：旅行团乐队参演 vivo X27 的夏日微电影《一辈子活在夏天》；新裤子乐队与京东合作，在“京东尚学季”活动中直播带货，京东数科趁热打铁，签下新裤子原创歌曲《生活因你而火热》。刺猬乐队、新裤子乐队、盘尼西林乐队与爱奇艺再续前缘，开展影视剧音乐合作，他们的原创歌曲分别在爱奇艺播出的影视作品《动物管理局》《跳舞吧！大象》中大放异彩。

五 《乐队的夏天》影响分析

（一）乐队文化的“春天”

谈起摇滚和乐队，无数乐迷都忘不了1994年的红磡演唱会。唐朝乐队“今宵酒醒无梦，梦里回到唐朝”的英雄豪情、“魔岩三杰”的放肆洒脱和激情唱跳至今仍然是后世摇滚乐队青年的精神食粮，那场令人无法忘怀的演唱会对中国摇滚的发展具有非同小可的意义。此后十几年，中国摇滚的发展进入了“寒冬”，华语乐坛被流行乐文化霸占了半壁江山。唐朝乐队的主唱丁武直言：“90年代是中国摇滚最好的时代。”相比于流行音乐，“摇滚乐队”是一种小众文化，它所代表的文化内涵和音乐态度长期被称为“独立音乐”而不被称为“主流”。

随着大众文化消费市场日益发展繁荣，以“流行乐文化”为主的头部综艺早已占据了庞大的受众市场，新型节目越来越难突出重围。从分众角度出发，小众垂直领域的综艺节目类型尚待发掘，且市场反馈日益强烈。米未联合创始人CCO、《乐队的夏天》总制片人牟頔在采访中提到，她想做一档令人开心的音乐节目，给乐队一个被大众看到的出口，让他们得到更多可持续发展的资源，“有更多人给他们机会去展示自己”。因此爱奇艺瞄准青年文化与待发掘的小众垂直领域，打造了一款以“摇滚乐队”为核心的音乐竞技类节目，对于乐队粉丝群体来说，是极具吸引力的。

可以说，总制片人牟頔成功了。2019年夏，《乐队的夏天》这档原创音乐综艺节目让“摇滚文化”在以流行乐文化为主的华语乐坛中夺得了一席之地。它让以“摇滚”“朋克”“金属”等曲风为代表的乐队文化走进了千家万户；它让对摇滚音乐热爱至深的乐队成员们不再因经济拮据而迫于窘境；它也让乐队文化和摇滚风格成功进入大众视线，可以说小众音乐迎来了春天。

（二）垂直网综的成功范例

纵观网络综艺发展史，在大众传媒文化的不断催化下，网络综艺的创制形式呈现千篇一律、主题重叠、内容换汤不换药的疲软状态。在现代科技手段的大规模模仿和复制作用下，综艺文化产品逐渐呈现“流水线式”的批量生产：以明星艺人为主要嘉宾，以台本和剧本的铺陈为节目主线，以贴近社会焦点和民生热点的矛盾为契机制造节目话题，以展示嘉宾生活场景和隐私八卦为节目主要爆点。这些网络综艺制作的“行业规则”早已成为全行业的复制脚本，产出的节目也逐渐趋同，因而受众早已产生了视觉疲劳。爱奇艺携手米未传媒抛开业界行规，另辟蹊径，在垂直类音乐方向进行内容深耕，对节目的核心主题进行升级化处理：以唤起 70 后、80 后的摇滚情怀和接续 90 后、00 后摇滚基因为目的，开创“摇滚音乐”的蓝海。在每一期节目中，每一个乐队都会制作独具特色的回忆性短片，对乐队一路走来的艰辛和无奈进行细节性的刻画，塑造了乐队成员锲而不舍的精神。此外《乐队的夏天》抛开以往“综 N 代”的竞技特性，弱化节目竞争元素，以“超越乐迷”取代评委的身份、以“喜欢与否”取代专业性的分数度量，力争给追捧者一个充满和平与爱和个性情怀的音乐节目。不可否认的是，《乐队的夏天》是垂直领域内容创作的一大成功范例，不仅承担了一档综艺该承担的社会责任，而且获得了可观的商业收益，实现了口碑、流量、经济的“三丰收”。

（三）节目品牌的再续延伸

《乐队的夏天》是米未传媒继王牌综艺节目《奇葩说》之后的另一大网红综艺力作。根据百度指数统计，《奇葩说》第六季于 2019 年 10 月 31 日开播，在播出的 3 个月中，整体日均值达到了 42677。《乐队的夏天》在 2019 年 5 月 25 日开始播出的 3 个月内，日均值达到了 43765。实际上，在流量和曝光度以及商业孵化度上，《乐队的夏天》足以与《奇葩说》匹敌。可以说，《乐队的夏天》是米未传媒网络综艺品牌的再续延伸。

除了在节目制作和画面上有《奇葩说》的风格之外，主持人也是《乐队的夏天》火爆的一大因素。两个综艺的主持人均是马东，马东自 2013 离开央视后，加入爱奇艺担任首席内容执行官，创办米未传媒，在网络短视频和网络综艺上开创了一片个人的“蓝海”。马东在《乐队的夏天》中以“乐痴”的身份自嘲，用不懂乐队行业话术的节目情节凸显乐队成员的个性和真性情。以普通人的身份初识乐队、了解乐队文化、学习相关乐理知识，模仿乐手们的穿搭风格，与乐队成员打成一片，结识乐队成员的朋友们……马东“乐痴”的身份很好地弥合了线上线下普通观众与乐迷粉丝之间的距离感，拉近了乐队文化与主流文化的距离。让《乐队的夏天》这款原创音乐节目，以小众新颖的主题囊括了“五湖四海”的观众，以消弥距离感的创制宗旨调和大众的审美口味。《乐队的夏天》凭借新颖的选题、精良的制作、精心的设计、用心的包装、“沙雕”的剪辑打造了原创音乐综艺的节目品牌。

2020 年 4 月，《乐队的夏天》第二季官宣，拟定于 2020 年夏季播出。《乐队的夏天》在新浪官方微博发布了第二季拟邀请阵容，引来乐迷和粉丝的一致欢呼。品牌 IP 已创立，即待重启的《乐队的夏天》第二季还会远吗?

六　结语

《乐队的夏天》结束了，但它带给我们的感动才刚开始：那些泪撒舞台、对音乐不离不弃的乐手们和挥舞着荧光棒奋力打投全身心支持乐队的乐迷们；那些内心埋葬着摇滚之魂和音乐梦想的青年们和懵懵懂懂不知何为乐队但被节目疯狂安利而爱上摇滚的观众们；还有超级乐迷马东和他的朋友们、专业的后期制作团队和个性十足的音响老师们……这些人和这些事以及这个闪耀的舞台共同构筑了 2019 年夏天的那场让人难以忘怀的音乐盛事。

这场盛宴带着它的使命把“乐队”“梦想”“热血”“真挚”“热烈”的情怀注入了全国人民的心中。正如刺猬乐队曾言：“一代人终将老去，但总有人正年轻。”经典的乐队和乐手们终有老去的一天，终有“躁不动”的时刻，但在2019年的夏天，属于“乐队文化”的永远年轻的故事才刚刚开始。

B.14

从差异定位到深耕风格，网红视频趋向品牌化

——以李佳琦、李子柒视频为例

夏 柯 邱旭滢 陈 鹏*

摘 要： 在短视频和网络直播行业飞速发展的大背景下，2019 年以李佳琦和李子柒为代表的头部网红在完成差异定位之后，开始深耕风格，通过不断地输出视频将自身“品牌化”，和衍生出的众多子品牌一起以网状结构向外辐射。本报告以李子柒和李佳琦 2019 年发布的视频为例进行分析，总结其视频特点、传播规律及其对行业甚至社会造成的影响，以期以小见大，折射出整个网红视频领域的发展规律。

关键词： 网红视频 品牌化 大数据

网络红人（以下简称“网红”）自出现以来，经历了从文字、图文、宽频到如今视频直播技术的时代，若想在越来越多的互联网社交平台中维持自身的吸引力与关注度，网红群体必须始终走在网络视听样态的最前端，尽早、尽多地占据受众注意力。近年来，网红纷纷入驻各类直播、短视频以及

* 夏柯，南开大学文学院传播学系新闻与传播专业 2019 级硕士研究生；邱旭滢，南开大学文学院传播学系新闻与传播专业 2019 级硕士研究生；陈鹏，南开大学新闻传播学院（筹）副院长，硕士研究生导师，研究方向为传媒经济制度研究、媒介营销等。

社交分享平台，以视频作为主要形式发布动态以吸引流量，但从此淹没在洪流中的网红不在少数，大浪淘沙后获得受众认可的网红，才得以在互联网中继续挖掘社会与经济效益。

网红视频作为明显标签化的视频模式，是网红本人特征与视频风格的结合。2019 年，若干例被称作“现象级”的网红视频爆红网络，李佳琦和李子柒作为直播行业与短视频行业的流量先锋，创造了无数个数据神话：新榜数据显示，截至 2019 年 7 月 15 日，仅 2019 年上半年，李佳琦抖音粉丝数量增长 2513 万①；据《知识经济》统计，2019 年“双十一”期间，李佳琦直播销售额超过了 10 亿元②；在多家平台的粉丝量都为千万级别：淘宝 2285.71 万、抖音 4245.4 万、微博 1382 万（截至 2020 年 4 月 15 日）。李佳琦在小红书平台共发布 250 个视频，其中 2019 年发布 216 个；在抖音平台共发布 343 个视频，其中 2019 年发布 274 个；B 站共发布 51 个视频，其中 2019 年发布 32 个；微博平台共发布 335 个视频，其中 2019 年发布 172 个。

由短视频工场与星榜联合发布的《12 月抖音黑马榜》显示，仅 2019 年 12 月一个月，李子柒在抖音短视频平台涨粉 402 万，粉丝总量为 2989.36 万③；截止到 2019 年底，李子柒在微博拥有超过 2000 万的关注量，YouTube 的订阅量达 800 万，总观看次数超 13 亿；2019 年李子柒发布的 34 个自制原创短视频，其中 19 个视频的评论达 5 万条以上，各个平台的数据与视频传播范围记录了李佳琦与李子柒在 2019 年的爆红轨迹，虽然二者在不同领域爆红，但他们有相同的传播特点。

---

① 新榜：《李佳琦半年涨粉超 2500 万；短视频平台加大电商布局 | 2019 短视频半年报》，传送门网，2019 年 7 月 24 日，https：//m. chuansongme. com/n/3063833651338。

② 陈杰、丁晓冰、张凯：《买它 + 买它 + 2019 年度网红带货影响力榜》，《知识经济》2020 年第 2 期，第 90 ~ 107 页。

③ 《12 月抖音黑马榜 | 104 位达人涨粉超百万，“流量担当”李子柒狂揽 400 万粉丝》，2020 年 1 月 16 日，https：//xueqiu. com/1178948031/139442689。

一　从“二李”看网红视频的共通特点

（一）精准定位，视频风格趋于稳定

“定位”一词源于20世纪60年代的美国，核心是如何在目标用户心中占据一个有利的位置。YouTube早在2017年便发布了全球人一天看10亿小时视频的数据，面对如此庞大的受众群体，如何在各类视频都想分得一杯羹的流量竞赛中拥有竞争力、在观众心中占有独特地位，除了输出优质内容外，更应当及时实行差异化策略，突出视频特色与优势，才更易于从海量的视频中脱颖而出，李子柒和李佳琦在2019年以基本固定的视频风格，收获了大量且稳定的注意力。

这一年，李佳琦在直播中持续将口红放在重要展示位置上，让“男生”和“口红”这两个冲突性标签产生化学反应。他从国际品牌到小众品牌，从经典款到最新款，以自己的专业知识为大家筛选色号、描述质地、推荐风格，在众多粉丝心中“种草”。通过多平台、多视频不断地强化自己的“口红”标签，将自己牢牢定位为“口红一哥”，在众多美妆博主、淘宝主播当中脱颖而出。

除直播外，李佳琦在2019年推出的系列短视频大部分是由淘宝直播视频剪辑而成的，凸显李佳琦本人的夸张搞笑风格，配音幽默、节奏快，同时配合有特色的讲解，使整个视频既能满足观众快节奏的观看需求，又能提供给观众所需要的购物信息，还具有减压的效果。视频中的花字色彩丰富、字形活泼，经常使用李佳琦的常用语“OMG、所有女生、买它”等。视频封面也使用统一的风格，表明视频当中试色的品牌和产品，起到提示、指引以及强化品牌的作用。

同样，“李子柒风”也逐渐明晰。2019年李子柒发布在各个平台的34条自制视频里，场景固定在乡村田园与村舍，广阔的农家土地为主要背景；选题上以传统美食、传统手工艺制作为主，着重演绎民间美食文化，

观赏性与实用性并存；拍摄习惯多为固定机位的伴随式拍摄，成品视频均为一段段长镜头的衔接，静态镜头搭配动态人物与背景，具有强烈的临场观感性；视频时长以 7～15 分钟为主，在“速食”短视频盛行的时代坚持慢节奏制作，视频几乎没有旁白，给观众足够的想象延伸空间。在不断地打磨中逐渐将视频要素固定下来，形成独特风格，促使其辨认度不断升高。

（二）持续输出高品质内容，打造专业化形象

视频属于动态的内容传播，优质的内容作为基本要素，是获得关注度的直接方式，然而要保持或增加与已有观众之间的黏性，则需要依靠频率稳定的持续输出。

2019 年李佳琦在微博、抖音、小红书、B 站四个平台上，共发布 694 个视频，平均每天发布约 2 个，属于持续高密度输出，高曝光率不断增加他的形象在观众心中出现的频次，维持热度不减；而李子柒 2019 年共发布 39 条动态，与李佳琦发布的视频数量相比，活跃度较低，但她的 39 条动态中有 34 条都为自制原创视频，她保持着每月 1～4 条的更新频率，且每一条视频都可谓是悉心策划、制作精良。二者由于制作与呈现方式的不同，在发布频率上有很大差别，除了保持各自产出频次之外，精耕内容制作是二者在视频专业化道路上不断进步的重要支撑。

在不同季节与节气的时间点上，李子柒会发布与时节相应的传统食物制作视频，如 2019 年 2 月春节期间的年夜饭合集；初春到来时采摘自然生长的桃花与桃胶，制作桃胶粥。食材的自然生长与采摘、制作，半脱离现代化的原始工艺展示，是李子柒视频的主要内容，也恰恰最能凸显其专业化形象。李子柒在 2019 年发布的一个视频在微博平台获得了超过 10 万条的评论、60 万次的点赞，这个视频记录了一粒种子从育秧、打田、插秧、生长、抽穗、扬花、灌浆再到成熟、收获至端上饭桌的全过程。

而李佳琦依托行业特点，定期推出系列盘点和“必买清单”。2019 年“双十一”期间，李佳琦发布了“双十一必买”系列，共 11 个视频，为观

众提供专业化的购物指引，此外还有“2019 平价口红年中榜单”“2019 大牌口红年中榜单”等多个系列。无论是李佳琦为观众提供的高度聚合信息，还是李子柒拍摄的难得一见的传统手工艺制作，都需要长时间的大量素材积累，依靠的是完善的筹备、制作与发布体系，这也正是实现专业化的必由之路。

（三）满足观众的心理需求

无论是实体企业还是线上自媒体，用户永远排在第一位，只有了解用户的人群画像、偏好习惯、心理特征，才能从视频制作到投放环节都做到精准满足用户需求。

在百度指数中以“李子柒”和“李佳琦”为关键词进行搜索并对比，结果显示二者的受众年龄分布在 20～39 岁（含）的比重分别为 75.79% 和 78.29%（见图 1），这个年龄段是承受快节奏、高压力的年轻一代，他们重视精神生活、敢于彰显个性与喜好。

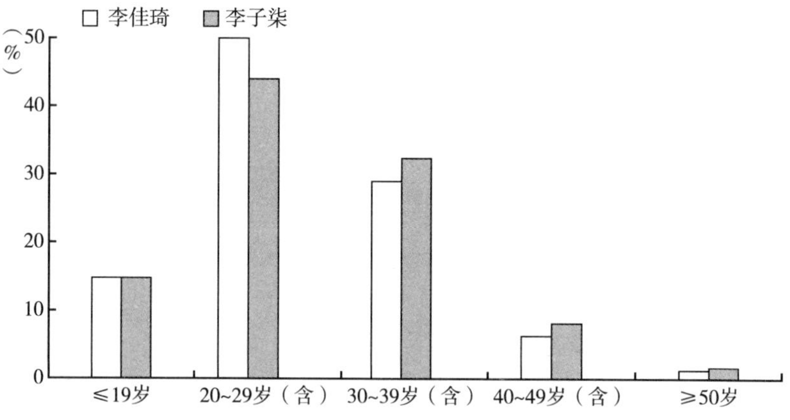

图 1　李佳琦、李子柒粉丝年龄分布情况

资料来源：百度指数。

他们从李子柒的视频中看到未曾亲身体验过的中华传统文化，也从李佳琦直播间低价的商品、专业化的介绍中节省了金钱与时间成本；通过美景与美食的精美画面勾起观众的儿时回忆，治愈自我，也在话语节奏感强烈的李佳琦的“买它”口号中，体会抢购的紧张感与成就感；李子柒的视频满足了年轻人对理想田园生活的愿景，实现了通过视频隔空拥抱自然的心理期待，李佳琦在直播间与小助理之间的搞笑互动也使观众在轻松活泼的氛围中释放了内心压力。

二　网红视频品牌化背后的传播规律

（一）多平台运营，扩大知名度

平台的多样性为立体化传播提供了可能，网络红人们往往会开通多个账号、入驻多个平台，利用各个平台的庞大用户群体，来扩大自己的辐射范围，多向度的传播渠道包含多种目标受众特征，传播方式也不尽相同，叠加使用可以最大限度地占有规模受众。

李佳琦和李子柒在抖音、小红书、微博、B 站等多个平台均有账号。新浪微博作为李子柒的主要发布平台，截至 2020 年 4 月 17 日，她在新浪微博获得了 2400 多万用户的关注，单个视频播放量超过千万，评论量从5 万到 15 万不等。除此之外，她先后入驻了 YouTube、今日头条、抖音、B 站、小红书等，视频在 YouTube 平台拥有 978 万订阅量，总观看量达 13.01 亿，在抖音平台有 4000 多万粉丝。2019 年李佳琦在微博、抖音、小红书、B 站四个平台上，共发布 694 个视频，平均每天发布约 2 个。

在入驻多平台的同时，他们还根据不同平台的特性进行差异化运营，来迎合不同平台用户的喜好。以李佳琦为例，李佳琦在淘宝平台进行直播卖货，借助淘宝平台的便利直接在直播间上线商品链接进行售卖，由于直播时间较长，李佳琦还会在直播期间策划一些搞笑互动来调节气氛；在抖音平台发布视频时，由于有时间限制，且抖音平台用户倾向于时间短、节奏快的视频风格，于是李佳琦将淘宝长时间段的直播剪辑成十几秒的短视频，在短短十几秒中突出一个产品的风格和特色，让观众迅速把握商品特点；在微博平台发布视频时，由于限制较少，李佳琦会发布十分钟左右的视频，比如商品开箱、护肤心得等，他还会在微博提供淘宝直播的入口，方便微博粉丝进入直播间。

李佳琦和李子柒通过多平台入驻并根据平台特色进行差异化运营，不仅迎合目标受众的观看喜好，还迅速地吸引了该平台的用户，使其转化为自己的粉丝，同时由于社群用户拥有相似的画像与兴趣，也会自发进行话题讨论与二次传播，李佳琦和李子柒的品牌知名度迅速扩张。

（二）交互性渠道实现 UGC 循环

网红视频的发布平台大多具有强烈的社交属性，依靠网络进行大众传播，一方面是视频发布者与观看者之间的交互，另一方面是观看者自发形成的粉丝社群之间的交互，即人与人之间的直接沟通交流，尤其后者建构了粉丝交流场景，在品牌宣传上用口碑反哺视频发布者，实现了 UGC 循环。

李佳琦和李子柒都会在微博、抖音、小红书等账号的评论区中与粉丝进行互动，在微博进行抽奖，并且拥有自己的粉丝群、超话，有助于拉进自己与粉丝之间的距离。同时，两个人也有各自独特的互动方式。

2019 年，伴随着李子柒每一期视频发布的，还有评论区的一张图片版文字自述及转发抽奖活动的信息。文字自述弥补了无旁白拍摄手法导致的无法与观众言语交流的缺陷，以便主动发起话题讨论；转发抽奖的礼品通常是视频中出现的食物或是带有李子柒商标的物品，收到礼物的人会在粉丝社群或社交平台进行分享。

李佳琦则在淘宝直播时，利用直播的实时性与粉丝进行深度互动，通过直播过程中的弹幕与粉丝直接对话，在推出“年度口红排行榜”时会发起在线投票，让观看的粉丝亲自参与排名过程，极大地提高了粉丝的自主性、培养了粉丝的忠诚度。“李佳琦的事业粉”是李佳琦的一名粉丝，在观看李佳琦视频之余将直播间的有趣画面剪辑成短视频在 B 站、微博等平台发布，截至 2020 年 4 月 17 日，其在 B 站发布 81 个视频，获赞 40.6 万，粉丝数达 6.4 万。

以上这些互动方式能够增强粉丝黏性，拉进品牌与粉丝之间的距离，粉丝通过文字、视频截图或片段进行再创作，形成二次甚至多次传播，如此良性循环大大提升了品牌影响力。

（三）以自身为中心，孵化衍生子品牌

通过多平台运营、打造交互性渠道助力 UGC 循环，网络红人们成功将自身打造成具有影响力的知名“品牌”。在打造自身品牌的同时，以自身为中心，孵化衍生出一系列子品牌，子品牌在不断运营、吸引粉丝的过程中，也不断地为中心品牌宣传造势，形成了以中心品牌为圆心的网状结构，并且不断向外辐射扩张。

李佳琦和李子柒在打造自身品牌的同时，都注重开发与自己相关的子品牌，通过子品牌继续为自己聚拢人气、保持热度、扩大影响力。

李子柒的视频时时刻刻都能让人感受到中国传统文化的点点滴滴，她身上古典美人的气质和韵味也满足了人们对于古典美女的所有想象。她的美和勤劳给受众留下了深刻印象，她把自己打造成了最大的品牌。[①] 她的视频、销售的食品、类似的着装与摆件，在印上“李子柒”三个字后成了子品牌的代表，而李子柒本人在子品牌的反助推下，也逐渐成为具有持久影响力的中心品牌。

2019 年，在李佳琦爆红的同时，围绕李佳琦的“奈娃家族”“小助理”等品牌也相继衍生出来，具有“解密”李佳琦的功能，让粉丝在进一步了解李佳琦的基础上增强粉丝黏性。

在直播过程中，小助理是李佳琦旁边的辅助角色，他的慢条斯理和李佳琦形成鲜明对比，并且经常和李佳琦“互怼”，使他慢慢也吸引了很多粉丝。他在各平台最初会发一些和李佳琦的有趣互动及直播幕后的搞笑花絮等视频，后来则会发一些生活日常、护肤心得。截至 2020 年 4 月 15 日，李佳琦的小助理在微博拥有 147 万粉丝、在抖音拥有 572.5 万粉丝、在 B 站拥有 34 万粉丝、

---

① 散斯尔：《李子柒爆款短视频的特点分析及思考》，《西部广播电视》2020 第 3 期，第 6 ~ 7 页。

在小红书拥有101.8万粉丝，已经成为李佳琦这个中心品牌下的知名子品牌，他的每一个动态都在传递李佳琦的信息，增强“李佳琦系列品牌”的粉丝黏性。

“奈娃家族”指的是李佳琦家中饲养的多只比熊犬，其中一只名叫“Never”的宠物狗由于每次直播开始时和结束时都会向观众“拜拜”，吸引了很多粉丝，又因为其他比熊犬都是“Never”的后代，于是粉丝给李佳琦的比熊犬们起名为“奈娃家族”。“Never”已经成为李佳琦直播间开播的标志，很多粉丝进入直播间后会不停刷屏要求看“Never”。2020年，完美日记品牌和“Never”宠物狗合作推出了“Never”眼影盘，并在李佳琦直播间进行首发，10秒钟16万份售罄，其品牌影响力可见一斑。

三　从网红视频生态看品牌化的影响力

（一）网红经济与流量变现的新高度

自网红经济出现以来，视频作为流量变现的载体，从商家付费购买广告位到今天视频发布者依托品牌化带来的经济效益直接与电商平台联结，实现提升知名度与收获经济收益的双丰收。以我国的企业直播、短视频行业发展的良好势头为背景，头部网红已经达到了网红经济与流量变现的新高度。

2018年，李子柒创办了以自己名字命名的品牌，2018年8月17日，中国传统节日七夕这天，李子柒旗舰店在天猫正式营业，店铺设计与她的视频风格一脉相承，散发出一股浓浓的古风，配合商品介绍中李子柒亲手制作该类食物的视频，加之精心的包装，一系列的品牌衍生物，很容易让人产生强烈的购买欲望，店铺上线3天后，5款产品的店铺销售量破15万，销售额破千万。2019年8月，李子柒店铺周年店庆期间，其推出的新品螺蛳粉卖出27万份①；七夕当天，其店铺显示在售的21款产品销售总量超过130万

---

① 《2019网红电商生态白皮书：10大趋势值得关注》，网易号，2019年10月10日，http://dy.163.com/article/ER4C7REA053808U7.html?referFrom=360。

件，销售总额超过 7100 万元①。她依托庞大规模的粉丝群体，真正实现了品牌变现，实现了“李子柒”从一个名字到一种风格再到一个品牌的跨越。

据新榜统计，在“2019 上半年明星涨粉榜 TOP20”中，李佳琦以半年涨粉 2513 万名列榜首；据艾瑞咨询统计，2019 年“双十一”当天，李佳琦淘宝直播活跃设备数达 660 万台，超过由淘女郎转型为主播的薇娅；在淘宝账号留存的 2019 年的 35 场直播中，平均观看人数达到 942 万。从百度指数来看，在 2019 年“双十一”活动期间，李佳琦百度搜索指数与一线流量明星蔡徐坤不相上下，在临近“双十一”的几天甚至超过了蔡徐坤（见图 2）。

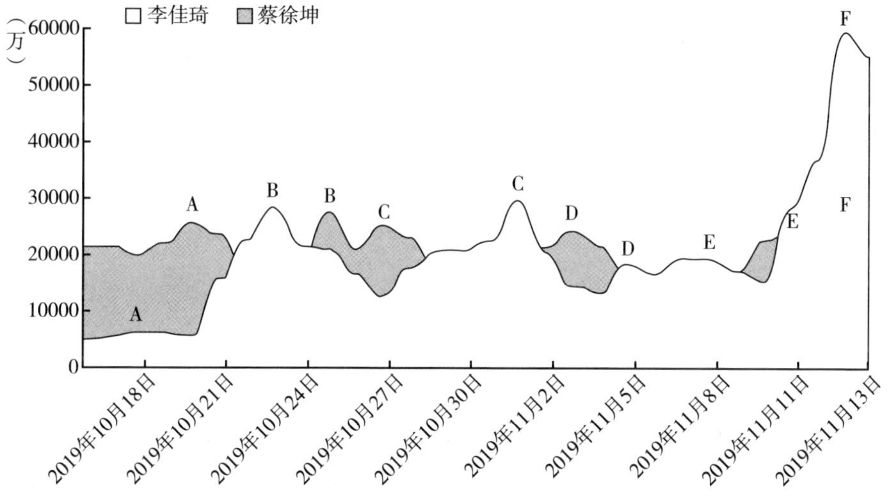

图 2　李佳琦与蔡徐坤百度搜索指数对比

资料来源：百度指数。

李佳琦的走红使其粉丝数量不断增多，他通过淘宝平台的便利性，迅速地进行流量变现。仅 2019 年“双 11”期间，李佳琦就创造了超过 10 亿元

① 《网红李子柒淘宝店一年销售额多少》，第三时尚网，2019 年 12 月 12 日，http://www.sky003.com/motherhood/20191211/98733.html。

的销售额，《知识经济》基于2019年“双十一”销售额，推出“2019年淘宝平台网红带货影响力排行榜TOP10”，李佳琦位列第二名，仅次于薇娅；推出“抖音平台网红带货影响力排行榜TOP10”，李佳琦位列第一名。

表1　抖音平台网红带货影响力排行榜Top 10

影响力排名	主播	抖音粉丝数(万)	新浪微博粉丝数(万)	敏感舆情占比(%)	舆情关键词
1	李佳琦Austin	3764	969	0.54	勤奋、种草、OMG
2	呗呗兔_	920	73	0.9	宠粉、全民、看好
3	老爸评测	1449	106	1.35	高级、拭目以待、引流
4	豆豆_Babe	623	81	0.03	出境、经典、女版
5	破产姐弟	1197	3	8	推荐、合体、入驻
6	牛肉哥严选	577	11	1.59	价格、挑战、攻略
7	陳婷mm	975	—	1.47	合拍、新技能、助手
8	韩国媳妇大璐璐	376	—	0.11	韩国、均价、打卡
9	小小101	778	34	1.53	沙发、一如既往、支持
10	醉鹅娘	289	125	1.8	医美、生活、眼光

（二）“品牌效应”引领行业走向

初代网红“papi酱”在大火之后，创立了MCN机构“papitube”，向短视频行业持续输入人才，对短视频行业产生巨大影响。2019年，李佳琦、李子柒等头部网红爆火，相关子品牌的不断扩展，开始引领网红视频行业走向。

从2016年李子柒在美拍发出第一个“古香古食”美食视频时的无人问津，到如今在全球形成庞大的粉丝群体，逐步明朗的品牌效应也为文化传播提供了新思路，她的系列化视频不仅在国内视频行业树立起了一面独特的旗帜，而且打开了一扇西方世界欣赏中国传统文化的窗户。

2019年，李佳琦的迅速走红直接影响了“带货直播”生态。“主播+小助理”模式迅速普及，美妆男主播数量迅速增加，一些模仿李佳琦夸张风格的直播间也层出不穷。看中了直播带货的红利，一些明星纷纷“下海”直播，主持人柳岩、李湘、李静、大左，歌手吉杰、林依轮等人，纷纷走入直播间，开启了带货模式。

（三）跨界合作实现共赢

网红凭借大量粉丝进行流量变现的同时，也向其他行业展现了网红的影响力，于是很多品牌纷纷找上门来，愿与其进行跨界合作，双方依托各自的粉丝基础达到互相曝光的目的，实现共赢。

2018 年 5 月 24 日，李子柒与朕的心意 · 故宫食品在北京举行了签约仪式，开始正式合作。故宫本身蕴藏着数千年的文化沉淀以及百万件珍品，可开发利用的文化内容有目共睹。“李子柒”品牌发布的内容也有着极高的文化价值，在年轻群体中有着很大的影响力。“李子柒”品牌与跨界 IP 合作，在达到商业目的的同时，更加能够实现品牌的社会价值。[①]

在李佳琦粉丝数不断上涨的同时，很多节目、宣传方也看到了他的影响力。2019 年，李佳琦参加了《快乐大本营》《吐槽大会》《美丽俏佳人》等多档综艺节目，很多明星为了宣传作品、产品也纷纷走入李佳琦的直播间。据笔者统计，2019 年共有杨洋、朱一龙等 35 位明星走入李佳琦直播间，利用李佳琦的流量达到个人及作品宣传的目的。明星自带的粉丝基础加上与李佳琦碰撞出来的火花，往往能将当晚的直播送上热搜。2019 年“2G 周震南”“惜字如金朱一龙”“男友力朱亚文”等话题纷纷登上微博热搜，既起到了宣传产品、作品的作用，也起到了宣传李佳琦、明星自身的作用，一举多赢。

李佳琦的影响力并非仅局限在直播圈，他甚至改变了传统的宣发模式。《庆余年》《大明风华》《南方车站的聚会》等在上映时，都选择李佳琦直播间作为自己的宣传渠道之一。数据显示：2019 年 12 月 4 日，《南方车站

① 谢择月、张倩倩：《社会化创意下的内容营销策略研究——以“李子柒”为例》，《视听》2019 年第 3 期，第 220～221 页。

的聚会》在李佳琦直播间在线销售的25.5万张电影票仅用时6秒钟就被一抢而空；当晚活动直播间观看人数达到636万，直播互动量超过了3500万。[①] 可见，网红主播的品牌影响力已经成为新型的宣发渠道，双方借助彼此的影响力进行跨界合作，实现共赢。

（四）在品牌化道路上，赞美与争议并存

2019年李佳琦和李子柒频繁登上微博热搜，处在舆论中心，粉丝对其赞赏有加，批评者则认为李佳琦“浮夸、虚假”，李子柒“作秀”。网络红人在不断发展的过程中，“赞美与争议”并存是其经常遇到的情况。如果能够经受住广大受众的检验，这样的“风波”反而是其进一步扩大品牌影响力的机会。

2019年1月，李子柒获得西瓜视频金秒奖，她把奖金50万元以“李子柒粉丝”的名义捐赠助学；3月25日发布在新浪微博的视频《笔墨纸砚，中国的文房四宝》播放量达到1.2亿；8月，李子柒获得超级红人节最具人气博主奖、年度最具商业价值红人奖；12月，李子柒获得由《中国新闻周刊》主办的“2019年度影响力人物”年度文化传播人物奖，12月8日，“李子柒是不是中外文化交流”的微博话题阅读量达10亿，百度指数显示12月以“李子柒”为关键字的日平均搜索指数为83170，同比提升了2009%。伴随着讨论热度共同出现的，还有对其是否称得上中华传统文化的传播使者的争议，连带出“视频存在刻意摆拍、所售商品价格虚高，代工厂制作食品质量参差不齐、签了公司后就来圈钱”等负面评价。12月10日，央视新闻点评李子柒为何火遍全球——“没有一个字夸中国好，但她讲好了中国文化，讲好了中国故事”。央视新闻作为官方账号，它的及时发声在一定程度上给李子柒的对外传播形象进行了官方定性。

李佳琦直播之初，他的直播风格曾经遭人诟病，批评者认为其“浮夸、

---

① 《当胡歌遇到李佳琦 | OMG！〈南方车站的聚会〉灯塔线上路演发酵新型营销模式》，搜狐网，2019年12月4日，https://www.sohu.com/a/358387922_100111246。

虚假”。2019 年，李佳琦更是因为“不粘锅”事件、“阳澄湖大闸蟹”事件处于风口浪尖，被央视“点名”。但同时李佳琦“敬业、勤奋”也频繁登上热搜，“李佳琦”热度居高不下，处于舆论中心，引起了人们对“直播带货”、“主播责任”以及“行业规范”的大讨论，在不断地思考、争论中，人们看到了“李佳琦们”的价值，也认识到“直播带货”模式仍需进一步规范。

李佳琦在经过几次风波后，热度依旧不减，其及时回应、敢于担当的形象又吸引了一批粉丝，通过“三观正、敬业”等热搜站稳脚跟。在完成原始的粉丝积累之后，李佳琦正在通过自己向外界传递的价值观、自身的魅力进行二轮的粉丝吸引，并对原始粉丝进一步凝聚化。2020 年央视主持人朱广权与李佳琦一起合作直播，通过“小朱配琦”组合为湖北带货，助力湖北经济复苏。这表明李佳琦在经过舆论洗礼之后已经获得官方认可，并在官方平台的宣传下，给自己的品牌加上了“正能量”“官方认证”的“品牌元素”。

B.15
优酷网剧《长安十二时辰》案例解读

许庆霞*

摘　要：　优酷的网剧《长安十二时辰》自播出以来，凭借独特的创意、优质的制作工艺、精美的服化道设计、电影般的拍摄水准以及紧凑的剧情，赢得了观众的喜爱，同时，也在社会、文化等层面引发了诸多讨论，成为2019年网络剧领域的又一现象级之作。本报告对《长安十二时辰》基本概况和收视情况做了简单介绍，并从多维镜像还原历史、现代化叙事探求共鸣、线上线下多方联动、元素互动助力文旅消费、立体展现中华文化魅力、现代节奏实现跨文化传播等方面对该剧进行了解读，以期为我国网络剧的发展提供一些思路与建议。

关键词：　《长安十二时辰》　网剧　文化消费

一　长安十二时辰概况及收视成绩

《长安十二时辰》于2019年6月在优酷独播。该剧改编自马伯庸的同名小说，由曹盾执导，雷佳音、易烊千玺领衔主演。以家国情怀、担当履责、道义信守、重道守礼、教化传承为基调，讲述了盛唐时期，靖安司李必与“不良人”张小敬在上元节当天的十二时辰内，奋力追捕混入唐城的危险人员，拯救长安百姓的故事。2019年6月27日播出当日，即在豆瓣拿下

* 许庆霞，南开大学传播学系硕士研究生，任职于腾讯科技股份有限公司企业文化部门。

8.8分的成绩，截至2020年4月30日，超过36万人在豆瓣中参与对该影片评价，评分仍保持在8.3分，成为2019年度豆瓣评分最高华语剧集TOP10。《长安十二时辰》官方微博粉丝达216万，超话阅读量达9.1亿，服化道、剧情成全网热搜，“××十二时辰”成为全民流行句式，带动2019年优酷暑期档日均用户活跃数量、会员增速创新高，并带动了一众文旅消费。

该作品不仅受到国内观众的肯定，也在海外掀起中国影视剧的观看热潮，成为国产剧“出海”的典型案例。截至2020年4月，《长安十二时辰》已在美国、加拿大、新加坡、马来西亚、泰国、日本等十余个国家和地区发行，在Amazon（亚马逊）、YouTube、Astro、Starhub等十余个平台上线播出。同时该剧还成为第一个被澳大利亚主流电视台（SBS）采购播出的中文剧。

二　多维度镜像还原历史、现代化叙事探求共鸣

中国著名历史学家吴晗曾指出“历史剧既要有历史根据，反对历史虚无主义，也要做到大事不虚、小事不拘”，即创作者在敬畏史实的同时，也需尊重戏剧艺术本身、遵循文艺创作的本质规律。所谓“言之不文，行之不远”，历史剧当以当代艺术审美来讲好中国传统文化故事、传递正确的历史观。在《长安十二时辰》的故事创作与角色塑造过程中，经常会遇到史实断裂、缺失的情况，继而影响到故事脉络、人物经历的结构完整，审美和历史的结合也成为创作者遇到的问题。但创作者在艺术真实和历史真实中进行了巧妙融合，基于严谨史实研究，在遵循一贯而终的主流历史观的前提下对历史细节进行修补，并用现代化的叙事方式探求与观众的共鸣。

（一）服化道考究，于细节处展现文化韵味

在历史真实部分，影片以严肃的历史考据态度、贴近原貌的服化道设计，最大限度还原大唐天宝年间真实的一天。《长安十二时辰》复刻长安一百零八坊、大灯楼、花萼相辉楼等盛唐景观，剧中人物造型、礼仪等更高度

尊重历史，在短短一天时间内带出长安士、农、工、商各阶层人民的生活切面，充分还原了地理真实和人文真实，展开了一幅多国家、多民族聚居，经济繁荣、文化昌盛的国际化大都会画卷。为达到创作目标，团队依托考古文物、古籍考据、地方文化调研，从盛唐政治、经济、军事、社会、邦交多维度镜像，力求还原真实、探求共鸣。特别是由唐代的华夏衣冠入手，通过对材料、纹样、色彩、工艺、工序、穿着的反复推敲，增强扩充了衣冠文化的细节，随镜头塑造了上至庙堂贵胄、下至布衣平民百千个多彩形象。进而由饮食文化导入生活细节，建筑文化、社交文化相继展开，直至礼、乐乃至道德规范。引导观众自发形成了对唐文化的探究热潮，不断释放该剧持续的文化与社会影响力。

（二）现代化叙事，增进与观众共鸣

但历史剧的本质并非为历史服务，而是为现实服务，这就需要创作者以浓厚的现实主义色彩解构历史，讲好历史故事，彰显当代价值；要求创作者在客观存在的史实素材面前，基于对现实的深刻认识与思考，以当代的语言语境去解构它，最终呈现它，挖掘蕴含其中可以超越古今时空的精神文化价值。故事与人物的时代感是创作灵魂，也是解构的重点。正如由刘和平编剧的《雍正王朝》，为了烛照当代改革开放的大势，剧本将原本在雍正三年就全军覆没的八爷党延续到了雍正十三年，目的正是凸显雍正改革的决心与魄力。《长安十二时辰》在创作过程中始终在回答这样一个问题："写出什么样的人与事，在什么样的时代，应该有怎样合理的发展?"全片传递出来浓厚的"小人物、大情怀、正能量"理念。

影片从市井小人物切入，打破以往古装剧的宗族格局和蜜恋小爱，而是用情系天下苍生，将个人前途与国家命运、个体经历与时代大潮、个体情感与集体情感同频共振。如剧中的"小人物"张小敬，唐朝姚汝能所著《安禄山事迹》中记载，张小敬首个开弓将奸相陈国忠射下马。史料中为张小敬留下了一个孤胆英雄的人物外壳，但真正能使这个人物变得鲜活、充满感染力的是影片的创作者对其人物生平和性格特征的解构与重建。张小敬，作

为主管侦缉逮捕的底层官差，虽然被罢黜，但“军人”的初心不改，凸显出强烈的家国大情怀。张小敬虽然因错被贬，但贯穿他人物性格的始终是军人服从命令的天职感、挽救家国舍我其谁的使命感。张小敬身上强烈的“家国情怀”是中国优秀传统文化的基本内涵之一，它起源于士大夫的人文信仰和人文精神，是古人的宏愿，亦是今人传承发展的本分，更是当今社会家与国所蕴藏的时代课题。

此外，剧中以张小敬为代表的诸多“小人物”与息壤繁盛的长安城形成鲜明对比。正如当下以“北漂”来形容来在繁华都市努力打拼的年轻人，那“长漂”则可以成为他们共同的“昵称”。以张小敬为代表的“小人物”在长安城中成为一支重要的民间力量，他们依靠群体的力量逐渐推动故事前进，他们用一个个平凡追梦人形象组成长安市井小民努力生活的奋斗群像，其背后是《长安十二时辰》民本主义思想的深切人文关怀。这也正是历史剧之所以受到大众喜爱的原因，观众可以借此文艺形态了解本民族过去的历史、重拾文化记忆，更重要的是可以从中体味到历史剧中蕴含的现代价值。

三　线上线下多方联动，助力文旅消费

《长安十二时辰》播出后，旅游、美食、图书等多个行业共享文化红利。根据阿里飞猪数据，西安大明宫国家遗址公园、大唐芙蓉园、陕西历史博物馆等西安历史遗迹类景点的周预定量同比增长了27%。饿了么数据显示，剧中出现过的食物水盆羊肉北京外卖订单量环比增速全国最高，达到133%，上海以62%的环比增速位居第二。根据书旗小说和天猫图书公布的最新数据，原著电子书阅读人数和纸质书销量分别上涨818%和862%。

（一）联动西安，打造城市新名片

《长安十二时辰》收官阶段，剧方在西安举办了两次线下活动，其一是主创人员和网友提前在电影院看了大结局；其二是在2019年8月18日，《长安十二时辰》又在西安举办了庆功会，也是优酷VIP七周年会员日。不

管是出品方还是播出平台，都在享受品牌联动效应的红利。西安市也主动出击，借势宣传城市的旅游资源。在《长安十二时辰》播出期间，西安市文化和旅游局及时利用此次网络热点，在多个城市举办了“看长安十二时辰，游千年古都西安”的主题推介活动。《长安十二时辰》已经成为西安市最好的旅游宣传片。

《长安十二时辰》能够成功助力西安的文旅消费，首先体现了这部作品的影响力。陈凯歌为了拍《妖猫传》，与襄阳地方政府合作斥资 10 亿元建造唐城，但是让西安成为“网红城市”的是在 5000 万元建造的“象山唐城”拍摄的《长安十二时辰》，区别就在于作品的影响力不同。《妖猫传》是一部院线电影，它的票房只有 5.3 亿元，观影人次约为 1500 万。如果从生命周期来看，它的全盛期只有两周，很难在全社会范围内形成现象级的议题。而《长安十二时辰》作为一部长达 48 集的网剧，播出周期将近两个月，加上社交网站和自媒体的花式助攻，很容易引起社会各界的关注。即便没有看过这部剧，也可能听人讨论过，这就是热门剧集在当下中国文化消费版图中的穿透力和辐射力。

其次，和作品的表现形态有关。《妖猫传》表现的是大唐的鬼魅和瑰丽，故事难逃帝王将相、才子佳人的窠臼，杨贵妃和李白才是观众的“记忆点”，对这部电影感兴趣的观众更可能去探访襄阳唐城，而非去西安一游。但《长安十二时辰》通过巧妙的情节设置与人物关系，将故事重点放在了长安普通老百姓的日常生活，并且对于城市的布局和规划做了不少展现。换句话说，长安城才是这部剧的主角。就像电影《达芬奇密码》一样，《长安十二时辰》是带着观众在游览中探秘。

（二）内容带动，促进文化产业消费

张小敬在《长安十二时辰》中吃过火晶柿子后，“火晶柿子到底是什么味”成了观众们最关心的问题之一。卖家秦大大祖辈种柿子树，但因销路问题，价格一直被压得很低，《长安十二时辰》播出后，来询问的客人突然增多，他将预售提前了一个月，效果很不错，今年销量一定比往年好。秦大

大直言，感谢主创们制作播出《长安十二时辰》这样利民的好内容。此外，该剧还带火了一众冷门好演员，崔器的扮演者蔡鹭、姚汝能的扮演者卢芳生，都成为微博热搜常客。人气上涨最高的当属檀棋的扮演者热依扎，数据显示，该剧播出后她的热度飙升 7.4 倍。

四　展现中国文化魅力，实现跨文化传播

习近平总书记指出："深入挖掘中华优秀传统文化蕴含的思想观念、人文精神、道德规范，结合时代要求继承创新，让中华文化展现出永久魅力和时代风采。"① 向世界讲好中国故事是中国影视"走出去"的使命和目标。在"入乡随俗"的同时，更要保有中国特有的文化辨识度。《长安十二时辰》从中国传统文化中汲取精神养分，并与当下中国现实同频共振。剧中，张小敬不计性命，为救长安百姓身先士卒、无私无畏，靖安司司丞李必勇担使命，将个人荣辱置之脑后的责任感也有强烈的人格魅力，剧集对正面英雄形象的塑造，反映了当下社会积极正向的价值观，也与全球主流影视作品的创作方向实现合流，形成了全球通用的影视创作语言。彼时的长安城作为全球最大的城市，以海纳百川的气度、开放包容的心态向全世界敞开胸怀，无疑也与当下中国的伟大复兴、大国心态和文化自信不谋而合。

数千载梦想跌宕，数千载探索蹉跎。大唐文明领先世界，《长安十二时辰》将故事嵌入了恢弘的大唐气象，从观察到放大唐代的历史细节，借由一个时代特有的物质基础、生产环境、社会生态，从而呈现出特定历史阶段的政治、经济、生活形态，让观众尝试去勾勒一条以"家国情怀、担当履责、道义信守、重道守礼、教化传承"为核心的中华传统优秀文化精神脉络，并围绕"为生民立命""开万世太平"等质朴愿景，描绘出朴素的中华民族由古及今、共融共通的民族基因，烛照当代拥抱未来。

① 习近平：《决胜全面建成小康社会　夺取新时代中国特色社会主义伟大胜利——在中国共产党第十九次全国代表大会上的报告》，人民出版社，2017，第 42 页。

《长安十二时辰》在 Rakuten Viki 平台播出后，用户评分高达 9.5 分（满分 10 分）。在亚马逊平台，该剧评分高达 4.7 分（满分 5 分），其中 5 分评价占比 87%。土耳其网友评价《长安十二时辰》为“看过最棒的中国剧，视觉特效、服装等方面无可挑剔。这是中国版的《权利的游戏》，唐朝太厉害了”。韩国网友评论称：“把中国剧带到全新的高度，从一开篇就觉得是在看一部制作精良的电影。”

借由影片深彻的文化调性、深刻的视听美学文化共性，《长安十二时辰》不仅限于国内传播，更扬帆出海，沿着“一带一路”伸展，将片中“天下观、义利观”与构建人类命运共同体的构想相结合，焕发面向世界的受众共鸣，诠释中华文明传承相继的和合之道。

结　语

2019 年，我国自制网络剧出现了不少精品之作，内容质量有了跨越式提升。《长安十二时辰》作为其中的代表性作品，凭借其高品质创意和制作脱颖而出，对于网剧的发展也有相关的借鉴意义。首先，该剧聚焦小人物的故事，并用当代人易于理解的现代化叙事手法进行呈现，在古代背景和现代表现方面形成了共鸣。该剧依托于中国灿烂的传统文化，使得观众在观剧之余也获得文化上的滋养，并将古城西安的文化魅力渗透在剧中广泛传播。其次，借助线上线下多维度的营销，促使剧集在热度与口碑上实现新的跃升，助力关联文化产业消费提升。最后，以专业的态度和考究的制作讲好中国故事，对标海外市场，做好跨文化传播，提升世界各地人们对中国文化、长安古都的热爱和了解，彰显文化软实力。这些表现方式成为优酷成功网剧的典范，汇聚为一种文娱、文化、一城、一剧的网剧内容与文化模式。相信优酷引领的这种新模式在未来网剧发展中会有新的探索，会注入新的元素，网剧行业会在这条路上出现更多观众喜闻乐见的优秀作品。

Abstract

"Annual Report on the Development of Netcasting Industry in China (2020)" is the third annual research report which systematically and comprehensively sort out the development status of China's Internet netcasting industry, analyze industrial problems, and explore future trends.

The book is produced by China Netcasting Services Association (CNSA), Tsinghua University's China Literary and Art Review Base, and CC-Smart. China online video research center of Communication University of China, YouKu of Ali Entertainment, Professional Committee of Film and Television Industry and Management of Film and Television Society of Chinese Colleges and Universities, School of Journalism and Communication of Nankai University, and Advanced innovation Center For Future Visual Entertainment, etc. are co-producers of this book.

Relying on state-level industry associations, academic circles and industry research institutions, this book brings together the wisdom of many academic experts and industry leaders, forming a deep insight into the industry. President Of the CNSA, Luo Jianhui and Professor Yin Hong are the chairmen of the expert committee for this book.

This book analyzes the market, industry, policies, and trends of the netcasting industry through research and interview methods combined with data and cases. In addition, the book also comprehensively summarizes the development of sub-industries such as network drama, network variety, network movie, live video streaming, short video, and network audio in 2019. Finally, discuss the development trend of the netcasting industry and the problems to be faced in 2020.

2019 is a year of the healthy and rapid development of the netcasting industry. Online video users have increased by about 100 million compared with 2018, accounting for 94% of the total Internet users. With more than 800 million users of online video and 500 million people of network audio, the online audio-visual characteristics of the entire network are more obvious. This huge user base also promotes China to become the biggest netcasting market in the world.

The early development of the netcasting industry was dominated by literary and artistic content. At present, the combination of diversified content and platform services (Live video streaming, etc.) has become more prominent. At the same time, the "Internet + " characterized by netcasting has been upgraded to the 2.0 era. "Live video streaming + E-commerce", "Short video + Cultural and tourism", "Network audio and video + Education" and other forms have allowed netcasting to break through the original boundaries, and began to further exert the positive external value of the netcasting industry.

In the past 2019, the netcasting industry has continued to "reducing volume and improving quality". The industry's trend toward quality and specialization continues to extend. The number of new content products such as network drama, network variety, and network movie has declined overall, but the quality has improved. Network dramas such as "The Longest Day In Chang'an", "Joy of Life" and "The Untamed", network varieties like "Street Dance of China Ⅱ", "China's New Rap 2019", "Produce 101 Ⅱ" and network movies such as "Ghost blowing lights: coffin mountain in Wuxia", "Polyphylla's Seperation-Happiness at half past six", "Earthquake Miracle" both obtained a higher market value, and some formed a phenomenon-level impact. Relevant national departments and industry associations have issued a series of documents to promote the high-quality development of the netcasting industry, put forward higher requirements for content quality, and set clear standards for platform management and content review. While regulating the management of live video streaming platforms and anchors, relevant departments further regulated its marketing activities involving "live streaming with goods" in 2020. The combination of the series of policies has created strong pressure and motivation to optimize the quality of online audio-visual content, creating better conditions for its high-quality development.

Keywords: Netcasting; Internet; Network Video; Industrial Upgrading

Contents

I General Report

Abstract: In 2019, the scale of users in the netcasting industry has further expanded, and almost all netizens have entered the network audio-visual era. This paper mainly analyzes the whole netcasting industry from four aspects: general situation and current situation of the industry, policy hotspots and analysis, problems and countermeasures, development trend and prospect. It is found that the new content of netcasting is reduced, the overall development of the industry tends to be rational, the head effect is still significant, the differential competition between platforms is fierce, the reputation of long video has been improved, and the profit mode of video platform is more diversified. At the same time, the national policy escorts the netcasting content, and the industry responds positively. New trends mainly include strengthening cooperation at the platform level, new technology enabling the network audio-visual industry, serialization, IP adaptation, advanced on-demand, micro-variety, live streaming, etc..

Keywords: Netcasting; Content Quality; Policy Supervision; Short Video; Live Streaming

Ⅱ Sub-reports

B. 2 2019 Annual Development Report of Network Drama Industry

Zhou Caishu / 034

Abstract: Abstract: China's online drama industry has been developing steadily in 2019.

National Radio and Television Administration introduced some policies to cultivate and support key projects in the online audiovisual industry, which promoted the upgrading of online dramas. The number of online dramas declines, and the popularity of broadcasts rises. The boundary of online drama extends to TV series and short videos. In terms of the operation of online drama industry, most online dramas are adapted from novels, the mode of production is industrialized, and the short online dramas are broadcasted in large quantites. In terms of the content of online dramas, costume dramas are very popular, suspense types and youth types become the mainstream, the male IP dramas replace female dramas. The audience's enthusiasm for online dramas continues to increase, and the rating interaction continues to increase. The fan economy is in the ascendant, but it also forms a circle culture full of divisions and barriers. Online dramas need to improve their qualities, then spread abroad and improve their cultural soft power.

Keywords: Network Drama; Network Video; Audience Response

B. 3 2019 Annual Development Report of Network Movie Industry

Fu Yi / 050

Abstract: After four years of rapid development, online variety shows have experienced a decline in production in 2019, a decline in the popularity of draft shows, and a lack of "explosive models" ... gradually entering the period of rational exploration. The major platforms actively transform and upgrade, focusing on differentiated layout and multi-dimensional innovation. At the same time, with the increasingly strict policy management and the orderly development of the industry, the types of online variety shows have become increasingly rich, the content focuses on social reality, the production level has steadily improved, and new models of commercial returns have been explored. In the future, network variety shows will continue to "slow down", explore new patterns of differentiated competition, comprehensively upgrade from production to marketing, and improve professionalism. At the same time, it will actively break through the circle, focus on positive ideas and seek public recognition.

Keywords: Network Variety; Platform Strategy; Creative Rules

Abstract: Improving quality and reducing quantity is the annual theme of the network movie market in 2019. The network movies that have obtained the "correct name" implement the "double record" in the filing and review stage, and the standards of quality and specialization are becoming more and more prominent. Although the overall online volume has been reduced by half, the broadcast volume has increased steadily, and the number of films with box office receipts exceeding 10 million has reached about 40. The theme of realism is outstanding, while the theme of monster disaster and the works of strong IP are still strong. Iqiyi, Tencent video, YouKu are the largest of the three, with more than 100 million paying members. Taomeng, new studio, Yingmei, Qishu have fish to become the "top four". This paper combs the market performance, participants, content types and audience characteristics of Chinese online films in 2019, in order to comprehensively present the current situation of the development of online films.

Keywords: Network Movie; Internet Video Platform; Film Industry

B. 5 2019 Annual Development Report of Live Video Streaming Industry *Wang Changxiao, Zhang Bingjun* / 110

Abstract: In 2019, there are four major trends in the live streaming market. One is to gain access to financing or IPO. The second one is the development of online live streaming industry is driven by VR, AI and other technologies. The third one is to enter the overseas market, and the market in Southeast Asia has become the first option for most platforms. The fourth one is to expand "live streaming + ", covering public welfare, variety shows, education, culture, e-commerce, etc., aiming to build a diversified and high-quality live streaming ecological system. The "live streaming +" business model will continue to develop in the future. China's live online platforms will pay more attention to their refinement and specialization operations, build and strengthen their differentiation advantages through the innovations on products, live forms and contents. Through the technology, they can improve their users' experience, set better business layouts and make more great content modules, to win the competition and stand out in the online live streaming market.

Keywords: Live Streaming; E-commerce Live Streaming; Live +

Ⅲ Annual Hot Spot Reports

B. 6 Interpretation of Netcasting Regulations and Policies in 2019 *Beijing TA Law Firm* / 139

Abstract: This paper combs regulations, policies and industrial self-discipline norms related to netcasting industry in 2019, making analysis in combination with the current situations and hotspots of the industry. In general, the policies and regulations in 2019 focus on the content supervision, building of a healthy ecology for the industry, the protection of children, and industrial optimization and the development of new technologies. Internet films, web series and network variety programs continue to be under strong supervision, and the boycott of improper

Abstract: With the consistently development of the Internet, the idol-centered fan economy has driven the development and revolution of netcasting industry, and became an indispensable part of culture industry. Different from in the era of tradition media, fans take the initiative to participate in the formation of an idol in the digital media era. This fan labor has brought new opportunities and challenges to the netcasting industry. While the evolution of fan culture drives the development of netcasting industry, it causes the problem like difficulty to manage and resource dilution. This report introduced how fan culture changed along with the development of media technologies, and how this evolution driven the development of culture industry. Meanwhile, the report provided analyses about the psychological predictors of fan labors. Finally, it revealed the risks and future trends of idol industry.

Keywords: Fan Economy; Netcasting Industry; New Media

Abstract: From the original network big movie in 2019, it officially changed its name to "network movie". After five years of development, with the maturity of relevant guiding policies, the decline of output and the improvement of quality, as well as the emergence of some new technologies of 5G and AI, new types of content products are also being explored, and vertical screen movies and interactive films have emerged one after another. 2019 is a year of online film precipitation, self-renewal and accelerating boutique, and it is also the starting year for the transformation of online movies, and practitioners will also welcome a brand-new market. In the constant self-renewal and iteration, from the reckless horse racing enclosure, it has entered a new stage of standardization and order. In 2020, it is not only an opportunity, but also a challenge. We look forward to the continuous innovation and self-breakthrough of the industry.

Keywords: Network Movie; Video Platform; Network Marketing

Abstract: In 2019, short video has become a mature media form, which is one of the main ways for people to entertain and relax in daily life, accept advertising marketing, buy goods and learn to do business, and it has also become an important way for many public subjects to promote brand image. Over the past year, "short video +", which is combined with other industries, has become the most important development phenomenon in the short video industry. Taking "short video + literary brigade" and "short video + education" as examples, this paper analyzes the development of "short video +" in 2019, and summarizes the great influence of short video on economy, society and human thinking.

Keywords: Short Video +; Cultural Tourism; Education

Abstract: Since 2019, Youku, as the head network video platform, relies on the support of Ali entertainment to optimize the multi-ecological layout and promote the further innovation and development of the network audio-visual industry. In terms of user operation, we should focus on members and attract cross-border cooperation among head partners from different industries; in content production, we should adhere to high-quality products, deepen the development of IP, use AI technology to assist film production, and mine young and feminized humanities documentary content; in model development, we should create an open platform for content to achieve multi-channel commercial realization; in cultural output, we will continue to build ships and go to sea to spread Chinese culture. In addition, Youku also launched the "Guangming-Youku Rural Art classroom" project based on its own variety show, hoping to create more social value. This article will start from the four aspects of user operation, content production, model development and cultural output, combined with Youku popular online drama "The Longest Day In Chang'an" and "Street Dance of China Ⅱ" which tries to analyze Youku's multi-ecological layout comprehensively, so as to provide reference for the development of netcasting industry.

Keywords: Youku; Netcasting; Multi-ecological Layout; The Longest Day In Chang'an; Street Dance of China Ⅱ

Ⅳ Case Analysis Reports

B. 12 Analysis of the Influencing Factors behind the Popularity of the Network Drama "Joy of Life"

Liu Yanchen, Xu Na and Liu Zhongbo / 222

Abstract: After "Joy of Life" was broadcast jointly by Tencent and iqiyi, it continued to cause heated discussion. As of December 31, 2019, the show ranked second on the list with 5. 23 billion online views. In the context of male frequency online adaptation of the play repeatedly hit the street, a mix of crossing, suspicion, science fiction, scheming and other factors, "Joy of Life" scored as high as 8. 0 on Douban. This makes the play a benchmark for online drama creation. Based on the data and industry point of view, this paper combs and analyzes the content production, marketing strategy and audience portrait of Joy of Life, in order to provide reference and inspiration for the continuous innovation of network drama.

Keywords: Joy of Life; Word-of-mouth Marketing; Reverse Plot

B. 13 A Case Study of Network Variety Show "The Big Band"

Li Yi, Zhou Xiaoyu and Liang Xiaojian / 234

Abstract: According to the data of Yien, a total of 406 network variety shows in 2019, including 201 network variety shows. The original music network variety "The Big Band" stood out among many network variety shows in 2019, won the first place in the number of network variety shows, and became a well-deserved popular variety. The connotation of its program and the rock spirit promoted so far have a far-reaching impact. This paper will analyze the program features, market feedback, business incubation and follow-up impact, and explore the ultimate secret of "SThe Big Band" to face the public and achieve a bumper harvest of popularity, word-of-mouth and economy.

Keywords: The Big Band; Network Variety; Content Characteristics; Business Incubator

B. 14 From the Difference Positioning to Deep Ploughing Style, Web Celebrity Video Tends to Brand

Xia Ke, Qiu Xuying and Chen Peng / 248

Abstract: Under the background of the rapid development of the short video and webcast industry, after completing the differential positioning, the head Internet celebrities headed by Li Jiaqi and Li Ziqi in 2019 began to cultivate their own style and " brand " themselves through continuous video output. radiate outward with a mesh structure together with many derived sub-brands. This paper analyzes the video released by Li Ziqi and Li Jiaqi in 2019 as an example, and summarizes its video characteristics, transmission law and its impact on the industry and even society, in order to see the whole through a small part. it reflects the development law of the whole online celebrity video field.

Keywords: Web Celebrity Video; The Brand; Big Data

Abstract: Since the broadcast of Youku's network drama "The Longest Day In Chang'an", with its excellent creativity, high-quality production technology, exquisite costume design, film-like shooting level and compact plot, it has not only won the reputation of the audience. it has also triggered a lot of discussion at the social and cultural levels, and it has become another phenomenal masterpiece in the field of network drama in 2019. First of all, this report gives a brief introduction to the The Longest Day In Chang'an and its viewing and on-demand situation. it also interprets the play from the aspects of multi-dimensional mirror image to restore history, modern narrative to explore resonance, online and offline interaction to promote cultural consumption, three-dimensional display of Chinese cultural charm, modern rhythm to achieve cross-cultural communication, and so on. in order to provide some ideas and suggestions for the development of online drama in China.

Keywords: The Longest Day In Chang'an; Network Drama; Cultural Consumption

皮书

智库报告的主要形式
同一主题智库报告的聚合

皮书定义

皮书是对中国与世界发展状况和热点问题进行年度监测，以专业的角度、专家的视野和实证研究方法，针对某一领域或区域现状与发展态势展开分析和预测，具备前沿性、原创性、实证性、连续性、时效性等特点的公开出版物，由一系列权威研究报告组成。

皮书作者

皮书系列报告作者以国内外一流研究机构、知名高校等重点智库的研究人员为主，多为相关领域一流专家学者，他们的观点代表了当下学界对中国与世界的现实和未来最高水平的解读与分析。截至 2020 年，皮书研创机构有近千家，报告作者累计超过 7 万人。

皮书荣誉

皮书系列已成为社会科学文献出版社的著名图书品牌和中国社会科学院的知名学术品牌。2016 年皮书系列正式列入“十三五”国家重点出版规划项目；2013~2020 年，重点皮书列入中国社会科学院承担的国家哲学社会科学创新工程项目。

中国皮书网

（网址：www.pishu.cn）

发布皮书研创资讯，传播皮书精彩内容
引领皮书出版潮流，打造皮书服务平台

栏目设置

◆ 关于皮书

何谓皮书、皮书分类、皮书大事记、
皮书荣誉、皮书出版第一人、皮书编辑部

◆ 最新资讯

通知公告、新闻动态、媒体聚焦、
网站专题、视频直播、下载专区

◆ 皮书研创

皮书规范、皮书选题、皮书出版、
皮书研究、研创团队

◆ 皮书评奖评价

指标体系、皮书评价、皮书评奖

◆ 互动专区

皮书说、社科数托邦、皮书微博、留言板

所获荣誉

◆ 2008 年、2011 年、2014 年，中国皮书网均在全国新闻出版业网站荣誉评选中获得“最具商业价值网站”称号；

◆ 2012 年，获得“出版业网站百强”称号。

网库合一

2014年，中国皮书网与皮书数据库端口合一，实现资源共享。

S 基本子库
UB DATABASE

中国社会发展数据库（下设 12 个子库）

整合国内外中国社会发展研究成果，汇聚独家统计数据、深度分析报告，涉及社会、人口、政治、教育、法律等 12 个领域，为了解中国社会发展动态、跟踪社会核心热点、分析社会发展趋势提供一站式资源搜索和数据服务。

中国经济发展数据库（下设 12 个子库）

围绕国内外中国经济发展主题研究报告、学术资讯、基础数据等资料构建，内容涵盖宏观经济、农业经济、工业经济、产业经济等 12 个重点经济领域，为实时掌控经济运行态势、把握经济发展规律、洞察经济形势、进行经济决策提供参考和依据。

中国行业发展数据库（下设 17 个子库）

以中国国民经济行业分类为依据，覆盖金融业、旅游、医疗卫生、交通运输、能源矿产等 100 多个行业，跟踪分析国民经济相关行业市场运行状况和政策导向，汇集行业发展前沿资讯，为投资、从业及各种经济决策提供理论基础和实践指导。

中国区域发展数据库（下设 6 个子库）

对中国特定区域内的经济、社会、文化等领域现状与发展情况进行深度分析和预测，研究层级至县及县以下行政区，涉及地区、区域经济体、城市、农村等不同维度，为地方经济社会宏观态势研究、发展经验研究、案例分析提供数据服务。

中国文化传媒数据库（下设 18 个子库）

汇聚文化传媒领域专家观点、热点资讯，梳理国内外中国文化发展相关学术研究成果、一手统计数据，涵盖文化产业、新闻传播、电影娱乐、文学艺术、群众文化等 18 个重点研究领域。为文化传媒研究提供相关数据、研究报告和综合分析服务。

世界经济与国际关系数据库（下设 6 个子库）

立足“皮书系列”世界经济、国际关系相关学术资源，整合世界经济、国际政治、世界文化与科技、全球性问题、国际组织与国际法、区域研究 6 大领域研究成果，为世界经济与国际关系研究提供全方位数据分析，为决策和形势研判提供参考。

法律声明